全国交通运输职业教育教学指导委员会规划教材
教育部中等职业教育汽车专业技能课教材

Qiche Shangwu Liyi

汽车商务礼仪

全国交通运输职业教育教学指导委员会　组织编写
中国汽车维修行业协会

赵　颖　主　编
姜京花　副主编

人民交通出版社股份有限公司
China Communications Press Co.,Ltd.

内 容 提 要

本书为全国交通运输职业教育教学指导委员会规划教材,全书共六个单元,内容包括:礼仪基础理论、汽车商务仪表礼仪、汽车商务仪态礼仪、商务沟通交际礼仪、汽车商务来往礼仪和汽车会展礼仪。

本书可作为中等职业学校各种汽车整车与配件营销专业的教材,也可供汽车行业各种商务人员参考阅读。

图书在版编目(CIP)数据

汽车商务礼仪 / 赵颖主编. —北京:人民交通出版社股份有限公司,2017.7

全国交通运输职业教育教学指导委员会规划教材.教育部中等职业教育汽车专业技能课教材

ISBN 978-7-114-12538-6

Ⅰ.①汽… Ⅱ.①赵… Ⅲ.①汽车—商务—礼仪—中等专业学校—教材 Ⅳ.①F766

中国版本图书馆 CIP 数据核字(2015)第 243273 号

书　　名：	汽车商务礼仪
著 作 者：	赵　颖
责任编辑：	时　旭
出版发行：	人民交通出版社股份有限公司
地　　址：	(100011)北京市朝阳区安定门外外馆斜街 3 号
网　　址：	http://www.ccpcl.com.cn
销售电话：	(010)59757973
总 经 销：	人民交通出版社股份有限公司发行部
经　　销：	各地新华书店
印　　刷：	北京虎彩文化传播有限公司
开　　本：	787×1092　1/16
印　　张：	13.75
字　　数：	300 千
版　　次：	2017 年 7 月　第 1 版
印　　次：	2022 年 1 月　第 3 次印刷
书　　号：	ISBN 978-7-114-12538-6
定　　价：	32.00 元

(有印刷、装订质量问题的图书由本公司负责调换)

编审委员会

主　　任：王怡民(浙江交通职业技术学院)

副 主 任：刘建平(广州市交通运输职业学校)　　杨经元(云南交通技师学院)
　　　　　赵　琳(北京交通运输职业学院)　　　张京伟(中国汽车维修行业协会)
　　　　　陈文华(浙江交通职业技术学院)　　　王凯明(中国汽车维修行业协会)

特邀专家：朱　军(中国汽车维修行业协会)　　　魏俊强(北京祥龙博瑞汽车服务有限公司)
　　　　　张小鹏(庞贝捷漆油(上海)有限公司)　刘　亮(麦特汽车服务股份有限公司)

委　　员：(按姓氏笔画排序)
　　　　　毛叔平(上海市南湖职业学校)　　　　王　健(贵阳市交通技工学校)
　　　　　王彦峰(北京交通运输职业学院)　　　王　强(贵州交通职业技术学院)
　　　　　占百春(苏州建设交通高等职业技术学校)　刘新江(四川交通运输职业学校)
　　　　　刘宣传(广州市公用事业技师学院)　　齐忠志(广州市交通运输职业学校)
　　　　　吕　琪(成都工业职业技术学院)　　　李　青(四川交通运输职业学校)
　　　　　李雪婷(成都汽车职业技术学校)　　　李春生(广西交通技师学院)
　　　　　李文慧(新疆交通职业技术学院)　　　李　晶(武汉市东西湖职业技术学校)
　　　　　陈　虹(浙江交通技师学院)　　　　　陈文均(贵州交通技师学院)
　　　　　陈社会(无锡汽车工程中等专业学校)　张　炜(青岛交通职业学校)
　　　　　杨永先(广东省交通运输高级技工学校)　杨承明(杭州技师学院)
　　　　　杨建良(苏州建设交通高等职业技术学校)　杨二杰(四川交通运输职业学校)
　　　　　陆松波(慈溪市锦堂高级职业中学)　　何向东(广东省清远市职业技术学校)
　　　　　邵伟军(杭州技师学院)　　　　　　　周志伟(深圳市宝安职业技术学校)
　　　　　林育彬(宁波市鄞州职业高级中学)　　易建红(武汉市交通学校)
　　　　　林治平(厦门工商旅游学校)　　　　　胡建富(浙江交通技师学院)
　　　　　赵俊山(济南第九职业中等专业学校)　赵　颖(北京交通运输职业学院)
　　　　　荆叶平(上海市交通学校)　　　　　　郭碧宝(广州市交通技师学院)
　　　　　姚秀驰(贵阳市交通技工学校)　　　　崔　丽(北京市丰台区职业教育中心学校)
　　　　　曾　丹(佛山市顺德区中等专业学校)　蒋红梅(重庆市立信职业教育中心)
　　　　　喻　媛(柳州市交通学校)

秘书组：李　斌　翁志新　戴慧莉　刘　洋(人民交通出版社股份有限公司)

前言 Preface

为深入贯彻落实全国职业教育工作会议精神和《国务院关于加快发展现代职业教育的决定》，促进职业教育专业教学科学化、标准化、规范化，教育部组织制定了《中等职业学校专业教学标准（试行）》。全国交通运输职业教育教学指导委员会具体承担了汽车运用与维修（专业代码082500）、汽车车身修复（专业代码082600）、汽车美容与装潢（专业代码082700）、汽车整车与配件营销（专业代码082800）4个汽车类专业教学标准的制定工作。

根据教育部《关于中等职业教育专业技能课教材选题立项的函》（教职成司函〔2012〕95号）文件精神，人民交通出版社股份有限公司申报的上述4个汽车类专业技能课教材选题成功立项。

2014年10月，人民交通出版社联合全国交通运输职业教育教学指导委员会、中国汽车维修行业协会在北京召开了"教育部中等职业教育汽车专业技能课教材编写会"，并成立了由全国交通运输职业教育教学指导委员会领导、中国汽车维修行业协会领导、知名汽车维修专家及院校教师组成的教材编审委员会。会上，确定了4个汽车类专业34本教材的编写团队及编写大纲，正式启动了教材编写。

教材的组织编写，是以教育部组织制定的4个汽车类专业教学标准为基本依据进行的。教材从编写到成稿形成以下特色：

1. "五位一体"的编审团队。从组织编写之初，就本着"高起点、高标准、高要求"的原则，成立了由国内一流的院校、一流的教师、一流的专家、一流的企业、一流的出版社组成的五位一体的编审团队。

2. 精品化的内容。编审团队认真总结了中职院校的优秀教学成果，结合了企业的职业岗位需求，吸收了发达国家的先进职教理念。教材文字精炼、插图丰富，尤其是实操性的内容，配了大量实景照片。

3. 理实一体的编写模式。教材理论内容浅显易懂，实操内容贴合生产一线，将知识传授、技能训练融为一体，体现"做中学、学中做"的职教思想。

4.覆盖全国的广泛适用性。本套教材充分考虑了全国各地院校的分布和实际情况,涉及的车型和设备具有代表性和普适性,能满足全国绝大多数中职院校的实际需求。

5.完善的配套。本套教材包含"思考与练习"、"技能考核标准",并配有电子课件和微视频,以达到巩固知识、强化技能、易教易学的目的。

《汽车商务礼仪》是本套教材中的一本。与传统同类教材相比,本书从汽车商务实践工作角度出发,培养和锻炼汽车商务人员的礼仪和修养,着重描述礼仪在汽车商务交往中的重要作用,帮助学生树立较强的礼仪意识,为将来踏入汽车行业做好准备。

本书的编写分工为:本教材的单元一、单元二由北京交通运输职业学院的姜京花老师负责编写,其他单元由北京交通运输职业学院的赵颖老师编写。全书由赵颖老师担任主编。

限于编者水平,又是完全按照新的教学标准编写,书中难免有不当之处,敬请广大院校师生提出意见和建议,以便再版时完善。

编审委员会
2016 年 3 月

目录 Contents

单元一　礼仪基础理论 ·· 1
　一、做好职场准备 ·· 2
　二、礼仪概述 ·· 3
　三、现代礼仪概述 ·· 12
　四、汽车商务礼仪概述 ·· 16
　单元小结 ·· 21
　思考与练习 ·· 22

单元二　汽车商务仪表礼仪 ·· 24
　一、形象礼仪的心理效应 ······································ 25
　二、仪表礼仪 ·· 29
　三、服饰礼仪 ·· 41
　四、自我仪表整理操 ·· 64
　单元小结 ·· 64
　技能训练 ·· 65
　思考与练习 ·· 70

单元三　汽车商务仪态礼仪 ·· 71
　一、仪态概述 ·· 72
　二、表情礼仪 ·· 73
　三、距离礼仪 ·· 79
　四、站坐行蹲礼仪 ·· 80
　五、手势礼仪 ·· 89
　六、不当的仪态表现 ·· 92
　单元小结 ·· 93
　技能训练 ·· 93
　思考与练习 ·· 99

单元四　商务沟通交际礼仪 ·· 101
　一、文明用语 ·· 102
　二、称呼与问候 ·· 103

三、介绍礼仪 ·· 110
　　四、见面礼仪 ·· 114
　　五、位次礼仪 ·· 121
　　六、电话礼仪 ·· 128
　　七、公司日常交往礼仪 ······································ 133
　　单元小结 ·· 135
　　技能训练 ·· 136
　　思考与练习 ·· 142

单元五　汽车商务来往礼仪 ···································· 144
　　一、汽车商务接待礼仪 ······································ 145
　　二、汽车商务拜访礼仪 ······································ 158
　　三、汽车商务会议礼仪 ······································ 161
　　四、汽车商务馈赠礼仪 ······································ 166
　　五、汽车商务宴请礼仪 ······································ 173
　　单元小结 ·· 187
　　技能训练 ·· 187
　　思考与练习 ·· 190

单元六　汽车会展礼仪 ·· 191
　　一、会展礼仪概述 ·· 191
　　二、汽车展览会礼仪 ··· 196
　　三、汽车巡展礼仪 ·· 202
　　四、汽车销售展厅礼仪 ······································ 205
　　单元小结 ·· 207
　　技能训练 ·· 207
　　思考与练习 ·· 208

参考文献 ·· 210

单元一 礼仪基础理论

 学习目标

1. 了解礼仪、商务礼仪的概念、特征、起源与发展;
2. 掌握礼仪的原则、意义与培养礼仪修养的途径,养成良好的礼仪修养;
3. 了解和掌握汽车商务礼仪的内涵,实践汽车商务工作人员的修养,重视礼仪在现代商务交往中的重要作用,并能够树立起较强的礼仪意识,为将来踏入汽车销售行业做好准备。

 建议课时

16 课时。

 案例导入

  北京市某汽车销售服务有限公司是某品牌汽车授权的集整车销售、售后服务、配件供应、信息反馈为一体的特许经销商。该公司占地1.8万m^2,维修工位49个,设置有销售部、售后部、行政人事部、财务部、市场部、客户关系部、美容装饰部以及省外网络发展部共8个部门。林娜从北京交通运输职业学院汽车工程系毕业后,有幸加入了这个全心全意为客户创造高品质服务的优秀团队。一开始,她被安排在公司的前台。

  她刚过22岁,在学校学的是汽车运用与维修专业,在学校里积极参加各种院系活动,在老师和同学们眼里,是个活泼开朗的女孩儿。但是,加入这个充满朝气的精英团队,令她感觉很紧张,不知道该从何做起。在返校时,她跟姜老师说到了自己的困扰。姜老师耐心地听她说完,微微一笑说:"首先,你应该从做好心理准备、端正服务态度做起。"

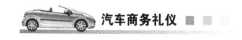

一 做好职场准备

学习汽车专业的学生,要意识到在学生时代,只要跟自己喜欢的人以及情趣相投的伙伴相处好就可以了,但在工作场所,工作的人却是形形色色,有跟自己想法不同的,也有年龄不一样的。跟这些人也必须齐心协力,一起工作。此外,工作的内容各种各样,不能只做自己喜欢的工作,要明确认识学生生活与工作场所的区别,这一点很必要。

(一)做好心理准备,端正工作态度

在学校的生活中,可以避开令自己感到厌恶和困难的事情,就可以按照自己的想法自由地生活,这是因为社会和周围的人们还没有把我们当作社会的一员看待,大家能宽容的对待我们。但是作为已经成长懂事的年轻人,能明白我们是即将从事某一职业的人了,处于通过辛勤工作取得报酬的立场,在工作场合中,我们就会被周围的人当作社会人的一员对待,以前一直被宽容的事情也会被严厉指出,要求承担责任。在任何一家汽车相关企业,工作场所就是个集体,目标是完成工作。因而,为了实现目标,大家在这里应齐心协力、共同生活。所以,我行我素、自私自利这些做法就必须要改变。还有,在学生时代,在说话方式和服装等方面都比较随便,但在工作场所就要求遵守规则,遵守企业规章制度和常规做法。

❶ 感谢光临本店的顾客

汽车属于高额商品,动辄几十万、上百万,还有不少豪华车更是价格不菲,只有保证有源源不断地客人来购买汽车商品,公司才能持续不断地生存发展下去。因此,作为一个新人,当他/她必须从头学起的时候,首先从感激顾客的光临开始。当你内心充满感激,你的言行举止就会对顾客充满了尊敬,这就是礼仪之源。当你不断加深对礼仪的学习、掌握和表达,站在顾客的立场上,使用足够的细心耐心,一定会赢得顾客的赞誉:"这家公司的员工不管什么时候去都会真诚热情接待,下次还要去这家店找这个员工买东西"。

❷ 感恩提供给自己工作机会的公司

在面试时,公司可以录取你,也可以录取他人。当确定录取你的时候,公司也就对你的成长发展充满了期待。公司每个月支付给你薪水,给你相应的发展空间,期待你从一个刚出校门的学生逐渐成为公司的业务骨干,技术能手。如果没有公司给你提供这个平台,也许你还在为寻找工作而奔波。所以,感恩提供给自己工作机会的公司,你就会珍惜这个机会的来之不易,这也是礼仪之源。要对公司充满感恩,对自己的工作负责,不管是车辆的检查和维修,还是取车、交车、接待顾客以及维修车间的整理、整顿、美化、给客户打电话等工作,都要负责到底,力求做到最好。即便是被指派的工作有难度,或者是不情愿干的事,也应采取积极的态度主动承担。要时刻意识到公司强大了,个人才可能强大。

❸ 珍惜工作场合中接触的所有同事

工作场所就是团队齐心协力共同完成公司目标的场所。首先,大家有缘相聚一堂,因为工作关系,有的交流较多,有的接触甚少,还有些同事可能几年下来都没有接触,忽然因为某件事情需要沟通联系。不管基于哪种情况,在工作场所这个大环境里,既然进入职

场,学生的身份转变为公司员工,应该放下原来在自己家庭里自己想怎么样就怎么样的想法,所有人在这里应齐心协力、努力工作。珍惜每个同事之间的沟通交流合作,对他人抱有诚意、虚心请教,认真倾听,把"我"的口头禅,改成"我们"的口头禅,事事以组织为先,以他人为先,假以时日,你的人际关系就会越来越融洽,工作环境就打好了友爱互动、互相扶持的良好基础。

(二)做好行为准备,严格遵守公司规则

在任何集体活动中,都有必须要遵守的规则,规则是为了实现集体的目的而制定的。如果没有这样的规则,集体就不会团结,也不能顺利开展活动。与此相同,社会也是由许多人共同组成的一个集团,为了相互之间能平和地生活,就必须制定各种法律,所有人都有遵守法律的义务。不管在任何场合,当若干人汇集一起做某件事时,规则是绝对必要的。在我们的工作场所当然也有这样的规则,所有人员做事都必须遵守这些规则。

二 礼仪概述

(一)礼仪的思想基础与含义

礼仪的历史是漫长而久远的。它随着人类社会的产生而产生,随着经济的发展、社会的进步而不断前进。礼仪是人际关系中的一种艺术,是人与人之间沟通的桥梁,礼仪是人际关系中必须遵守的一种惯例,是一种习惯形式,即在人与人的交往中约定俗成的一种习惯做法。礼仪对规范人们的社会行为,协调人际关系,促进人类社会发展具有积极的作用。

我国是历史悠久的文明古国,几千年来创造了灿烂的文化,形成了高尚的道德准则、完整的礼仪规范,被世人称为"文明古国,礼仪之邦",中国人也以其彬彬有礼的风貌而著称于世。

❶ 礼仪的思想基础

中国自古就是礼仪之邦,礼仪对于我们炎黄子孙来说,更多的时候能体现出一个人的教养和品位。真正懂礼仪讲礼仪的人,绝不会只在某一个或者几个特定的场合才注重礼仪规范,这是因为那些感性的,又有些程式化的细节,早已在他们的心灵的历练中深入骨髓,浸入血液了。

1)孔子(图1-1)的礼仪思想基础之——不学礼,无以立

礼仪是中华民族的传统美德,从古至今,源远流长。做什么事情,先学会做人!《论语》中说:"不学礼,无以立"。就是说不学会礼仪礼貌,就难以有立身之处。如果一个文化程度很高,但不懂得礼仪的人,那他也是一个对社会毫无用处的人。因为道德常常能填补智慧的缺陷,而智慧却永远也填补不了道德的缺陷。

所以,无论何时何地,我们都要以最恰当的方式去待人接物。这个时候"礼"就成了我们生命中最重要的一部分。

2)孔子的礼仪思想基础之——非礼勿视,非礼勿听,非礼勿言,非礼勿动

图1-1 孔子像

古人颜渊很好学,他也善问。孔子讲克己复礼,颜渊紧接着问:"请问其目?",就是从哪里去做呢?孔子对颜渊说:"非礼勿视,非礼勿听,非礼勿言,非礼勿动。"

不合乎礼教的话不能看,不合乎礼教的东西不能听,不合乎礼教的东西不能说,不合乎礼教的事不能做。这是四个消极行为的规范,就是从眼睛、耳朵、嘴巴、身体严格的管束自己,由外在规范,熏陶自己。

只要视、听、言、动都能遵守法律与礼仪的规定,就是礼。比较困难的是在内心里面主动约束自己,收敛心思、控制欲望、把握时间,然后把全副精力投注于自己选定的目标上。能够做到这一点,长期下来就会发现自己成为生命的主人,可以自由挥洒才华。少了礼,就像树木未经修剪,也许枝叶繁盛,但是不可能长得高而壮。

3)孔子的礼仪思想基础之——仁者爱人

孔子倡导的"仁者爱人",强调人与人之间要有同情心,要互相关心,彼此尊重。《论语·颜渊》较系统地阐述了礼及礼仪的本质与功能,把礼仪理论提高到一个新的高度。

❷ 礼仪的含义

礼仪,指的是人们在社会交往活动中,为了相互尊重,在仪表、仪容、仪态、仪式、言谈举止等方面约定俗成的,共同认可的行为规范。它是人们以一定的程序、方式来表现的律己、敬人的完整行为。它体现了一个国家、一个民族、一个地区的道德风尚和人们的精神面貌。所以,礼仪是人类精神文明的产物。

一般来讲,礼仪主要分为个人礼仪和公共礼仪。个人礼仪从内容上看有仪容、举止、表情、服饰、谈吐、待人接物、待客与做客礼仪、见面礼仪、馈赠礼仪等。公共礼仪主要是针对特定环境或场合需要遵循的礼仪规范。如图书馆礼仪、影剧院礼仪、酒会礼仪、餐桌礼仪等。

❸ 礼仪的特征

礼仪是人们在漫长的社会实践中逐步地形成、演变和发展的。现代礼仪是在一番脱胎换骨之后形成的,它具有文明性、共通性、多样性、变化性、规范性和传承性等。

1)礼仪的文明性

礼仪是人类文明的结晶,是现代文明的重要组成部分。人类从降世那天起就开始了对文明的追求,亚当夏娃用树叶遮身便是文明之举。人类从茹毛饮血到共享狩猎成果,从盲目迷信、敬畏鬼神到崇尚科学、论证无神,从战争到和平,尤其是文字的发明,人类运用语言文字来表达文明、宣传文明、建设文明。文明的体现宗旨是尊重,既是对人也是对己的尊重,这种尊重总是同人们的生活方式有机地、自然地、和谐地和毫不勉强地融合在一起,成为人们日常生活、工作中的行为规范。这种行为规范包含着个人的文明素养,比如待人接物热情周到、彬彬有礼;人们彼此间互帮互助、彼此尊重、和睦相处,体现出人们日常生活中的文明、友好;注重个人卫生,穿着适时得体,见人总是微笑着问候致意,礼貌交谈,文明用语,这也体现出人们的品行修养。总之,礼仪是人们内心文明与外在文明的综合体现。

2）礼仪的共通性

无论是交际礼仪、商务礼仪还是公关礼仪，都是人们在社会交往过程中形成并得到共同认可的行为规范。我们今天生活的世界可谓千姿百态。人们尽管分散居住于五大洲、四大洋的不同地域，但是，许多礼仪都是世界通用的，例如：问候、打招呼、礼貌用语、各种庆典仪式、签字仪式等。虽然由于各国家、各地区、各民族形成了许多特有的风俗习惯，但就礼仪本身的内涵和作用来说，仍具有共通性。正是由于礼仪拥有共通性，才形成了国际交往礼仪。

3）礼仪的多样性

世界是丰富多彩的，礼仪也是五花八门、绚烂多姿的。世界各地民俗礼仪千姿百态，几乎没有人能说清楚世界上到底有多少种礼仪形式。从语言的表达礼仪到文字的使用礼仪，从举止礼仪到规范化礼仪，从服饰礼仪到仪表礼仪，从风俗礼仪到宗教礼仪等，在不同的国家、不同的场合，礼仪的表达方式也有所不同。

比如在人们常见的国际交往礼仪中，仅见面礼节就有握手礼、点头礼、亲吻礼、鞠躬礼、合十礼、拱手礼、脱帽礼、问候礼等。礼仪可谓多种多样，纷繁复杂。有些礼仪所表达的方式和内容，在甲国家或地区与乙国家或地区可能截然相反。

4）礼仪的变化性

礼仪是一种社会历史发展的产物，并具有鲜明的时代特点。一方面它是在人类的交际活动实践之中形成、发展、完善起来的；另一方面，社会的发展、历史的进步，由此而引起的众多社交活动的新特点、新问题的出现，又要求礼仪有所变化，这就使礼仪具有相对的变动性。

礼仪并不存在一成不变的永恒模式。随着时间的推移，礼仪也会不断变化。可以说，每一种礼仪都有其产生、形成、演变、发展的过程。礼仪在运用时也具有灵活性。一般说来，在非正式场合，有些礼仪可不必拘于约定俗成的规范，可增可减，随意性较大。在正式场合，讲究礼仪规范是十分必要的。但如果双方已非常熟悉，即使是较正式的场合，有时也不必过于讲究礼仪规范。

同时，变化性还表现在同一礼仪形式常常会因时间地点的不同使其意义出现差异。例如同样是握手，男女之间力度就应不同，新老朋友之间亦有差别，同样是打招呼，在不同地区、不同民族的运用形式也不相同。

5）规范性

礼仪规范的形成，是对人们在社会交往实践中所形成的一定礼仪关系，通过某种风俗习惯和传统的方式固定下来，通过一定社会的思想家们集中概括出来，见之于人们的生活实践，形成人们普遍遵循的行为准则。礼仪指的就是人们在交际场合待人接物时必须遵守的行为规范。这种规范不仅约束着人们在一切交际场合的言谈话语、行为举止，使之合乎礼仪；而且也是人们在一切交际场合必须采用的一种"通用语言"，是衡量他人、判断自己是否自律、敬人的一种尺度。

礼仪是约定俗成的一种自尊、敬人的惯用形式，任何人要想在交际场合表现得合乎礼仪，彬彬有礼，都必须对礼仪无条件地加以遵守。另起炉灶，自搞一套，或是只遵守个人适应的部分，而不遵守不适应自己的部分，都难以为交往对象所接受、所理解。

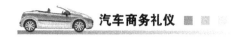

6）传承性

任何国家的礼仪都具有自己鲜明的民族特色,任何国家的当代礼仪都是在本国古代礼仪的基础上继承、发展起来的。离开了对本国、本民族既往礼仪成果的传承、扬弃,就不可能形成当代礼仪。这就是礼仪传承性的特定含义。作为一种人类的文明积累,礼仪将人们在交际应酬之中的习惯做法固定下来,流传下去,并逐渐形成自己的民族特色,这不是一种短暂的社会现象,而且不会因为社会制度的更替而消失。对于既往的礼仪遗产,正确的态度不应当食古不化,全盘沿用,而应当有扬弃,有继承,更有发展。

4 礼仪的内容

随着时代的变迁、社会的进步和人类文明程度的提高,人们的文明程度也在不断地提高,礼仪在对古代礼仪扬弃的基础上,不断推陈出新,更完善、更合理,内容更加丰富多彩。礼仪包括礼节、礼貌、仪表、仪式、礼俗等内容。

1）礼节

礼节是人们在交际过程中逐渐形成的约定俗成的和惯用的各种行为规范之总和。礼节是社会外在文明的组成部分,具有严格的礼仪性质。它反映着一定的道德原则的内容,反映着对人对己的尊重,是人们心灵美的外化。在阶级社会,由于不同阶级的人在利益上的根本冲突,礼节多流于形式。在现代社会中,由于人与人之间地位平等,其礼节从形式到内容都体现出人与人之间相互平等、相互尊重和相互关心。

现代礼节主要包括：介绍的礼节、握手的礼节、打招呼的礼节、鞠躬的礼节、拥抱的礼节、亲吻的礼节、举手的礼节、脱帽的礼节、致意的礼节、作揖的礼节、使用名片的礼节、使用电话的礼节、约会的礼节、聚会的礼节、舞会的礼节、宴会的礼节等。

2）礼貌

礼貌是指人们在社会交往过程中良好的言谈和行为。它主要包括口头语言的礼貌、书面语言的礼貌、态度和行为举止的礼貌。礼貌是人的道德品质修养的最简单、最直接的体现,也是人类文明行为的最基本的要求。在现代社会,使用礼貌用语,对他人态度和蔼,举止适度,彬彬有礼,尊重他人已成为日常的行为规范。

3）仪表

仪表指人的外表,包括仪容、服饰、体态等。仪表属于美的外在因素,反映人的精神状态。仪表美是一个人心灵美与外在美的和谐统一,美好纯正的仪表来自于高尚的道德品质,它和人的精神境界融为一体。端庄的仪表既是对他人的一种尊重,也是自尊、自重、自爱的一种表现。仪表指人的外表,包括仪容、服饰、体态等。

4）仪式

仪式指行礼的具体过程或程序。它是礼仪的具体表现形式。仪式是一种比较正规、隆重的礼仪形式。人们在社会交往过程中或是组织在开展各项专题活动过程中,常常要举办各种仪式,以体现出对某人或某事的重视,或是为了纪念等。

常见的仪式包括成人仪式、结婚仪式、安葬仪式、凭吊仪式、告别仪式、开业或开幕仪式、闭幕仪式、欢迎仪式、升旗仪式、入场仪式、签字仪式、剪彩仪式、揭匾挂牌仪式、颁奖授勋仪式、宣誓就职仪式、交接仪式、奠基仪式、洗礼仪式、捐赠仪式等。仪式往往具有程序化的特点,这种程序有些是人为地约定俗成的。在现代礼仪中,仪式中有些程序是必要的,有些则可以简化。因此,仪式也大有越来越简化的趋势。但是,有些仪式的程序是不可省略的,否则就是非礼。

5) 礼俗

礼俗即民俗礼仪,它是指各种风俗习惯,是礼仪的一种特殊形式。礼俗是由历史形成的,普及于社会和群体之中并植根于人们心理之中,在一定的环境经常重复出现的行为方式。不同国家、不同民族、不同地区在长期的社会实践中形成了各具特色的风俗习惯。"十里不同风,百里不同俗"不但每一个民族、地区,甚至一个小小的村落都可能形成自己的风俗习惯。

(二) 中国礼仪的起源与发展

1 中国礼仪的起源

礼仪实质上是一个历史范畴,它既有一定的继承性和延续性,又呈现动态性和发展性的趋势。是与人类社会同时产生、同步发展的。

中国自古就以礼仪之邦著称于世,其漫长的礼仪发展史大致可以分为礼仪的萌芽时期、礼仪的草创时期、礼仪的形成时期、礼仪的发展和变革时期、礼仪的强化时期、礼仪的衰落时期、现代礼仪时期和当代礼仪时期共8个时期。礼仪的形成和发展,经历了一个从无到有,从低级到高级,从零散到完整的渐进过程。

1) 礼仪的萌芽时期(公元前5万年—公元前1万年)

礼仪起源于原始社会时期,在长达100多万年的原始社会历史中,人类逐渐开化。在原始社会中、晚期(约旧石器时期)出现了早期礼仪的萌芽。例如,生活在距今约1.8万年前的北京周口店山顶洞人,就已经知道打扮自己。他们用穿孔的兽齿、石珠作为装饰品,挂在脖子上。而他们去世的族人身旁撒放赤铁矿粉,举行原始宗教仪式,这是迄今为止在中国发现最早的葬仪。

2) 礼仪的草创时期(公元前1万年—公元前22世纪)

公元前1万年左右,人类进入新石器时期,不仅能制作精细的磨光石器,并且开始从事农耕和畜牧。在其后数千年岁月里,原始礼仪渐具雏形。例如在今西安附近的半坡遗址中,发现了生活距今约五千年前的半坡村人的公共墓地。墓地中坑位排列有序,死者的身份有所区别,有带殉葬品的仰身葬,还有无殉葬品的俯身葬等,此外,仰韶文化时期的其他遗址及有关资料表明,当时人们已经注意尊卑有序、男女有别。而长辈坐上席,晚辈坐下席;男子坐左边,女子坐右边等礼仪日趋明确。

2 中国礼仪的形成和发展

1) 礼仪的初步形成(三皇五帝时代——五礼)

中国古代礼仪形成于"三皇五帝"时代,到尧舜时,已经有了成文的礼仪制度,就是"五礼"。这"五礼"指的是吉礼(图1-2)、凶礼(图1-3)、宾礼(图1-4)、军礼(图1-5)和嘉礼(图1-6)。

中国古代"五礼"之说，在商代已有完备的礼制，周代将其扩充和用于规范整个社会，都起到了制约和干预的作用。

图1-2　吉礼

图1-3　凶礼

图1-4　宾礼

图1-5　军礼

吉——祭祀之礼，为"五礼"之首。

凶——丧葬、灾祸之礼。

图1-6　嘉礼

宾——是朝见天子或会见之礼。

军——军旅之礼。

嘉——婚嫁、宴请等喜庆场合之礼。

作为人类祖先的圣贤唐尧、虞舜、夏禹等，他们本身都是讲究礼仪的典范。传说尧年轻的时候十分敬重老年人，同辈之间，礼让三先。每次把打回的猎物平分给众人，自己拿最少的一份。有时还把那最少的一份猎物再分送给年迈体弱的老者。他的德行受到众人的称颂，所以大家都推选他为首领。虞舜讲究礼仪是历代的楷模。我国的《二十四孝图说》中第一篇《大舜耕田》，就是讲他躬耕历山，任劳任怨；供养父亲、继母和同父异母之弟的故事。

2）礼仪的形成与推广（公元前21世纪—公元前771年）

约公元前21世纪至公元前771年，中国由金石并用时代进入青铜时代。金属器的使用，使农业、畜牧业、手工业生产跃上一个新台阶。随着生活水平的提高，社会财富除消费外有了剩余并逐渐集中在少数人手里,因而出现阶级对立,原始社会由此解体。

约公元前21世纪至公元前15世纪的夏代,开始从中国原始社会末期向早期奴隶社会过渡。在此期间,尊神活动升温。在原始社会,由于缺乏科学知识,人们不理解一些自然现象。他们猜想,照耀大地的太阳是神,风有风神,河有河神……因此,他们敬畏"天神",祭祀"天神"。从某种意义上说,早期礼仪包含原始社会人类生活的若干准则,又是原始社会宗教信仰的产物。礼的繁体字"禮",左边代表神,右边是向神进贡的祭物。因此,汉代学者许慎说:"礼,履也,所以事神致福也。"

以殷墟为中心展开活动的殷人,在公元前14世纪至前11世纪活跃在华夏大地。他们建造了中国第一个古都——地处现河南安阳的殷都,而他们在婚礼习俗上的建树,被其尊神、信鬼的狂热所掩盖。

殷王朝并取而代之的周朝,对礼仪建树颇多。特别是周武王的兄弟、辅佐周成王的周公,对周代礼制的确立起了重要作用。他制作礼乐,将人们的行为举止、心理情操等统统纳入一个尊卑有序的模式之中。全面介绍周朝制度的《周礼》,是中国流传至今的第一部礼仪专著。《周礼》(又名《周官》),本为一官职表,后经整理,成为讲述周朝典章制度的书。《周礼》原有6篇,详细介绍了六类官名及其职权,现存5篇,第六篇用《考工记》弥补。六官分别称为天官、地官、春官、夏官、秋官、冬官。其中,天官主管宫事、财货;地官主管教育、市政等;春官主管五礼、乐舞等;夏官主管军旅、边防等;秋官主管刑法、外交等;冬官主管土木建筑等。

春官主管的五礼即吉礼、凶礼、宾礼、军礼、嘉礼,是周朝礼仪制度的重要方面。吉礼,指祭祀的典礼;凶礼,主要指丧葬礼仪;宾礼,指诸侯对天子的朝觐及诸侯之间的会盟等礼节;军礼,主要包括阅兵、出师等仪式;嘉礼,包括冠礼、婚礼、乡饮酒礼等。由此可见,许多基本礼仪在商末周初已基本形成。此外,成书于商周之际的《易经》和在周代大体定型的《诗经》,也有一些涉及礼仪的内容。

在西周,青铜礼器是个人身份的表征。礼器的多寡代表身份地位高低,形制的大小显示权力等级。当时,贵族佩带成组饰玉为风气。而相见礼和婚礼(包括纳采、问名、纳吉、纳徵、请期、亲迎等"六礼")成为定式,流行民间。此外,尊老爱幼等礼仪,也已明显确立。

3)礼仪的发展、变革时期(公元前770年—公前221年,东周时期)

(1)西周末年。

西周末期,王室衰微,诸侯纷起争霸。公元前770年,周平王东迁洛邑,史称东周。承继西周的东周王朝已无力全面恪守传统礼制,出现了所谓"礼崩乐坏"的局面。

(2)春秋战国时代。

春秋战国时期是我国的奴隶社会向封建社会转型的时期。在此期间,相继涌现出孔子、孟子、荀子等思想巨人,发展和革新了礼仪理论。

①孔子。孔子(公元前551—公元前479年)是中国古代大思想家、大教育家,他首开私人讲学之风,打破贵族垄断教育的局面。他删《诗》、《书》,定《礼》、《乐》,赞《周易》,修《春秋》,为历史文化的整理和保存做出了重要贡献。他编订的《仪礼》,详细记录了战国

以前贵族生活的各种礼节仪式。《仪礼》与前述《周礼》和孔门后学编的《礼记》，合称"三礼"，是中国古代最早、最重要的礼仪著作。

②孟子。孟子(约公元前372—公元前289年)是战国时期儒家主要代表人物。在政治思想上,孟子把孔子的"仁学"思想加以发展,提出了"王道"、"仁政"的学说和民贵君轻说,主张"以德服人"在道德修养方面,他主张"舍生而取义"(《孟子·告子上》),讲究"修身"和培养"浩然之气"等。

③荀子。荀子(约公元前298—公元前238年)是战国末期的大思想家。他主张"隆礼"、"重法",提倡礼法并重。他说："礼者,贵贱有等,长幼有差,贫富轻重皆有称者也"(《荀子·富国》)。荀子指出："礼之于正国家也,如权衡之于轻重也,如绳墨之于曲直也。故人无礼不生,事无礼不成,国家无礼不宁。"(《荀子·大略》),即国家不仅要有礼治,还要有法治。只有尊崇礼,法制完备,国家才能安宁。荀子重视客观环境对人性的影响,倡导学而至善。

3 中国礼仪的强化时期(公元前221年—公元1796年)

1)秦朝

公元前221年,秦王嬴政最终吞并六国,统一中国,建立起中国历史上第一个中央集权的封建王朝,秦始皇在全国推行"书同文"、"车同轨"、"行同伦"。秦朝制定的集权制度,成为后来延续两千余年的封建体制的基础。

2)汉朝

西汉初期,叔孙通协助汉高帝刘邦制定了朝礼之仪,突出发展了礼的仪式和礼节。而西汉思想家董仲舒(公元前179~公元前104年),把封建专制制度的理论系统化,提出"唯天子受命于天,天下受命于天子"的"天人感应"之说(《汉书·董仲舒传》)。他把儒家礼仪具体概况为"三纲五常"。"三纲"即"君为臣纲,父为子纲,夫为妻纲。""五常"即仁、义、礼、智、信。汉武帝刘彻采纳董仲舒"罢黜百家,独尊儒术"的建议,使儒家礼教成为定制。

汉代时,孔门后学编撰的《礼记》问世。《礼记》共计49篇,包罗宏富。其中,有讲述古代风俗的《曲礼》(第1篇);有谈论古代饮食居住进化概况的《礼运》(第9篇);有记录家庭礼仪的《内则》(第12篇);有记载服饰制度的《玉藻》(第13篇);有论述师生关系的《学记》(第18篇);还有教导人们道德修养的途径和方法,即"修身、齐家、治国、平天下"的《大学》(第42篇)等。总之,《礼记》堪称集上古礼仪之大成,上承奴隶社会、下启封建社会的礼仪汇集,是封建时代礼仪的主要源泉。

3)唐朝

盛唐时期,《礼记》由"记"上升为"经",成为三礼之一,另外两本为《周礼》和《仪礼》。三礼的出现标志礼仪发展的成熟阶段。

4)宋朝

宋代时,出现了以儒家思想为基础,兼容道学、佛学思想的理学,程颐兄弟和朱熹为其主要代表。二程认为"父子君臣,天下之定理,无所逃于天地之间。"(《二程遗书》卷五),

"礼即是理也"《二程遗书》(卷二十五)。朱熹进一步指出,"仁莫大于父子,义莫大于君臣,是谓三纲之要,五常之本。人伦天理之至,无所逃于天地间。"(《朱子文集·未垂拱奏礼·二》)。朱熹的论述使二程"天理"说更加严密、精致。

家庭礼仪研究硕果累累,是宋代礼仪发展的另一个特点。在大量家庭礼仪著作中,以撰《资治通鉴》而名垂青史的北宋史学家司马光(公元1019—1086年)的《涑水家仪》和以《四书集注》名扬天下的南宋理学家朱熹(公元1130—1200年)的《朱子家礼》最著名。

5)明朝

明代时,交友之礼更加完善,而忠、孝、节、义等礼仪日趋繁多。

4 中国礼仪的衰落时期(公元1796—1911年)

满族入关后,逐渐接受了汉族的礼制,并且使其复杂化,导致一些礼仪显得虚浮、烦琐。例如清代的品官相见礼,当品级低者向品级高者行拜礼时,动辄一跪三叩,重则三跪九叩(《大清会典》)。清代后期,清王朝政权腐败,民不聊生。古代礼仪盛极而衰。而伴随着西学东渐,一些西方礼仪传入中国,北洋新军时期的陆军便采用西方军队的举手礼等,以代替不合时宜的打千礼等。

5 现代礼仪时期(公元1911—1949年,民国时期)

1911年末,清王朝土崩瓦解,当时远在美国的孙中山先生(公元1866~1925年)火速赶回祖国,于1912年1月1日在南京就任中华民国临时大总统。孙中山先生和战友们破旧立新,用民权代替君权,用自由、平等取代宗法等级制;普及教育,废除祭孔读经;改易陋俗,剪辫子、禁缠足等,从而正式拉开现代礼仪的帷幕。

民国期间,由西方传入中国的握手礼开始流行于上层社会,后逐渐普及民间。

20世纪30~40年代,中国共产党领导的苏区、解放区,重视文化教育事业及移风易俗,进而谱写了现代礼仪的新篇章。

6 当代礼仪时期(公元1949年至今)

1949年10月1日,中华人民共和国宣告成立,中国的礼仪建设从此进入一个崭新的历史时期。新中国成立以来,礼仪的发展大致可以分为三个阶段:

1)礼仪革新阶段(1949—1966年)

1949年至1966年,是中国当代礼仪发展史上的革新阶段。此间,摒弃了昔日束缚人们的"神权天命"、"愚忠愚孝"以及严重束缚妇女的"三从四德"等封建礼教,确立了同志式的合作互助关系和男女平等的新型社会关系,而尊老爱幼、讲究信义、以诚待人、先人后己、礼尚往来等中国传统礼仪中的精华,则得到继承和发扬。

2)礼仪退化阶段(1966—1976年)

1966年至1976年,中国进行了"文化大革命"。十年动乱使国家遭受了难以弥补的严重损失,也给礼仪带来一场"浩劫"。许多优良的传统礼仪,被当作"封资修"货色扫进垃圾堆。礼仪受到摧残,社会风气逆转。

3)礼仪复兴阶段(1977年至今)

1978年党的十一届三中全会以来,改革开放的春风吹遍了祖国大地,中国的礼仪建设进入新的全面复兴时期。从推行文明礼貌用语到积极树立行业新风,从开展"18岁成人仪式教育活动"到制定市民文明公约,各行各业的礼仪规范纷纷出台,岗位培训、礼仪教育日趋红火,讲文明、重礼貌蔚然成风。《公共关系报》、《现代交际》等一批涉及礼仪的报刊应运而出,《中国应用礼仪大全》、《称谓大辞典》、《外国习俗与礼仪》等介绍、研究礼仪的图书、辞典、教材不断问世。广阔的华夏大地上再度兴起礼仪文化热,具有优良文化传统的中华民族又掀起了精神文明建设的新高潮。

在资本社会阶段,西方的进步文化和平等思想,极大地冲击着我国旧的礼仪习俗和意识形态,西方礼仪重视人权尊严,强调相互平等,主张交际、开放。对中国的礼仪产生了重大的影响。这是现代礼仪发展的一个重要阶段。之后,我国在继承了传统礼仪精华的基础上,又融合了西方礼仪的优点,并结合当今我国改革开放的实际情况,形成了具有中国特色的礼仪规范。

(三)外国礼仪的形成与发展

在外国历史上,自从有了国家,也就出现了相应独具特色的礼仪。不论是古希腊、古罗马,还是古印度、古埃及,都形成了具有各民族特点的礼仪。古希腊就有"优遇外侨"的制度和职司礼宾的"外侨官"。在古罗马,则有"礼待客卿法"。到了17世纪以后,由于贸易的发展,交往迅速增加,欧洲各国纷纷制订相应的礼仪与礼节,对于现代礼仪的形成,产生了较多的影响。

随着欧洲近代工业的迅速兴起,商品经济的大规模发展,交通邮电事业的日益发达,人际交往日趋频繁。人们更需要调节和增进彼此间的关系,礼仪成了人们社会生活中不可或缺的东西。讲究礼节、注意礼貌、遵守一定的礼仪规范,已成为现代文明社会生活的一项重要标志。在资本主义社会中,人们之间相互来往更加注重礼节,封建社会的繁文缛节,多数也已不能适应现代人的生活,礼仪习惯本身发生了很大的变化。即使是豪门巨富、达官贵人,在对待随从侍者、仆役时,有时也不能不说一声"请"、"谢谢"、"对不起"等客套话,以显示自己的教养不俗,维护表面上的平等。

如上所述,无论在东方,还是在西方,礼仪的发展有很长的历史。在长期国际交往的过程中,也形成了许多国家间的通用礼仪。现代的礼仪正是历史上各国及各民族礼仪的继承和发展。

三 现代礼仪概述

(一)现代社交礼仪

❶ 什么是现代社交礼仪

现代社交礼仪泛指人们在社会交往活动过程中形成的应共同遵守的行为规范和准则。具体表现为礼节、礼貌、仪式、仪表等。

❷ 现代社交礼仪的类型

从目前礼仪发展的状况,以及礼仪的实际需要出发,我们可以把现代社交礼仪分成几种类型:

(1)国内礼仪和涉外礼仪。
(2)内务礼仪、公务礼仪、商务礼仪和个人社交礼仪。

❸ 现代社交礼仪的职能

社交礼仪作为人类的行为规范和准则,必然具有其内在的职能,社交礼仪具有四大职能:

1)塑造形象

塑造形象是现代社交礼仪的第一职能,包括塑造个人形象和组织形象两方面。

2)沟通信息

沟通信息是现代社交礼仪的第二职能。根据礼仪表现的方式,可以把礼仪分成三种类型,一种是言语礼仪,一种是行为表情礼仪,一种是饰物礼仪。这三种类型的礼仪行为均具有很强的信息性。

3)联络感情

联络感情不仅是社交礼仪的重要职能,也是社交礼仪的一个重要特征。

4)增进友谊

社交礼仪增进友谊的职能有两个方面:一在个人的社交圈子中,能为个人交往架设友谊桥梁。二在组织的相互交往中,能为组织之间互相了解、增进友谊带来便利。社交礼仪增进友谊的职能是显而易见的,在社交场合中,唯有慎重处理各种礼仪行为,了解各类场合的不同礼仪,方能起到事半功倍之效。

(二)商务礼仪

❶ 商务礼仪的含义

商务礼仪,就是指人们长期在从事商品流通和服务行业等各种经济行为中逐渐形成并自觉遵循的一系列礼仪规范。它主要包括在商贸活动中,如何热诚地接待客户,如何融洽地进行洽谈,如何参加商务社交宴请,以及如何隆重举行各种商务仪式等。在商务活动中,为了体现相互尊重,需要通过一些行为准则去约束人们在商务活动中的方方面面,这其中包括仪表礼仪,言谈举止,书信来往,电话沟通等技巧。从商务活动的场合又可以分为办公礼仪,宴会礼仪,迎宾礼仪等。

❷ 商务礼仪的作用

1)展现个人修养和企业形象

良好优雅的言行举止,是个人良好的品格修养的体现,展现公司良好的商业形象,赢得对方的尊重。在商务交往中个人代表整体,个人形象代表企业形象,个人的所作所为,就是本企业的典型活体广告。一举一动、一言一行,此时无声胜有声。

2)创建良好沟通氛围

有利于创造良好的沟通氛围,建立融洽的合作基础。我们在商业交往中会遇到不同的人,对不同的人如何进行交往这是要讲究艺术的,比如夸奖人也要讲究艺术,不然的话即使是夸人也会让人感到不舒服。

3)满足客户心理期待

每个客户都希望能得到经销商的尊重和特别重视,满足对方的心理期待,使其感觉良好,感觉备受关注,从而提高工作效率。

❸ 商务礼仪应遵循的原则

1)尊重原则

(1)尊重为本。

尊重为本是商务礼仪最基本的原则国家之间的相互认同,民族之间的相互接纳,人与人之间的互相尊重,是文明的重要标志。美国哲学家马斯洛博士提出了人的"五个需求层级理论",其中第四个需求就是"自尊和受人尊重"。意思是说,任何一个人,在他满足了生理需求、安全需求和社会需求后,他接下来的需求必然上升到"自尊和受人尊重"这个层级上。也就是说,一个人如果没有自尊,又长期得不到别人的尊重,他就不可能实现人生的更高境界,即"实现自我"。

(2)尊重他人。

尊重他人就是尊重自己。事实上,我们每个人都在努力寻找别人对自己的尊重,希望别人能尊重自己。那么,请你谨记商务礼仪当中的黄金法则——你希望别人怎样对待你,那你就应该首先怎样地去对待他;白金法则——别人希望你怎样对待他,那么就请你在合法的前提下努力去满足他的期望,这就是古代大教育家孔子所说的"敬人者,人恒敬之"的道理。

(3)无条件尊重他人。

"无条件地尊重当事人"是美国人本主义心理辅导学派主要代表人罗杰斯的重要理念之一。也就是要求我们在与人交往的过程中要放下所有内外条件,以平等的身份,平静、温和、开放、宽容的心态,尽力站在对方的角度与人交往和沟通,而不是用自己的价值观和各种标准来判断他人。很多情况下,我们对他人的尊重是有条件的,只是每个人的条件多少不一。人们往往因为他人的地位高、权力大、金钱多、外貌帅、衣着美、学识博、能力强等各种内外条件才尊重对方,否则,可能会轻看、排斥、拒绝、侮辱、攻击没有条件或条件暂时弱势的人,让他们体验不到认同感、归属感、价值感、安全感,进而产生冷落感、孤独感、失落感、绝望感。1960年当选牛津大学校长的英国前首相哈罗德·麦克米伦曾提出过人际交往的四点建议:尽量让别人正确;选择"仁厚"而非"正确";把批评转变为容忍和尊重;避免吹毛求疵。这些都是围绕尊重而言的。这就要求我们在商务交往中做到以下几个方面。

①接受他人。当别人和自己的意见不同时,不要把自己的意见强加给对方,允许他人表达思想、表现自己。当你和与自己性格不同的人交往时,也应尊重对方的人格和自由。

②重视他人。在交往中,要热情、真诚。热情的态度会使人产生受重视、受尊重的感觉;相反,对人冷若冰霜,会伤害别人。

③维护他人。每个人都有自尊心,失去自尊心对一个人来说,是件非常痛苦的事。伤害别人的自尊是严重的失礼行为。

2)诚信原则

什么是诚信?诚,即真诚、诚实;信,即守承诺、讲信用。诚信的基本含义是守诺、践约、无欺。诚信是人类的一种具有普遍意义的美德,是公民道德的一个基本规范。世界各国均重视国民的诚信教育。我国古代就有"人而无信,不知其可也"的说法,把诚信当作是立身处世的准则。民间的"一言既出,驷马难追",都极言诚信的重要。几千年来,"一诺千金"的佳话不绝于史,广为流传。美国从幼儿园和小学起就重视对孩子的诚信教育,设计的基础教材中就突出了"诚信"方面的内容。日本的诚信教育几乎贯穿于人的一生,在家庭中父母经常教育孩子"不许撒谎",到学校里耳濡目染的是"诚实"二字,到公司里"诚信"几乎是普遍的经营理念。诚信是全体公民都应该遵循的基本道德规范。对一个有责任感的公民来说,诚信是为人的基本原则。社会由个体组成,每个人都以诚信要求自己,社会就会成为一个诚信社会。

3)宽容原则

什么是宽容?《大不列颠百科全书》对它的解释为:宽容是指容许别人有行动和判断的自由,对不同于自己或传统观点的见解的耐心公正的容忍。启蒙运动之父伏尔泰说:宽容是认识到我们人的可错性的必然结果。人孰无过,我们一直在犯错误。因此让我们互相谅解对方的愚行。这是天赋人权的第一个原则。所以,宽容是待人的一般原刻,就是要严于律己,宽以待人。宽容是一种良好的心理品质。能以大局为重,甚至对个人的暂时损失也不计较,这是豁达大度的表现。美国前总统林肯对政敌素以宽容著称,后来终于引起一议员的不满,议员说:"你不应该试图和那些人交朋友,而应该消灭他们。"林肯微笑着回答:"当他们变成我的朋友,难道我不正是在消灭我的敌人吗?"在与人交往的过程中,善解人意,容忍和体谅他人,不苛求他人,会令你心境平和,广交朋友。

4)适度原则

所谓适度,就是要注意感情适度、谈吐适度、举止适度。在人际交往中,过分热情和冷漠都会令人感到不舒服.当你步入商场,服务人员热情的笑脸和招呼会让你感受到如沐春风般的温暖;但如果服务人员对你贴身紧逼,亦步亦趋为你服务,则会令你倍感压力,甚至逃之夭夭。所以,我们与人交往时既要热情大方,又不能低三下四。彬彬有礼,保持适度的距离才是待人之道。古话说:"君子之交淡如水,小人之交甘如醴"此话不无道理。如果不善于把握沟通时的感情尺度,缺乏适度的距离,结果会适得其反。

 案例导入

某汽车4S店贵宾休息室,一位客人招呼服务人员"小姐,请给我倒一杯白开水好吗?"服务人员微笑着回答:"好的,请稍等,这就给您送过来"。服务人员迅速为客人送到茶几上,这位客人看着自己要的白开水,从口袋里拿出一包药,摸了摸水杯,皱了皱眉头。服务人员发现客人的细微动作后,立即主动询问客人:"给您的杯里加些冰块降温好吗?"客人立即高兴地说:"好的,太谢谢了。"服务人员很快给客人拿来冰块放入杯中,水温立即降下来,客人及时吃了药。客人临走时,写了表扬信,对这位服务员的服务表示感谢。

四 汽车商务礼仪概述

(一)汽车商务礼仪的定义与服务内涵

① 汽车商务礼仪的定义

面对激烈竞争的汽车经销企业,专业化的汽车销售与服务逐渐成为消费者关注汽车产品的焦点,越来越多的企业开始重视礼仪的培训。商务礼仪已经从当初简单的约定俗成的礼节、规范演变为使客户感到满意、感到舒服的行为规范。汽车商务礼仪是指礼仪在汽车商务活动中的运用,是商务人员在汽车商务中体现相互尊重的行为准则,具有规范性、限定性、可操作性、传承性。

② 汽车商务礼仪服务的内涵

任何企业只有在经营获得利润的基础之上才能续存下去,提供规范的汽车商务礼仪服务,不仅是为了让雇员维持更好的生活,有更完善的设施,企业获得适当的利润;更是通过提供好的商品、服务和贡献,有助于塑造良好的企业形象,培养顾客和交易对象习惯性的消费惯性,使企业取得社会整体的认可。从这个角度来看,应用汽车商务礼仪,在于研究和应用符合汽车商务礼仪规范服务的内涵。

"服务"这一概念的含义可以用英语 SERVICE 的每一个字母所代表的含义来理解,其中每一字母的含义实际上都是对服务人员个人形象的一种礼仪要求。

(1)"S"。第一个字母 S,即 Smile(微笑),其含义是服务人员应该对每一位宾客提供微笑服务。

(2)"E"。第二个字母 E,即 Excellent(出色),其含义是服务人员应该将每一个程序、每一个微小的服务工作都做得很出色。

(3)"R"。第三个字母 R,即 Ready(准备好),其含义是服务人员应该随时准备好为宾客服务。

(4)"V"。第四个字母 V,即 Viewing(看待),其含义是服务人员应该将每一位宾客都看作是需要提供优质服务的贵宾。

(5)"I"。第五个字母 I,即 Inviting(邀请),其含义是在每一次接待服务结束时,都应该显示出诚意和敬意,主动邀请宾客再次光临。

(6)"C"。第六个字母 C,即 Creating(创造),其含义是每一位服务人员都应该想方设法,去精心创造出使宾客能享受其热情服务的氛围。

(7)"E"。第七个字母 E,即 Eye(眼光),其含义是每一位服务人员始终应该以真诚友好的眼光关注宾客,适应宾客心理,预测宾客要求,及时提供有效的服务,使宾客时刻感受到服务人员在关心自己。

(二)追求高品质的汽车商务礼仪的意义

① 高品质服务最能拉开我们与竞争者的差距

首先,我们需要接受这样一个客观的现实,那就是:在竞争环境中,不是顾客更需要我们,而是我们更需要顾客。既然我们很难用商品和价格来区别于竞争对手,又想拥有顾客,唯一可行的办法就是从服务上找差别。因此,只有在服务上超过别人,才可能获得足以维持生存和发展的顾客数量。

❷ 高品质服务具有强大的口碑传播效应

人们都知道,口碑传播是最好的广告。它不仅效果好,而且不花钱。

由于绝大多数人愿意获得别人的服务,因此,顾客常会把自己享受的高品质服务记在心上、挂在嘴上。

许多类似的调查还发现,人们常会把自己难忘的服务印象传递给自己身边的朋友和家人,与他们关心和爱的人一同分享快乐和幸福感。

这种口碑效应,不仅可以帮你吸引越来越多的新顾客,还能有效地提高你的品牌价值。

❸ 高品质服务可以使顾客成为回头客

您一定有这样的体会:一旦经过比较发现哪里的服务很好,你通常就会重复光顾那里。事实上,凡是高品质服务的公司或其他机构,都会拥有大量忠诚的老顾客。

❹ 高品质服务更有利于吸引高服务素质的员工

高服务素质的人对工作环境的要求更为苛刻,他们讨厌那些尔虞我诈的工作环境,他们坚信只有融入高品质服务的环境中,自己才能得到快乐,所在的公司才有发展壮大的希望。因此,高品质服务的工作环境,对这些具有较高服务素质的人才更具吸引力。物以类聚,人以群分,大家都渴望在同一理念下共事。

❺ 高品质服务可以使你的工作变得更加轻松

由于你向顾客和自己的同事提供了高品质的服务,那么,你在这方面遇到的麻烦就会很少,顾客由于在你的帮助下作出了正确的购买决定,获得的是快乐的购物体验。因此,退换货和被投诉的可能性就很小,你的烦恼就会减少。另外,高品质服务能为你带来顾客的感激和公司的奖励,这会使你在工作中感到轻松愉悦。

❻ 高品质服务可以使企业获得长久的成功

短期的成功可以靠运气、暂时领先的商品性价比、更好一点的购物环境等来获得,但是这都不会持久,因为这些领先优势本身不会持久。实际上,任何商家想靠这些获得长期成功的尝试,大都以失败而告终。并不是说你不需要在这方面改进和改善,而是因为这方面的改进和改善,和别人在服务上的改进和改善相比,其作用要小得多。

服务主要靠人,人一旦养成了高品质服务顾客的习惯,就会将这种习惯延续很久很久,再加上持续提供的培训,可以使你保持服务竞争力。和其他策略相比,高品质服务策略不仅效果更为持久,而且成本最低。

(三)汽车商务人员的能力要求与素质修养

❶ 汽车商务人员基本能力要求

我们生活在一个日新月异的商品社会当中,商务活动是一种知识性、技术性要求很高的开拓性活动。高速发展的商品经济要求商务人员必须具备与之相适应的知识和才能。对于商务人员来说,商务礼仪是思想水平、文化修养、交际能力的外在表现;对于企业来说,商务礼仪是企业价值观念、道德理念、员工整体素质的集中体现,是企业文明程度的重要标志。因此,商务人员除了具备必要的基本修养之外,还必须具备以下能力。

1)思想能力

主要是指在社会生活中人们的行为准则和规范。思想品质反映一个人的本质,要成为商务人员,首先必须是诚实的人,具备较高的思想修养、热爱祖国、忠于职守、有良好的敬业精神和坚定的立场。因为他代表的不仅仅是个人,而是企业形象。良好的思想品质,还决定了为人处世的风格和集体主义观念。

2)文化能力

文化能力是人的知识水平,以及接受和更新知识以及把理论、实践相结合的能力。商务人员既是推销员又是售后服务员,要准确随时回答客户提出的商品技术问题。因此,商务人员应受过系统的教育。除精通专业知识外,还应有一定的外语表达和计算机应用技能,同时还应了解国际经济法和国际商法、人际关系学、历史和地理等多方面的知识。

❷ 汽车商务人员工作能力要求

工作能力是一个人在具体工作环境中运用所掌握的知识、技能处理和解决问题的能力。包括专业技术能力、组织能力、社交能力和表达能力。

1)专业技术能力

商务人员应是一个综合型人才,业务上具有多方面的能力。一个出色的商务人员,应该具备市场调查、市场开拓、结算、商品售后服务、收集情报信息等技能,掌握全面的汽车专业知识和丰富的汽车销售知识。

汽车销售人员要熟悉自己的产品,掌握各车型的配备、性能和所有技术参数,以便随时可以提供给顾客。

同时,作为汽车销售人员应该充分掌握和了解汽车界中各品牌及车型的发展、信息,方便获得更多最新信息、知识,能应对各种市场变化,成为最优秀的汽车销售员。

多参阅《中国汽车报》及其他报纸汽车版,发浏览《中国汽车画报》、《汽车杂志》、《汽车之友》、《汽车导报》、《名车志》、《汽车族》等杂志,多关注中国汽车网、TOM 汽车网、新浪汽车、太平洋汽车网(PC Auto)等网站。

2)组织能力

组织能力是指为了有效地实现目标,灵活地运用各种方法,把各种力量合理地组织和有效地协调起来的能力,包括协调关系的能力和善于用人的能力等。组织管理能力是一个人的知识、素质等基础条件的外在综合表现。现代社会是一个庞大的、错综复杂的系统,绝大多数工作往往需要多个人的协作才能完成,所以,商务人员应该能疏通、协调各方面的关系,具备调配人、财、物的能力,尽快组织群体完成工作。

3)社交能力

人生活在世上,就必然要参与社会交往。社交能力是衡量现代人适应开放社会程度的标志之一,也是商务人员必须具备的条件之一。社交的范围与每个人的职业、爱好、生活方式及地理位置有很大关系。没有一定的社交能力,是难以建立业务关系的。

4）表达能力

表达能力是指用语言来表达自己的思想、情感，以达到与人交流的目的的一种能力。商务人员要经常面对客户、对手、上司、同事，要经常从事谈判、汇报工作、接待来访、约见客户、打电话等活动。说话机会如此之多，这就必须要求说话的艺术性：一要清楚明白，二要注意分寸，三要生动活泼。这样不但能达到良好的表达效果，而且能创造交流业务的融洽气氛和亲密无间的客户关系。表达能力是对商务人员的基本要求，除口头表达能力之外，良好的书面表达能力也不可或缺，如写市场调查报告、汇报材料等，也是商务人员要经常做的工作。

作为汽车商务人员，要谨记在工作场合中的礼仪和修养，建立良好的人际关系。正如所谓的"十人十面"，是人就会有各种不同的性格、不同的想法和不同的习气。然而，通过相互之间的互补，建立起和谐的人际关系，良好的工作氛围也就随之形成。

公司是由不同性格、不同想法的人们的聚集而成，有上司、前辈、同事、晚辈等关系。在这样的关系当中要开展好工作，单靠自己的想法是行不通的，需要认真考虑对方的立场及情况而行事，建立良好的人际关系。

3 汽车商务人员个人修养

那么，商务人员应该具备什么样的个人修养呢？英国学者大卫·罗宾逊概括出了从事商务活动的黄金规则，具体表述可用"IMPACT"一词来概括，即：Integrity（正直），Manner（礼貌），Personality（个性），Appearance（仪表），Consideration（善解人意）和Tact（机智）。

1）正直

正直是指商务人员在商务活动中应该通过言行表现出诚实、可靠、值得信赖的品质。在职场中，经常会遇到对正直考验的时候。个人或公司或被迫或受到诱惑，会令你的人品、道德面临极大考验。良好的商务举止的一条黄金规则就是：你的正直应是毋庸置疑的。你的机遇和成就也许正来源于此。

2）礼貌

礼貌是指商务人员在与人交往中的举止模式。当商务人员与他人进行商务交往时，良好的气质、风度可以向对方表明自己是否可靠，行事是否正确、公正。待人粗鲁、自私、散漫则会使双方的交往无法进行下去。

3）个性

个性是指商务人员在商务活动中表现出来的与众不同之处。商务人员在商务交往中必须遵循一定的行为规范，但并非是要求他们成为毫无创新意识、行为刻板的机器人。一个出色的商务人员应该对商务活动充满激情，但不能感情用事；应该勇于进取，但不能不忠诚；应该开朗、幽默，但不能轻率、轻浮；应该才华横溢，但不能惹人厌烦。

4）仪表

仪表是指商务人员在商务场合必须做到衣着整洁得体，举止落落大方。大多数人都会下意识地对交往对象以貌取人，良好的个人仪表是给商务伙伴保留好印象的至关重要的因素。

5）善解人意

善解人意是指商务人员在商务交往中能体谅人,能体贴人,学会换位思考。这是良好的商务风度中最基本的一条原则。善解人意,首先要与人为善,善待他人,而后才能理解人、谅解人、体察人、体现你人格的魅力。懂得相互接纳、相互合作、相互融洽。赏识他人的优势和才华,也宽容他人的脾气和个性。不能理解的时候,就试着去谅解;不能谅解,就平静地去接受。

6）机智

机智是指商务人员在处理事务时要有智慧,能随机应变。在商务活动中,每个人都极有可能面临突发情况,要求我们立即做出反应。如果我们一时冲动,未能很好地处理,不但会使自己处于尴尬的境地,还会使企业遭受损失,最终后悔莫及。

个人修养是指一个人在道德、学问、技艺等方面通过刻苦学习、艰苦磨炼以及陶冶而逐渐具备的某一方面的素质与能力。礼貌修养是指一个人在待人接物方面的素质与能力。作为汽车商务人员,言谈举止也能反映自身的礼貌修养程度,不仅遵循 IMPACT 黄金规则,还应懂得中国传统对个人素质修养的要求,就是要做到:

(1) 遵守社会公德。公德是指一个社会的公民为了维护整个社会生活的正常秩序而共同遵循的最起码的公共生活准则。公德的内容包括:爱护公物、遵守公共秩序,尊重妇女、关心老人、救死扶伤等。

(2) 遵时守信。

(3) 真诚友善,诚心待人,心口如一。

(4) 严格自律,宽厚待人。

(5) 热情有度,不卑不亢。

(6) 互相尊重,热心助人,不因小事而不为。

(7) 仪表端庄,讲究卫生。

(8) 女士优先。

4 汽车商务人员工作场所的修养

在办公场所,也需要保持商务人员的公务礼仪,注意各种办公场合言行举止涵养的要求等。只有认真掌握各项行为规范,创造良好的企业形象,商务人士才能有更多的工作合作机会。

(1) 优雅得体。最受人尊敬和欣赏的往往不是脸蛋最漂亮的,却是仪态最佳的人。因此,商务人员在办公室应当注意保持良好的姿态,给人留下正直、积极、自信的印象。弯腰驼背、斜身靠背、慌里慌张、有气无力、慢条斯理,这些行为举止,都是缺乏工作能力的表现。更不能在工作期间吃东西、剪指甲、化妆,与同事打打闹闹,对客户不理不睬。

(2) 遵守工作场所的规则和时间。

(3) 公私分明。工作场所说话的措辞要合适,服饰要得体,物品要公私分明。

(4) 从己做起,主动打招呼、微笑问候。真诚微笑是一种无声的语言,既是对自己的肯定,又是对他人的友善与宽容,是商务人员在工作中最佳心态的展现,也是商务人员的一项职业素养。上班时向领导、同事、客人微笑问好,下班时微笑告别,会为你的工作能力加分。"亲近中不乏礼仪",要以这样的态度对待所有的人,给人以积极、主动、真诚、谦虚的良好的礼仪风范。

(5)语言文明文雅。商务人员在选择、使用语言时,要文明当先,以体现出自身良好的文化修养主要要求如下。

①讲普通话,在工作中尽量不讲方言、土语。

②用词文雅。商务人员在日常性交谈中,尤其是在公务性交谈中不能讲脏话、讲粗话,更不能讲黑话、讲黄话、讲怪话。

③检点语气。请牢记我们是为他人服务的商务人员,我们说话的语气应该热情、亲切、和蔼、友善、轻柔。在任何情况下,都绝不允许语气急躁、生硬、恶语伤人。

(6)为他人着想,善于倾听。要学会站在对方角度考虑问题,并妥善与他人沟通协调。

与领导相处在实际工作中,要处理好自己与上级的关系。一是要服从上级的领导,恪守本分;二是要维护上级的威信,体谅上级;三是要对上级认真尊重,支持上级。

与同事相处时,处理与同事的人际关系,也不容有丝毫的忽略。与平级同事打交道时,一是要相互团结,不允许制造分裂;二是要相互配合,不允许彼此拆台;三是要相互勉励,不允许讽刺挖苦。与下级进行交往时,一是要善于"礼贤下士";二是要善于体谅下级,重视双方的沟通;三是要善于关心下级,支持下级的工作。

不论因公还是因私,商务人员都有大量机会与外界人士进行交往、应酬。要做到既要与人为善,广结善缘,努力扩大自己的交际面,又要不忘维护企业形象与个人形象,注意检点自己的举止行为,使之不失身份。在与客户相处时,一是要待人热诚,二是要主动服务,三是要不厌其烦,四是要一视同仁。

(7)信守诺言。

(8)他人的物品需征得其同意后再使用。

单元小结

(1)礼仪是人们生活和社会交往中约定俗成的一种规范。人们可以根据各式各样的礼仪规范,正确把握与人交往的尺度,合理地处理好人与人的关系。一个人的礼仪修养常常影响着他人对自己的评价,在人们的印象中,有礼貌、有教养的人总是有着相应的良好品质和人格,这对于人们成功、人脉积累都有所帮助。

(2)礼仪是一门艺术,是因为它研究人们在交际场合中如何根据一定行为准则。正确施展和发挥因人而异的个人技巧,在社交礼仪的实践中,大到国家对外交往,民族风貌的展现,小到个人事业发展,社会交际活动,都能看到礼仪的重要作用。

(3)礼仪文明作为中国传统文化的一个重要组成部分,对中国社会历史发展具有广泛深远的影响,其内容十分丰富。礼仪所涉及的范围十分广泛,几乎渗透于古代社会的各个方面。礼仪最初的产生是为了协调群体生活中的各种矛盾,维护社会生活中的"人伦秩序"。原始社会中晚期已经出现了早期礼仪的萌芽,尚不具有阶级性。具体表现有婚嫁礼仪、部族内部尊卑等级的礼制、祭典仪式,同时也出现了人们相互交往中表示礼节和恭敬的动作。

(4)中国古代的"礼"和"仪",实际是两个不同的概念。

"礼"是制度、规则和一种社会意识观念,是指特定的民族、人群或国家基于客观历史传统而形成的价值观念、道德规范以及与之相适应的典章制度和行为方式;"仪"是"礼"的具体表现形式,它是依据"礼"的规定和内容,形成的一套系统而完整的程序,是"仪表"、"仪态"、"仪式"、"仪容"等,是对礼节、仪式的统称。在中国古代,礼仪是为了适应当时社会需要,从宗族制度、贵贱等级关系中衍生出来,因而带有产生它的那个时代的特点及局限性。时至今日,现代的礼仪与古代的礼仪已有很大差别,我们必须舍弃那些为剥削阶级服务的礼仪规范,着重选取对今天仍有积极、普遍意义的传统文明礼仪,如尊老敬贤、仪尚适宜、礼貌待人、容仪有整等,加以改造与承传。这对于修养良好个人素质,协调和谐人际关系,塑造文明的社会风气,进行社会主义精神文明建设,具有现代价值。

(一)填空题

1. 孔子的礼仪思想基础是:
(1)＿＿＿＿＿＿;(2)＿＿＿＿＿＿;(3)＿＿＿＿＿＿。
2. 礼貌是指人们在社会交往过程中良好的＿＿＿＿＿＿。
3. 仪表美是一个人＿＿＿＿＿＿与＿＿＿＿＿＿的和谐统一,美好纯正的仪表来自于高尚的道德品质,它和人的精神境界融为一体。
4. 中国古代礼仪形成于"三皇五帝"时代,到尧舜时,已经有了"五礼"。这"五礼"指的是＿＿＿＿＿＿、＿＿＿＿＿＿、＿＿＿＿＿＿、＿＿＿＿＿＿、＿＿＿＿＿＿。

(二)判断题

1. 在中国古代,礼仪是为了适应当时社会需要,从宗族制度、贵贱等级关系中衍生出来,因而带有产生它的那个时代的特点及局限性。（　　）
2. 于"三皇五帝"时代,到尧舜时,已经有了成文的礼仪制度,就是"五礼"。这"五礼"指的是吉礼、祥礼、宾礼、军礼和嘉礼。（　　）
3. 在外国历史上,自从有了国家,也就出现了相应独具特色的礼仪。不论是古希腊、古罗马,还是古印度、古埃及,都形成了具有各民族特点的礼仪。（　　）
4. 短期的成功可以靠运气、暂时领先的商品性价比、更好一点的购物环境等来获得,因此,应该重视短期成功,这些领先优势会持久不衰。（　　）

(三)名词解释

1. 礼仪:
2. 礼节:
3. 礼貌:

4. 仪表：

5. 仪式：

6. 礼俗：

7. 商务礼仪：

8. 汽车商务礼仪：

(四)简答论述

1. 说说如何做好进入职场的准备。

2. 介绍孔子的礼仪思想基础。

3. 说说现代社交礼仪的职能。

4. 举例说明商务礼仪应遵循的原则。

5. 追求高品质的汽车商务礼仪的意义。

6. 查找东西方礼仪的差异的原因和实例。

7. 思考我国最早的礼仪论著。

8. 了解礼貌修养的定义及表现形式。

单元二　汽车商务仪表礼仪

 学习目标

1. 懂得仪表就是人的外表,包括容貌、仪态、服饰、表情、谈吐等。仪表是美的展示,仪表堂堂风度翩翩,历来为人们所称道;
2. 懂得作为职场中的人来说,你的衣着不仅仅是个人的事,着装要和职业身份相符合,不仅代表了自己的品位,还代表着单位的形象,代表着对别人的尊重;
3. 懂得如何挑选西服、领带、高跟鞋等商务服饰,并学会商务化妆的技法、领带的系法、丝巾的系法等基本技能。

 建议课时

16课时。

 案例导入

　　林娜被安排在销售部学习已经有些日子了,今天要自己独自去拜访客户,预约了某民营企业的老总,女性。听说这是一个既能干又极有魅力的女性,对工作一丝不苟,生活十分时尚,对自己的衣着及其礼仪要求极高。这样的女性,会让很多人产生兴趣,还未见到她,仅仅是听他人介绍,林娜已经开始崇拜她了。事先林娜做了大量的准备工作,到了要拜访的前一天,穿什么衣服却让人犯愁了。林娜想,要面对这样一位重量级的人物,尤其是位时尚女性,当然不能太落伍了。

　　林娜在大学里一直衣着朴素,不太会打扮,因为工作和性格关系,平时衣着就是工装。时尚杂志倒也看,但也只是凑热闹而已。现在,还真不知道应该穿什么衣服才能让自己在这样一位女性面前显得更时尚些。终于在杂志上看到女孩穿吊带装,那清纯可人的形象打动了林娜,于是迫不及待地开始模仿起来。那天拜访,林娜穿了一件紧身小可爱热裤(虽然林娜的腿看起来有点粗壮),打了个在家乡极其流行的发髻,穿着一双恨天高,兴冲冲地直奔目的地。当林娜站在该公司前台说明自己的身份和来意时,明显看到了前台小姐那不屑的眼神。林娜再三说明身份,并拿出工作牌来,前台小姐才勉强地将她带进了老总的办公室。

眼前的这位女性,高挑的身材,优雅的举止,得体的穿着,让人怎么看怎么舒服。虽然林娜不是很精通衣着,但在这样的场合,面对这样的对象,突然感觉自己的穿着就像个小丑,来时的兴奋和自信全没了。还好,因为要沟通的内容比较简单,准备还算充分,整个过程还比较顺利。结束前,林娜问老总,日常生活中,是如何理解和诠释时尚、品位和魅力的。老总告诉林娜,女人的品位和魅力是来自内心,没有内涵的女人,是散发不出个人魅力,也无法突显品位的。而时尚不等同于名牌、昂贵和时髦,那是一种适合与得体。说完这话,老总微笑地看着林娜的紧身装、小热裤和恨天高。林娜腾地脸就红了,她觉得自己的打扮太不符合场合了,结束后匆匆忙忙离开了那位老总的办公室。

一 形象礼仪的心理效应

第一印象会对以后与对方的关系产生强烈的影响。引用加利福尼亚州心理研究中心研究的结果,我们对一个人的印象首先要看这个人看上去是什么样子,比如你的服装,你的妆容、发型、状态等,这个占据了55%的印象比例。你讲话的姿态——声音、眼神、表情、动作等占38%。你讲话的时候,只有7%的人会听你讲的话是不是重要。以往我们感觉递一张精致的名片或者是介绍我是什么职位就可以了,其实在递名片之前,你的第一印象,别人已经打分了。

作为一名学生,你是否会对感觉良好、留有好印象的人更愿意与其加深了解,增加交往,对感觉不舒服的人不感兴趣、甚至产生反感呢?

同样道理,在汽车商务场合,客人也会在看到工作人员的一瞬间,就闪现出"感觉这个人不错,好像可以信赖",或是"总感觉这个人有点邋遢"等这样的评价。所以,顾客第一印象会左右他(她)对公司的评价、决定下次会不会再来。作为即将成为职场新人的我们,在客户面前是新鲜面孔,必须在仪表等方面充分留意,留下良好的第一印象。

(一)晕轮效应

1 晕轮效应的定义

晕轮效应最早是由美国著名心理学家爱德华·桑代克于20世纪20年代提出的。他认为,人们对人的认知和判断往往只从局部出发,扩散而得出整体印象,即常常以偏概全。一个人如果被标明是好的,他就会被一种积极肯定的光环笼罩,并被赋予一切都好的品质;如果一个人被标明是坏的,他就被一种消极否定的光环所笼罩,并被认为具有各种坏品质。这就好像刮风天气前夜月亮周围出现的圆环(月晕),其实呢,圆环不过是月亮光的扩大化而已。据此,桑代克为这一心理现象起了一个恰如其分的名称"晕轮效应",也称作"光环作用"。

❷ 晕轮效应的效果

心理学家戴恩做过一个这样的测试。他让被试者看一些照片,照片上的人有的很有魅力,有的无魅力,有的中等。然后让被试者在与魅力无关的特点方面评定这些人。结果表明,被试者对有魅力的人比对无魅力的赋予更多理想的人格特征,如和蔼、沉着,好交际等。

晕轮效应不但常表现在以貌取人上,而且还常表现在以服装定地位、性格,以初次言谈定人的才能与品德等方面。在对不太熟悉的人进行评价时,这种效应体现得尤其明显。

晕轮效应的最大弊端就在于以偏概全。其特征具体表现在三个方面:

1)遮掩性

有时我们抓住的事物的个别特征并不反映事物的本质,可我们却仍习惯于以个别推及一般、由部分推及整体,势必牵强附会地误推出其他特征。随意抓住某个或好或坏的特征就断言这个人或是完美无形,或是一无是处,都犯了片面性的错误。青年恋爱中的"一见钟情"就是由于对象的某一方面符合自己的审美观,往往对思想、情操、性格诸方面存在的不相配处都视而不见,觉得对象是"带有光环的天仙",样样都尽如人意。同样,在日常生活中,由于对一个人印象欠佳而忽视其优点的事举不胜举。

2)表面性

晕轮效应往往产生于自己对某个人的了解还不深入,也就是还处于感、知觉的阶段,因而容易受感觉的表面性、局部性和知觉的选择性影响,从而对于某人的认识仅仅专注于一些外貌特征上。有些个性品质和外貌特征之间并无内在联系,可我们却容易把它们联系在一起,断言有这种特征就必有另一品质,也会以外在形式掩盖内部实质。如外貌堂堂正正,未必正人君子;看上去笑容满面,未必面和心慈。不把这些外貌特征同个性品质联系起来,得出的整体印象必然是表面的。

3)弥散性

对一个人的整体态度,还会连带影响到跟这个人的具体特征有关的事物上。成语中的"爱屋及乌"、"厌恶和尚,恨及袈裟"就是晕轮效应弥散的体现。《韩非子·说难篇》中讲过一个故事。卫灵公非常宠爱弄臣弥子瑕。有一次弥子瑕的母亲病了,弥子瑕得知后就连夜偷乘卫灵公的车子赶回家去。按照卫国的法律,偷乘国君的车子是要处以刖刑(把脚砍掉)的。但卫灵公却夸奖弥子瑕孝顺母亲。又有一次,弥子瑕与卫灵公同游桃园,他摘了个桃子吃,觉得很甜,就把咬过的桃子献给卫灵公尝,卫灵公又夸他爱君之心。后来,弥子瑕年老色衰,不受宠爱了。卫灵公由不喜爱他的外貌而不喜爱他的其他品质了,甚至以前被他夸奖过的两件事,现在也成了弥子瑕的"欺君之罪"。

(二) 首因效应

❶ 首因效应的定义

与人第一次交往中给人留下的印象,在对方的头脑中形成并占据着主导地位,这种效应即为首因效应。首因效应也叫首次效应、优先效应或"第一印象"效应。它是指当人们第一次与某物或某人相接触时会留下深刻印象,个体在社会认知过程中,通过"第一印象"最先输入的信息对客体以后的认知产生的影响作用。"第一印象"作用最强,持续的时间也长,比以后得到的信息对于事物整个印象产生的作用更强。首因,是指首次认知客体而在脑中留下的"第一印象"。首因效应,是指个体在社会认知过程中,通过"第一印象"最先输入的信息对客体以后的认知产生的影响作用。

❷ 首因效应的效果

首因效应是指最初接触到的信息所形成的印象对我们以后的行为活动和评价的影响,实际上指的就是"第一印象"的影响。第一印象效应是一个妇孺皆知的道理,为官者总是很注意烧好上任之初的"三把火",平民百姓也深知"下马威"的妙用,每个人都力图给别人留下良好的"第一印象"。心理学家认为,由于第一印象主要是性别、年龄、衣着、姿势、面部表情等"外部特征",一般情况下,一个人的体态、姿势、谈吐、衣着打扮等都在一定程度上反映出这个人的内在素养和其他个性特征。不管暴发户怎么刻意修饰自己,举手投足之间都不可能有世家子弟的优雅,总会在不经意中"露出马脚",因为文化的浸染是装不出来的。

(三) 近因效应

❶ 近因效应的定义

所谓近因效应(英文名称:Recency effect):与首因效应相反,是指在多种刺激一次出现的时候,印象的形成主要取决于后来出现的刺激,即交往过程中,我们对他人最近、最新的认识占了主体地位,掩盖了以往形成的对他人的评价。因此,也称为"新颖效应"。多年不见的朋友,在自己的脑海中的印象最深的,其实就是临别时的情景;一个朋友总是让你生气,可是谈起生气的原因,大概只能说上两、三条,这也是一种近因效应的表现。在学习和人际交往中,这两种现象很常见。

❷ 近因效应的效果

心理学者洛钦斯做了这样的测试。分别向两组被试者介绍一个人的性格特点。对甲组先介绍这个人的外倾特点,然后介绍内倾特点;对乙组则相反,先介绍内倾特点,后介绍外倾特点。最后考察这两组被试者留下的印象。结果与首因效应相同。洛钦斯把上述测试方式加以改变,在向两组被试者介绍完第一部分后,插入其他作业,如做一些数字演算、听历史故事之类不相干的事,之后再介绍第二部分。测试结果表明,两个组的被试者,都是第二部分的材料留下的印象深刻,近因效应明显。

(四) 定型效应

❶ 定型效应的定义

"定型化效应",也叫"刻板印象"。定型化效应是指个人受社会影响而对某些人或事持稳定不变的看法。它既有积极的一面,也有消极的一面。积极的一面表现为:在对于具有许多共同之处的某类人在一定范围内进行判断,不用探索信息,直接按照已形成的固定

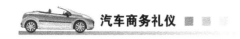

看法即可得出结论,这就简化了认知过程,节省了大量时间、精力。消极的一面表现为:在被给予有限材料的基础上做出带普遍性的结论,会使人在认知别人时忽视个体差异,从而导致知觉上的错误,妨碍对他人做出正确的评价。

❷ **定型效应的效果**

在网上看到过这样的一个心理游戏:如果有人问你:"什么老鼠两条腿走路?"你或许有些茫然。别人稍加提醒:"想想动画片中的……"你不难找到答案:"米老鼠""那么什么鸭子两条腿走路?"你脱口而出:"唐老鸭"可是,两秒钟以后,你又会后悔:还有什么鸭子不是两条腿走路? 为什么会这样? 简直是恶作剧。做完上面的游戏你肯定会有这样的抱怨。其实没什么可抱怨的,因为并不是某个人在和你开玩笑,完全是心理定式在发生作用。这是无法回避的。

"思维定式"多出现在成人身上,因为人在成长的过程中,不自觉地会受到周围环境的影响,天长日久,耳濡目染,存在于世俗中的成规就会像一层密不透风的"茧",紧紧束缚着成人的思维。

一位公安局长在路边同一位老人聊天,这时跑过来一位小孩,急冲冲地对公安局长说:"你爸爸和我爸爸吵起来了!"老人问:"这孩子是你什么人?"公安局长说:"是我儿子。"

你知道这两个吵架的人和公安局长是什么关系吗?

曾对100个人测试过这个问题,但是100人中只有两人答对了,并且这两个人都是孩子:"局长是个女的,吵架的一个是局长的丈夫,就是孩子的爸爸;另一个是局长的爸爸,就是孩子的外公。"

为什么成年人对如此简单的问题回答不正确,而孩子却很快就答对了呢? 因为按照成人的惯性思维经验,公安局长应该是男的,从男局长这条线索去推想,无法找到正确答案;而孩子没有成人那么多的经验,也就没有心理定式的定型化,因而很快能找到正确答案。

因此,作为成人,一定要对定型化效应在人际交往中产生的障碍有充分的思想认识和足够的心理准备,尽可能有意识地避免。

(五) 避雷针效应

❶ **避雷针效应的定义**

避雷针效应(英文名称:Lightning rod effect),指的是在高大建筑物顶端安装一个金属棒,用金属线与埋在地下的一块金属板连接起来,利用金属棒的尖端放电,使云层所带的电被大地带的电直接中和,从而保护建筑物等避免雷击。"避雷针效应"的寓意是:善疏则通,能导必安。

❷ **避雷针效应的效果**

1) 心中要有避雷针

避雷针效应告诉我们,作为国家机关工作人员,要对法律对纪律对道德对民众怀有敬畏之心。牢记党纪国法是悬在头上的利剑,心中常怀立足本职工作,以维护人民群众利益为己任的觉悟。特别要注意审视清理自己心中出现的负面思想和行动的苗头,慎独慎微,不以恶小而为之,防微杜渐,坚决制止不良倾向的发生、集聚和爆发。

2)善疏则通,能导必安

作为个人要注意调解自己的情绪,及时校正自己的心态。在我们个人生活中,总难免会遇到各种让人气愤,不平的事情,面对此类事件,我们也要学习避雷针,只有及时疏导情绪,调节状态,才能全心全意的工作,冷静正确地做出各种决策和解决问题。

案例导入

王芳,高职毕业后就职于一家汽车4S店做前台。为适应工作需要,上班时,她毅然放弃了"清纯少女妆",化起了整洁、漂亮、端庄的"白领丽人妆":不脱色粉底液,修饰自然、稍带棱角的眉毛,与服装色系搭配的灰度偏浅色的眼影,紧贴上睫毛根部描画的灰棕色眼线,黑色自然型睫毛,再加上自然的唇型和略显浓艳的唇色,虽化了妆,却好似没有化妆,整个妆容清爽自然,尽显自信、成熟、干练的气质。

但在休息日,她又给自己来了一个大变脸,化起了久违的"青春少女妆":粉蓝或粉绿、粉红、粉黄、粉白等颜色的眼影,彩色系列的睫毛膏和眼线,粉红或粉橘的腮红,自然系的唇彩或唇油,看上去娇嫩欲滴,鲜亮淡雅,整个身心都倍感轻松。

心情好,自然工作效率就高。一年来,王芳以自己得体的外在形象、勤奋的工作态度和骄人的业绩,赢得了公司领导及同仁的好评。

二 仪表礼仪

一个人的风度如何,容貌占了很大的比重,容貌的美丑并不在于一张脸孔的漂亮与否,"三分长相,七分打扮",恰如其分的打扮自己才是最重要的。人际间的初次交往,仪表就是人的外在,最能引人注意,是构成交际"第一印象"的基本因素,它包括三个层次的含义。一是指人的容貌、形体、体态等的协调优美,如体格健美匀称,五官端正秀丽,身体各部位比例协调,线条优美和谐这些先天的生理因素,是仪表美的基本条件。二是指经过修饰打扮及后天环境的影响形成的美。应该说,天生丽质这种幸运并不是每个人都能拥有的,但仪表美却是每个人都可以去追求和塑造的。三是指一个人淳朴高尚的内心世界和蓬勃向上的生命活力的外在体现。外在的仪表美要以内在的德行为本,有诚敬之心,才会有庄重、恭谨之色。

(一)注重仪表的意义

❶ 良好的仪表能够体现一个人的基本素质

仪容仪表是个性魅力的全面展示,它可以集中反映一个人的个性与气质、审美修养与文化品位。良好的仪容仪表会产生积极的宣传作用。

❷ 良好的仪表是尊重他人的需要

注重仪表是尊重他人的需要,是讲礼貌礼节的具体表现。美好端庄的仪容仪表,可以给他人留下美好的印象,使人得到尊敬、受重视的心理能够得到满足。

3 良好的仪容仪表有助于加深交往

双方的第一印象,形成良好的首因效应在人际交往过程中,最为重要的是第一印象,特别是初次见面的两三秒形成的第一印象往往会影响到他人对你的看法与评价,这就是所谓的首因效应。

总之,在一定程度上,端庄大方的仪容仪表反映了一个国家或一个地区、一个组织或一个企业的整体形象和管理水平与服务水平,乃至国家和民族的利益。

(二)仪表美的具体要求

1 仪表整洁

一个清爽干净的人总是受欢迎的,一般人们不愿意与一个蓬头垢面、邋里邋遢的人交往,人们更愿意与一个干净整洁的人握手谈话。

要常洗澡、洗头,保证衣服平整清洁,以一种清爽的心情去迎接他人。饭前饭后勤刷牙、多漱口,保持口腔清洁,不要留有口臭,尤其是吃了辣、腥味大的食物后,更应清洗口腔,可采用口香糖或茶叶末清洗口腔异味,否则带着异味与人交谈是很不礼貌的。

男人的形象是由"一头一脚"组合而成的,梳理好头发,让头发柔顺干净,皮鞋应锃亮。

1)坚持洗澡、洗头、洗脸

(1)洗澡。可以除去身上的尘土、油垢和汗味,并且使人精神焕发。要常洗澡,在参加重大礼仪活动之前一定要洗澡。

(2)洗头。头发是人体的制高点,因为人们的发型多有不同,故此它颇受他人的关注。要经常坚持洗头,确保头发不粘连,不板结,无发屑,无汗馊气味。

(3)洗脸。若脸上常有灰尘、污垢、泪痕或汤渍,难免会让人觉得此人又懒又脏。所以除了早上起床后、晚上睡觉前洗脸之外,只要有必要、有条件,随时随地都要洗脸净面。

2)去除分泌物

(1)眼角分泌物。它给人的印象很不雅,所以应经常及时地将其清除;戴眼镜者还应注意,眼镜片上的污物也要及时擦除干净。

(2)鼻孔分泌物。在外出上班或出席正式活动之前,要检查一下鼻孔内有无鼻涕,若有要及早清除。

(3)口部的多余物。指口角周围沉积的唾液、飞沫、食物残渣和牙缝间的牙垢,他们看起来让人作呕,必须及时发现及时清除。

3)保持手部卫生

手是与外界进行直接接触最多的一个部位,它最容易沾染脏东西,所以必须勤洗手。除饭前、便后洗手外,还要在有必要讲究手部卫生的时候均要洗手。

还要常剪手指甲,绝不要留长指甲,因为它不符合商务人员等的身份,还会藏污纳垢,给人不讲卫生的印象。手指甲的长度以不长过手指指尖为宜(图2-1、图2-2)。

4）定时剃须

除了具有宗教信仰与风俗习惯者之外，男性商务人员等不宜蓄留胡须，因为在交际场合它显得不清洁，还对交往对象不尊重，因此男性最好每天坚持剃一次胡须，绝对不可以胡子拉楂地上班或会面。此外还要注意经常检查和修剪"鼻毛"，在人际交往中，偶尔有一两根鼻毛黑乎乎地"外出"，是很会破坏他人对自己的看法的。剃须常见有两种方法：

 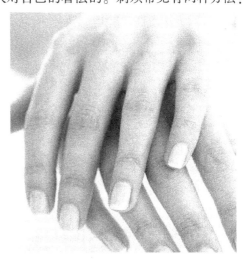

图 2-1　男士指甲规范　　　　　　　　图 2-2　女士指甲规范

（1）湿剃（传统剃须方法）。

小心翼翼地转动剃须刀，确认胡须生长的部位，寻找合适的角度，这些动作一旦失手，很有可能会划伤皮肤。所以，可使用剃须膏解决这一问题，不但可以润滑、软化胡须，还能防止皮肤受伤。湿剃虽然容易划伤，但是仍然被男士广泛的使用的原因在于它对皮肤的刺激性相对较小，剃须时的力度的大小可以自己掌控，而且刀片紧贴皮肤有利于胡须的彻底清除。

（2）干剃。

用电动剃须刀可以省去用水和剃须膏的麻烦，是一种十分简单、快捷的剃须方法。但剃须之前最好也先简单地洁面或者使用蒸汽毛巾敷脸，让胡须得到软化，这样不仅便于剃须，而且比在干燥的状况下对皮肤的刺激要小很多。与湿剃不同，干剃之后脸上不会有胡茬，有利于节约时间，如果时间允许，最好在剃须后用凉水洗一下脸，这样不但可以镇静刚刚收到刺激的皮肤，还可以增加皮肤的弹性。

干剃后也同湿剃一样，需要选用适合自己的皮肤的爽肤水和乳液为肌肤提供水分和油分，补充营养。

5）注意口腔卫生

坚持每天刷牙，消除口腔异味，维护口腔卫生，是非常必要的。

有可能的话，在吃完每顿饭以后都要刷一次牙，切勿用水漱口和咀嚼口香糖等无效的方法来替代刷牙。

还要养成平日不吃生蒜、生葱和韭菜一类带刺激性气味的食物的良好习惯。

6）注意发部整洁

（1）清洗头发。

清洗头发除了要注意采用正确的方式方法之外,最重要的还是要坚持定期清洗头发,一般认为,每周至少清洗头发2～3次。

（2）修剪头发。

与清洗头发一样,修剪头发同样需要定期进行,并且持之以恒。通常应当每半个月左右修剪一次头发。

（3）梳理头发。

①梳理头发是每天必做之事,而且往往应当不止一次。按照常规,在下述情况下均应自觉梳理一下自己的头发：

a. 出门上班前；

b. 换装上岗前；

c. 摘下帽子时；

d. 下班回家时；

e. 其他必要时。

②在梳理自己的头发时,还要注意三点：

a. 梳理头发不宜当众进行。作为私人事务,梳理头发时当然应当避开外人。

b. 梳理头发不宜直接用手。最好随身携带一把发梳,以便必要时梳理头发之用,不到万不得已,千万不要以手指去代替发梳。

c. 断发、头屑不宜随手乱扔。梳理头发时,难免会产生少许断发、头屑等,信手乱扔,是缺乏教养的表现。

7）下肢的清洁与修饰

在人际交往中,人们观察一个人常有"远看头,近看脚"的习惯。因此,对下肢也须保洁与修饰,避免"凤凰头、扫帚脚"的上下不相称的弊病。

（1）保持下肢的清洁的方法。

①要勤洗脚。人的双脚不但易出汗,且易产生异味,必须坚持每天洗脚,而且对于趾甲、趾缝、脚跟、脚腕等处要面面俱到。

②要勤换鞋袜。一般要每天换洗一次袜子,才能避免脚臭。尽量不穿不透气、吸湿性差、易产生异味的袜子。鞋子要注意勤换、勤清洗、勤晾晒。

（2）下肢的适度修饰。

①不裸腿。男性光腿,往往会令他人对其"飞毛腿"产生反感；女性光腿则有卖弄性感之嫌。因此,要尽量少光腿。

②不赤脚。在比较正式的场合,不允许充当"赤脚大仙",也不宜赤脚穿鞋。这不仅是为了美观,而且是一种礼貌。

③不露趾、不显跟。在比较正式的场合,不能穿凉鞋和拖鞋,即使穿了袜子,露趾、显跟也有损自己的形象。

④勤剪脚趾并慎用彩妆。注意腿与脚的皮肤保养。夏天如穿裙子或短裤使双腿外露

时,女士最好将腿毛去除,或穿上深色而不透明的袜子。

❷ 合适的发型

一个人的发式与服装有着十分密切的关系,什么样的服装应当有什么样的发式相配,这样才显得和谐大方。假如一个高贵典雅的发髻配上一套牛仔服系列就显得不伦不类,因此,只有和谐统一才能体现美。

1)女士发型与服装搭配

(1)直而硬的头发。

直而硬的头发容易修剪得整齐,故设计发型时应尽量避免花样复杂,应以修剪技巧为主,做成简单而又高雅大方的发型。比如梳理成披肩长发,会给人一种飘逸秀美的悬垂美感;用大号发卷梳理成略带波浪的发型或梳成发髻等,会给人一种雍容、典雅的高贵气质。

(2)细而柔软的头发。

细而柔软的头发,比较服帖、容易整理成型,可塑性强,适合做小卷曲的波浪式发型,显得蓬松自然;也可以梳成俏丽的短发,能充分体现你的个性美。

曾有一时期,社会上流行不对称的服装,那么就必须有不对称的发式来相配,才会有种奇特美感。端庄与娇俏的发式也应有各适应的服装配合,例如,男士穿上笔挺的西服,再梳理个西装头,就会显得风度翩翩;在举行婚礼时,女子若穿婚礼服就必须配上波纹自然的秀发,这样显得高雅华贵、格外动人。

2)女士发型与身材搭配

高大身材者,一般留简单的短发为好,切忌花样复杂。烫发时,不应卷小卷,以免造成与高大身材的不协调。

身材高瘦者,适合留长发型,并且适当增加些发型的装饰性。如若梳卷曲的波浪式发型,会对于高瘦身材更有一定的协调作用。但高瘦身材者不宜盘高发髻,或将头发削剪得太短,以免给人一种更加瘦长的感觉。

身材矮小者,适宜留短发或盘发,因露出脖子可以使身材显得高些,并可以根据自己的喜爱,将发式做得精巧、别致些,追求优美、秀丽。但矮小身材者不宜留长发或粗犷、蓬松的发型,那样会使身材显得更矮。

身材较胖者,适宜梳淡雅舒展、轻盈俏丽的发式,尤其是应注意将整体发势向上,将两侧束紧,使脖子亮出,这样会使人产生视错觉,感觉你瘦些。但若留长波浪,两侧蓬松,则会显得更胖。

另外,如果你的上身比下身长,或上下身等长,发式可选择长发以遮盖其上身;如肩宽臀窄,就应选择披肩发或下部头发蓬松的发式,以发盖肩,分散肩部宽大的视角;若颈部细长,可选择托结长发把的发式,不适宜采用短发式,以免使颈脖显得更长;若颈部短粗,则适宜选择中长发式或短发式,以分散颈粗的感觉。

3)女士发型与脸型搭配

(1)椭圆型脸。

任何发式都能与它配合达到美容效果。但若采用中分头路,左右均衡、顶部略蓬松的发式,会更贴切,以显示脸型之美。

(2) 圆脸型。

接近于孩童脸,双颊较宽,因此应选择头前部或顶部略半隆的发式,两侧则要略向后梳,将两颊及两耳稍微露出,这样,既可以在视错觉上冲淡脸圆的感觉,又显得端庄大方。圆脸型的人尤其适合梳纵向线条的垂直向下的发型或是盘发,使人显得挺拔而秀气。

(3) 长脸型。

端庄凝重,但给人一种老成感。因此,应选择优雅可爱的发式来冲淡这种感觉,顶发不宜太丰隆、前额部的头发可适当下倾,两颊部位的头发适当蓬松些,可以留长发,也可以齐耳,发尾要松散流畅,以发型的宽度来缩短脸的视觉长度。若将头发做成自然成型的柔曲状,会更理想。

(4) 方脸型。

前额较宽,两腮突出,显得脸型短阔。适宜选择自然的大波纹状发式,使整个头发柔和地将脸孔包起来,两颊头发略显蓬松遮住脸的宽部,使人的视觉由线条的圆润冲淡脸部方正直线条的印象。

(5) "由"字型脸。

应选择宜表现额角宽度的中长发型较好。可将顶部的头发梳得蓬松些,两颊侧的头发宜向外蓬出以遮住腮,在人的视觉上减弱腮部的宽阔感。

(6) "甲"字型脸。

宜选择能遮盖宽前额的发型,一般说两颊及后发应蓬松而饱满,额部稍垂"刘海",顶部头发不宜丰隆,以遮住过宽的额头。此脸型人适宜波浪型的长发。

4) 汽车商务女士发型规范

从事汽车商务、涉外接待工作的女士其发型基础是:朝气蓬勃、干净利落、持重端庄。要求做到发不遮脸,刘海儿不过低,也不可将头发染成红色或黄色,要避免使用色泽鲜艳的发饰。

如果女士头发过长,切忌披发工作,应该将头发理顺、扎起,然后将头发盘好发髻(图2-3、图2-4)。短发的女士(图2-5),要保持头发柔顺、整齐。

图2-3 商务女士盘发正面

图2-4 商务女士盘发背面

盘发时,要注意以下事项:
(1)盘发前,准备好相应的盘发工具(图2-6),例如发网、头花、发卡等;
(2)佩戴统一发放的发网或者头花;
(3)发网必须是黑色的;
(4)如需佩戴发卡,必须是黑色的,而且发卡上不得有任何装饰物;
(5)佩戴发卡的总数不得超过4枚,保证从正面看不到发卡。

图2-5 商务女士短发

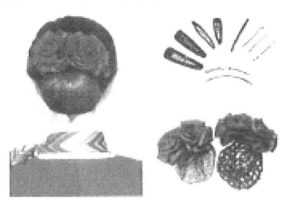
图2-6 盘发的工具

5)汽车商务人士发型规范(图2-7)

按汽车商务接待的要求,保持头发整洁、干净,不要烫发及染彩发等,头发长度保持前不过眉,侧不过耳,后不触领围。商务男士可以根据自己的脸型和气质修剪合适的发型。

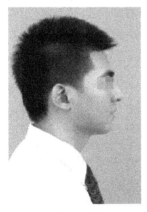

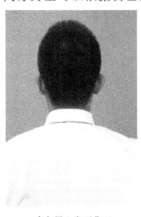

商务男士发型侧面　　　　商务男士发型背面　　　　商务男士发型正面

图2-7 商务男士发型规范

❸ 皮肤与护理

要保持一个亮丽青春的自我,一脸滋润细腻的肌肤是关键,而柔软光滑的皮肤来自细心的呵护,呵护愈多,皮肤就会健康美丽。要护肤首先要认识自己的皮肤,对不同质地的皮肤应给予不同的日常护理,这种护理涉及日常清洗护肤品选用以及饮食的搭配。

1)干性皮肤

干性皮肤毛孔不显、不出油,风吹日晒易起皮屑。因此,早晚清洗脸部时宜选用油性、滋润效果好的洗面奶。现在市场上的洗面奶品种丰富,同一品牌的洗面奶又分为油性、干性、中性几种。洗面时最好不要选香皂,因香皂碱性较重,容易使皮肤更加干燥。干性肤质的人,在洗完脸后,宜选用含油脂或注明保湿性较好的护肤品。最好护肤品与洗面奶是用同一品牌的,并且日霜晚霜分开使用。干性皮肤者在临睡前应把日妆全部清洗干净,涂上晚霜再睡觉,这样可以使皮肤在晚间得到足够营养,同时可以防止皱纹产生。

干性皮肤容易起皱,故日常生活中应保持愉快的情绪,保持皮肤足够的水分,日常饮食应多吸取含维生素 A 及油脂较多的食物,如胡萝卜、坚果类及多种水果等。

2)油性皮肤

油性皮肤毛孔粗大,油腻发亮,易长粉刺和小疙瘩,不易起皱,经得起刺激,有时鼻翼两侧、下巴和额头上经常油光发亮,很易沾灰变黑。故清洗时,应使用干性洗面奶,或含碱性稍重的洗面奶清洗,然后涂上含油脂少、清爽型的护肤品。油性皮肤护理的关键是要保证皮肤清爽洁净,否则很易长粉刺和小疱。

油性皮肤平日应少吃动物脂肪和甜食,多吃新鲜蔬菜和维生素 C 较多的水果。

3)中性皮肤

中性皮肤从肤质上而言是最理想的一种皮肤。皮肤毛孔均匀,皮肤质地良好,适合各种洗面奶和护肤品,平日饮食保证多样化,切忌挑食与偏食,同时保证足够睡眠。

实际上日常生活中大多数是混合型皮肤,两颊中性偏干,T 带中性偏油。

以上三种皮肤,除了要注意其特性外,护理皮肤的共同准则的:一是要经常清洗皮肤,保持皮肤洁净,清洗宜用温水为好,不断用水抚脸拍脸,不要用毛巾使劲揉搓。毛巾宜选用全棉的柔软的毛巾,毛巾经常清洗晒太阳,终日不见太阳的潮湿毛巾细菌容易繁殖,致使皮肤毛囊发炎和发生皮肤湿症等。二是要保证皮肤足够营养,不管什么皮肤,多吃含维生素 A、维生素 C、维生素 B 的食物,这样可以保持皮肤润泽有弹性、少皱纹。

❹ 商务化妆

商务女士需要化淡妆,但不宜用深色的口红,化妆遵守美化、自然、协调原则。职业淡妆需时以 5~10 分钟为好,基本步骤为:洗脸→上粉底→眼线眼影的化妆→修眉→腮红和口红等。

1)洗脸

洗脸的步骤为:洁肤→爽肤→润肤。

(1)洁肤。

也就是选择一款适合自己的洗面奶,能去除化妆品、表面污垢和油脂,彻底温和而有效地清洁皮肤,使皮肤平滑柔软。好的洗面奶不会带走皮肤的水分,也不会破坏皮脂膜。洗完后的感觉应该是清爽不紧绷的。脸部清洁早、晚各一次。洗脸也有正确规范的要求,正确的洗脸步骤为六步法。

①用温水湿润脸部。

洗脸用的水温非常重要。有的人图省事,直接用冷水洗脸;有的人认为自己是油性皮肤,要用很热的水才能把脸上的油垢洗净。其实这些都是错误的观点,正确的方法是用温水。这样既能保证毛孔充分张开,又不会使皮肤的天然保湿油分过分丢失。

②使洁面乳充分起沫。

无论用什么样的洁面乳,量都不宜过多,面积有五分硬币大小即可。在向脸上涂抹之前,一定要先把洁面乳在手心充分打起泡沫,忘记这一步的人最多,而这一步也是最重要的一步。因为,如果洁面乳不充分起沫,不但达不到清洁效果,还会残留在毛孔内引起青春痘。

如果是无泡沫的洗面奶,先把脸打湿,挤出少量洗面奶点五点在脸上,五点分别点在额头、鼻子、下巴、两颊;如果是有泡沫的洗面奶,先把脸打湿,然后挤出少量的洗面奶在手心摩搓出泡沫。在摩搓时,请用手心对手心打圈状。注意洁面乳要避开眼圈和嘴唇。

③洁肤按摩。

洁肤按摩需要正确的手法(图2-8),把泡沫涂在脸上以后轻轻打圈按摩,不要太用力,以免产生皱纹。大概按摩15下左右,让泡沫遍及整个面部。我们的脸部肌肤由鱼鳞状的自上而下排列。所以我们要用手指指腹,由里而外,由下而上的打开肌肤,呈斜线往上面平均扫开,把污垢清洁出来。

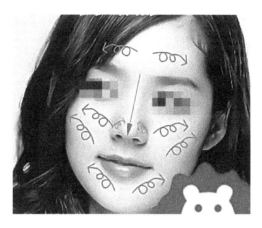

图2-8 洁肤按摩的手法

a. 从下巴到耳根。

首先,从下巴用美容指(中指及无名指)斜斜以内往外打圈至耳根(可稍加点力轻摁,此为穴位)。

b. 从嘴角到耳中。

从嘴角开始用美容指(中指及无名指)由内而外打圈成斜状至耳中(可稍加点力轻摁,此为穴位)。

c. 从两颊到太阳穴。

两颊同样用美容指(中指及无名指)由内而外打圈成斜状至太阳穴(可稍加点力轻摁,此为穴位)。

d. 从额头到太阳穴。

额头的洗法略有不同,从中间开始往两边打圈直到太阳穴(可稍加点力轻摁,此为穴位)。

e. 扫鼻梁,鼻翼打圈圈。

鼻梁的洗法则是往下扫涂,两手的美容指交替扫。鼻侧两边用中指上下抽动;鼻翼两处则用中指由外向内打圈,此动作可以帮助减少黑头。

f. 轻轻带过眼睛。

眼部肌肤最好不要可以去洗,轻轻带过就可以,用无名指由内眼角开始向上向外打两个圆圈。

g. 嘴唇打括号。

嘴角四周用美容指从中间部分向法令纹生长处、唇部两边打大括号型。

④清洗洁面乳。

用洁面乳按摩完后,就可以清洗了。有一些女性怕洗不干净,用毛巾用力地擦洗,这样做对娇嫩的皮肤非常不好。应该用湿润的毛巾轻轻在脸上按,反几次后就能清除掉洁面乳,又不伤害皮肤。

⑤检查发际。

清洗完毕,你可能认为洗脸的过程已经全部完成了,其实并非如此。还要照照镜子检查一下发际周围是否有残留的洁面乳,这个步骤也经常被人们忽略。有些女性发际周围总是容易长痘痘,其实就是因为忽略了这一步。

⑥用冷水撩洗20下。

最后,用双手捧起冷水撩洗面部20下左右,同时用蘸了凉水的毛巾轻敷脸部。这样做可以使毛孔收紧,同时促进面部血液循环。这样才算完成了洗脸的全过程。

(2)爽肤。

皮肤跟人一样是要喝水的,爽肤能起到再次清洁的作用,同时能补充皮肤水分,给皮肤滋润,使皮肤更光滑。用化妆棉蘸上爽肤水,手势和洁面一样,注意避开眼周。

(3)润肤。

润肤霜,分日霜和晚霜。日霜应具有防晒的功能,SPF值最少在8以上,太阳下要15以上。睡觉前涂上晚霜,这样可以使皮肤在晚间得到足够营养,同时可以防止皱纹产生。

2)上粉底

又叫敷底粉或打底。它是以调整面部皮肤颜色为目的的一种基础化妆。一是注意先后次序,根据肤质涂上护肤品,然后涂上粉底,再抹上粉。二是不同的肤色应选用不同的粉底霜,选用的粉底霜最好与自己的肤色相接近,而不宜使二者反差过大,看起来失真。三是打粉底时一定要借助于海绵,而且要做到取用适量、涂抹细致、薄厚均匀。四是切勿忘记脖颈部位。在那里打上一点儿粉底,才不会使自己面部与颈部"泾渭分明"。

初学化妆者上粉底,很容易出现以下误区:

(1)忽略下颌和颈部。

在购买粉底之前,应先将该粉底涂在下颌部位,然后站到一个有自然光线的地方,用镜子照照效果如何。禁忌将粉底绝对涂匀,下颌和颈部四周必须涂得清淡自然。

(2)皱纹欲盖弥彰。

有人以为在眼睛和嘴角四周有皱纹的部位涂上厚厚的粉底便可将皱纹遮盖,但其实只会弄巧成拙,欲盖弥彰,因为粉底会积聚在皱纹中,反而突出了皱纹,所以,涂用透明色调的粉底效果反而更好。

(3)只涂粉底。

若在涂上粉底后不扑一点干粉,妆容很快便会溶掉。粉底上扑上适量的干粉,整个妆容便可终日保持完美。

(4)用浅一色粉底。

不少人都喜欢将粉底调的白一些,认为这样可以让自己的脸显得更加白皙。姑且不论不自然的白是不是真的会让人产生美的感觉,就浅色粉底遮不住你脸上的瑕疵这一点就很严重;黑眼圈等皮肤问题都会统统暴露,届时你涂粉底就像没涂一样。

(5)粉底涂得太厚。

在皮肤状态不好的日子里,很多人会不期然地将粉底厚厚地涂在有瑕疵的部位,企图将丑态遮盖。然而,这方法并不正确,你应将粉底均匀地涂上,至于有瑕疵的地方则应用遮瑕膏来掩饰。

(6)粉底涂得过薄。

有的人为了强调自然,会将粉底打得很薄,还有甚者不上粉底。这样涂粉底既达不到修饰的效果,更起不到保护肌肤免受外界侵害的作用,失去了涂抹粉底的意义。

(7)遮瑕不得其法。

遮瑕膏本身的作用是掩饰瑕疵,但如果你没有将遮瑕膏均匀地涂在脸上,色调不均的遮瑕膏反而在脸上增添了瑕疵,所以将遮瑕膏涂匀这步骤是非常重要的,如果你发觉用手指头来涂上的效果不大好,可试用一支细小的化妆扫,如唇膏扫,将遮瑕膏向外扫匀。

(8)全脸均匀涂抹。

如果面部所有部位涂得粉底量都一样,别人看到后会感觉你面部没有神经,表情僵硬呆板,没有活力。时下流行就是"非均匀涂抹粉底",即在面部的不同位置涂抹粉底薄厚不同,以此来突出轮廓的立体感。

3) 眼线、眼影的化妆

画眼线的最大好处,是可以让化妆者的一双眼睛生动而精神,并且更富有光泽。

在画眼线时,一般应当把它画得紧贴眼睫毛。

画上眼线时,应当从内眼角朝外眼角方向画;画下眼线时,则应当从外眼角朝内眼角画,并且在距内眼角约三分之一处收笔。

应予重点强调的是,在画外眼线时,特别要重视笔法。最好是先粗后细,由浓而淡,要注意避免眼线画得呆板、锐利、曲里拐弯。画完之后的上下眼线,一般在外眼角处不应当交合。上眼线看上去要稍长一些,这样才会使双眼显得大而充满活力。

施眼影的主要目的是强化面部的立体感,以凹眼反衬隆鼻,并且使化妆者的双眼显得更为明亮传神。

施眼影时,有两大问题应予注意。一是要选对眼影的具体颜色。过分鲜艳的眼影,一般仅适用于晚妆,而不适用于工作妆。对中国人来说,化工作妆时选用浅咖啡色的眼影,往往收效较好。二是要施出眼影的层次之感。施眼影时,最忌没有厚薄深浅之分。若注意使之由浅而深,层次分明,将有助于强化化妆者眼部的轮廓。

刷睫毛膏之前,先用睫毛夹夹睫毛伸到睫毛根部,夹紧10s,睫毛的后2/3段再夹,使睫毛卷曲上翘后,涂抹睫毛膏(图2-9)。

4) 修眉、描眉

由于眉毛是眼睛的框架,它为面部表情增

图2-9 睫毛膏

加力度,对面部起到决定性的作用,即便你没有化妆,只要你的眉毛经过很好的修整,整个面部看上去也会很有型。精致的眉形,会让你的整体面容更具立体感。但是大多数人的眉毛都存在不同程度的缺陷。所以需要通过修眉,使其对容貌发挥着重要的烘托作用。需要注意的是,修眉之后眉型可以保持较长时间,视眉毛长得情况再进行修型。化妆时,只需用眉笔带过润色眉型即可。修眉的步骤如下。

(1)清除杂眉(图2-10)。

修整眉型外杂毛原先眉毛浓密粗硬的人,先将眉型外的杂乱眉毛以小刮刀小心除去,或是以眉夹拔去避免遗留青色毛根痕迹。用眉笔根据眉骨的位子,找出眉头、眉峰、眉尾(图2-11),三点一线用眉笔画出形状,把多余的眉毛进行修剪。操作时,持小剪刀,以眉梳辅助贴近眉毛,将超出眉梳外的毛发修剪至适当长度,维持清楚眉型即可。

  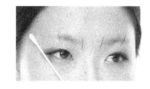

图2-10　清除杂眉　　　　　　　　　图2-11　确定眉头、眉峰、眉尾

(2)重塑眉形(图2-12)。

眉笔有深咖啡和黑色两种,皮肤白皙的用深咖啡色的,皮肤较黑的用黑色的。眉形根据人的脸型和眼睛大小来全盘设计,切忌画的太重太粗,似两把卧剑,但也不能画得太细太长,似有妖气。操作时,使用眉粉填补眉间空隙避开眉头,从中段开始用眉粉将眉毛间隙较稀疏的空间向眉毛外侧填满,营造自然眉型。使用眉尾画出弧形从鼻翼到眼角的两点延伸找到眉尾最佳落点位置,选用渐层眉粉盒中较为深色的眉粉画出完美眉尾弧形。

(3)眉毛上色(图2-13)。

使用眉笔描绘眉型再以自然色的防水眉笔从眉峰至眉尾描绘一次眉形,只需轻轻画过营造眉形轮廓即可。梳顺眉毛使用螺旋状眉梳子将全体眉毛轻刷梳顺,让眉毛线流畅,颜色也会更为自然均匀。

图2-12　重塑眉形　　　　　　　　　图2-13　眉毛上色

(4)最后定形(图2-14)。

染淡过深眉色用染眉膏修饰过深的眉毛,使眉色更轻盈,也让肌肤看起来较明亮。只需轻轻带过眉头处再延伸到后端即可。最后,使用眉胶定住眉形。

5）上腮红

上腮红是化妆时在面颊处涂上适量的胭脂。上腮红的好处,是可以使化妆者的面颊更加红润,面部轮廓更加优美,并且显示出其健康与活力。

图2-14 最后定型

在化工作妆时上腮红,需要注意四条。

(1)要选择优质的腮红。若其质地不佳,便难有良好的化妆效果。

(2)要使腮红与唇膏或眼影属于同一色系,以体现妆面的和谐之美。

(3)要使腮红与面部肤色过渡自然。正确的做法应是,以小刷沾取腮红,先上在颧骨下方,即高不及眼睛、低不过嘴角、长不到眼长的二分之一处,然后才略作延展晕染。

(4)要扑粉进行定妆。在上好腮红后,即应以定妆粉定妆,以便吸收汗液、皮脂,并避免脱妆。

6）口红

涂口红,这是最后一步。口红选择不能太艳。上班族的口红色应以庄重典雅为宜,故可选择一些深红色的口红。唇形大小基本上按原来的样子,唇形太大的可略微缩小,唇形偏小的可适当加大。切忌血盆大口,让人生厌。

化妆完毕,要全面检查效果,注意几个小细节:

(1)妆容是否净,浓淡是否适宜,整体是否协调。

(2)眉、眼、面颊的化妆,左右是否一致。

(3)有无缺漏或变形之处。

(4)牙齿上不要沾上口红。

总的来说,汽车商务行业职业女性不宜化过于浓艳的妆,要与自己的职业形象相吻合,淡妆为宜,力求体现出自然、透明的效果,色彩自然淡雅的效果。

注意:如需补妆时,应到化妆间或盥洗室进行。尤其不要男士面前进行化妆。平时多注意观察和学习,学会根据自己的年龄、职业特点、服装风格和肤色特征,来选择适合自己的化妆品及色彩搭配。

 案例导入

小李刚从大学毕业,便进入了一家公司,被分配到销售部,具体做产品推销工作。小李早听说过公司职员的个人形象在业务交往中备受重视,因此他第一次外出推销产品时,便穿上了一身刚买的深色西装、一双黑色的皮鞋、一双白色的袜子,希望自己形象不俗,并因此而有所收获。然而让小李大惑不解的是,他虽然跑了不少地方,但接待他的人往往是朝他打量几眼便把他支走了,有的大厦的保安,甚至连楼门都不让他进去。后来,小李才知道他屡屡被拒之门外主要是穿着不当。虽然他穿了深色西装、黑色皮鞋,但却穿了一双白袜子。这种穿法有悖于西装组装的基本原则,因而不能为他人所认可。

三 服饰礼仪

俗话说:"穿衣打扮,各有所爱"意思是自己喜欢穿什么样的衣服那是个人的事情,与别人没有关系。但是作为职场中人来说,你的衣着却不仅仅是个人的事。因为,你的衣着要和你的职业身份相符合,身上所穿的衣服,不仅代表了自己的品位,还代表着单位的形象,代表着对别人的尊重。在社交场合,从某种意义上说,你的衣着就是一封无言的介绍信,向你的交往对象传递着各种信息,别人可以从你的衣着上看出你的品位、看出你的个性,甚至可以看出你的职业状况。著名影星索菲亚·罗兰就深有感触地说过:"你的服装往往表明你是哪一类人物,它们代表着你的个性。一个和你会面的人往往自觉不自觉地根据你的衣着来判断你的为人。"莎士比亚也说过:"服装往往可以表现人格"。因此,从这个意义上来说,服装就不仅仅具有蔽体、遮羞、挡风、防雨、抗暑、御寒的作用,它可以美化人体、扬长避短、展示个性、体现生活情趣,还具有反映社会分工、体现地位和身份差异的社会功用。

人们总是喜欢那些看上去令人感觉舒适、有美感的人。美好的长相、匀称挺拔的身材、美观大方的服饰均能增添人的仪表魅力,给人以舒服、美好的感觉。如果说,人的长相是天生的,身材高矮是难以改变的,而服饰却是可以变化的。整洁美观的服饰是人们能用以改变自己或烘托自己的最好、使用最频繁的"武器",因此我们要学会运用这一武器来"武装"自己。

在公司里一天之内会有许多客人来访,会面的机会也很多。另外,有时候也要去拜访客户。因此,需要我们重视自身整洁、适当的服装和配饰,以便无论谁看到我们都会愉快地接受。

(一)汽车商务服饰礼仪的原则

1 TPO原则

要求仪表修饰与个体自身的性别、年龄、容貌、肤色、身材、体型、个性、气质及职业身份等相适宜和相协调。适体性原则也就是要遵守TPO原则,即时间(Time,)、地点(Place)、场合(Occasion)原则,要求仪表修饰因时间、地点、场合的变化而相应变化,使仪表与时间、环境氛围、特定场合相协调。

1)时间原则

不同的时代、不同的季节、不同的时间应穿不同的服装。不同时段的着装规则对女士尤其重要。男士有一套质地上乘的深色西装或中山装足以包打天下,而女士的着装则要随时间而变换。白天工作时,女士应穿着正式套装,以体现专业性;晚上出席鸡尾酒会就须多加一些修饰,如换一双高跟鞋,戴上有光泽的佩饰,围一条漂亮的丝巾;服装的选择还要适合季节气候特点,保持与潮流大势同步。总的来说,遵守时间原则要做到:

(1)随四季的变化而换装。

夏季以凉爽、轻柔、简洁为着装格调;冬季以保暖、轻便为着装原则,既要避免臃肿不堪,也要避免为形体美观而着装太单薄;春秋两季的服装选择相对宽松一些。

(2)随时代的发展而换装。

应当做到随着时代的发展而改变服饰,要顺应时代发展的主流和节奏,既不可超前也不可过于滞后,超前易给人浮夸的感觉,而滞后又会使人认为跟不上时代。

2)地点原则

着装符合地点原则,要与当地的气氛相一致、相融洽的服饰,才能产生和谐的审美效果,实现人景相融的最佳效应。

(1)休闲要舒适。

人们在休闲时,如在娱乐、购物、观光等处应舒适得体,无拘无束才能达到真正的休闲,可穿着牛仔服、休闲服、运动服等。

(2)工作要正统。

在商务办公的环境中穿着应正统,适合穿制服、套装、套裙以及连衣裙,带给人职业与精神的面貌。同时也要符合规范,如男子穿西装一定要系领带,西装应烫熨平整,裤子应烫熨出裤线,衣领袖口应干净,皮鞋应锃亮。女子不易赤脚穿凉鞋,如穿长筒袜,袜口不能露在衣裙外等。

(3)社交要大方。

人们在社交时应选择时尚、大方的服饰。

3)环境原则

不同的工作环境、不同的社交场面,着装要有所不同。人们应根据特定的场合搭配适合、协调的服饰,从而获得视觉和心理上的和谐美。可以试想一下,如果大家都穿便装,你却穿礼服就有欠轻松;同样的,如果以便装出席正式宴会,不但是对宴会主人的不尊重,也会令自己颇觉尴尬。因此,在不同的场合中,着装应把握分寸,自然适度,追求有所刻意雕琢但又不露痕迹的效果。

(1)喜庆欢乐的场合。

包括庆祝会、欢乐会、生日、婚日纪念活动、婚礼聚会、联欢晚会等。女士可以穿得色彩鲜艳、丰富一些,款式也可以新颖一些,以烘托活跃、欢乐的气氛。男士可以穿白色或其他浅色西装、花色漂亮醒目的领带,以表现男士轻松愉快的心情。

(2)隆重庄严的场合。

如开幕闭幕式、签字仪式、出席重要的或高层次会议、重要的会见活动、新闻发布会等。男士们应西装革履,正规、配套、整齐、洁净、一丝不苟。女士应穿上套装或较为素雅端庄的连衣裙,体现职业女士在正规场合的风范,力求庄重和典雅,不要给人一种浮华的感觉。

(3)华丽高雅的场合。

多数为晚上举办的正式社交活动,如正式宴会、酒会、招待会、舞会、音乐会等。在这种场合女士可以穿连衣长裙、套裙,面料要华丽,质地要好,色彩应单纯(最好为单色)。服装可以有花边装饰,也可以用胸针、项链、耳环、小巧漂亮的坤包点缀。男士们穿着深色西服,从头到脚修饰一新,就可以步入华丽高雅的场合。

(4)悲伤肃穆的场合。

如吊唁活动和葬礼,男士可以穿黑色或深色西装配白衬衣、黑领带;女士不抹口红、不戴装饰品、不用鲜艳的花手绢,全身衣装是深色或素色。使外表的肃穆与内心的沉痛协调统一起来。

(5)休闲轻松的场合。

在朋友聚会、郊游等场合,着装应轻便、舒适。

(6)日常工作的场合。

在维修车间,技术工人按规定穿着工作服(制服),此时注意有无污垢,破旧,开绽等,保持干净整洁的衣服,而且要穿有企业标志;在销售和维修服务接待的工作岗位,需要按公司规定穿正装。

❷ 整洁原则

整洁干净是服饰打扮最基本的原则。在社交场合,人们往往通过衣着是否整洁大方来判断一个人的文明涵养,穿着整洁给人以积极向上的感觉,容易得到人们的欢迎和肯定。整洁的原则并不意味穿着的高档时尚,只要保持服饰干净合体、全身整齐有致便可。

❸ 个性原则

个性原则指的是社交场合树立个人形象的要求,以独立的人被社会接纳与承认。个性化的穿着,第一不要盲目赶时髦,最时髦的往往也是最没有生命力的。一位真正懂得流行,具有判断力的人,她的服饰大多是简单、朴素的,她不是靠奇装异服来赶时髦,而是通过服饰搭配来体现时髦。第二就是穿出自己的风格。服饰的选择要符合个人的年龄、性格、职业、文化素质等,通过服饰尽显自己的气质。

❹ 和谐原则

要求仪表修饰无论是修饰程度,还是在饰品数量和修饰技巧上,要与他的年龄、体形、职业谐调,这种和谐能给人以美感。

1)与年龄搭配和谐

不是所有的服装都适应同一年龄。年轻人适合鲜亮、活泼、随意些的服饰;中老年相对应庄重严谨些;老年人不能太花哨,否则是老来俏。

2)与体型搭配和谐

(1)高大的体型。

上衣要适当加长、款式简单,适宜穿横条格子的上装。

(2)较矮的体型。

上衣要短、裤子要长、裤腿要小、盖住鞋面为好,穿高跟鞋,款式要简洁,不能穿横条纹的服装。

(3)较胖的体型。

不能穿紧身的服装,衣领以"V"形,裤子和裙子不能穿在衣服外面,更不能用夸张的腰带;穿着颜色较深的服装或者颜色反差小的、质地好、垂直线条多的面料的服装为好,不能穿横条纹、大格子和大花的衣服,也不要戴大首饰。

(4)偏瘦的体型。

不穿太紧身的服装,色彩要明亮柔和,穿横条纹、大格子和大花的衣服。

3）与肤色搭配和谐

（1）肤色白皙。

适合穿各种颜色的衣服，"一白遮百丑"。

（2）肤色偏黄。

应避免穿明度高的蓝色、紫色或黄色上装，这样黄上加黄。适合穿粉白色调上装，如粉白、粉红、奶白色、杏色、杏灰色等。

（3）肤色偏黑。

尽量不要穿纯黑或紫色、褐色的上装，选比较明亮的颜色，如浅黄、鱼肚白、粉白。

4）整体搭配和谐

（1）有图案的上衣不要配相同图案的衬衣和领带；

（2）条纹或者花纹的上衣需配素色的裤子；

（3）鞋子的颜色要与衣服的色彩相协调；

（4）裤腿不能过短，否则会给人重心不稳的感觉，而且有失庄重；

（5）内外两件套穿着时，色彩最好是同色系或反差大的，搭配起来会更有味道。

5 服饰与色彩搭配

服饰的美是款式美、质料美和色彩美三者完美统一的体现，形、质、色三者相互衬托、相互依托，构成了服饰美统一的整体。而在生活中，色彩是服装留给人们记忆最深的印象之一，而且在很大程度上也是服装穿着成败的关键所在。色彩对他人的刺激最快速，最强烈，最深刻，所以被称为"服装之第一可视物"。就如皮尔·卡丹所说得"我创作时，最重视颜色，因为颜色很远就可以看到。"不同色彩会给人不同的感受，如深色或冷色调的服装让人产生视觉上的收缩感，显得庄重严肃；而浅色或暖色调的服装会有扩张感，使人显得轻松活泼。因此，可以根据不同需要进行选择和搭配。一般来说，服装色彩注意同色搭配、上淡下深、上明下暗。

1）白色的搭配原则

白色表现淡雅、圣洁、纯净。白色可与任何颜色搭配，但要搭配得巧妙，也需费一番心思。

白色下装配带条纹的淡黄色上衣，是柔和色的最佳组合；下身象牙白长裤，上身穿淡紫色西装，配以纯白色衬衣，不失为一种成功的配色，可充分显示自我个性；象牙白长裤与淡色休闲衫配穿，也是一种成功的组合；白色褶皱裙配淡粉红色毛衣，给人以温柔飘逸的感觉。红白搭配是大胆的结合。上身着白色休闲衫，下身穿红色窄裙，显得热情潇洒。在强烈对比下，白色的分量越重，看起来越柔和。

2）蓝色的搭配原则

蓝色为安静色，代表宁静、平静、安分守己。在所有颜色中，蓝色服装最容易与其他颜色搭配。不管是近似于黑色的蓝色，还是深蓝色，都比较容易搭配，而且，蓝色具有紧缩身材的效果，极富魅力。生动的蓝色搭配红色，使人显得妩媚、俏丽，但应注意蓝红比例适当。墨蓝色合体外套配白衬衣，再系上领结，出席一些正式场合，会使人显得神秘且不失浪漫。曲线鲜明的蓝色外套和及膝的蓝色裙子搭配，再以白衬衣、白袜子、白鞋点缀，会透出一种轻盈的妩媚气息。

上身穿蓝色外套和蓝色背心,下身配细条纹灰色长裤,呈现出一派素雅的风格。因为,流行的细条纹可柔和蓝灰之间的强烈对比,增添优雅的气质。蓝色外套配灰色褶裙,是一种略带保守的组合,但这种组合再配以葡萄酒色衬衫和花格袜显露出一种自我个性,从而变得明快起来。

蓝色与淡紫色搭配给人一种微妙的感觉。蓝色长裙配白衬衫是一种非常普通的打扮。如能穿上一件高雅的淡紫色的小外套,便会平添几分成熟都市味儿。上身穿淡紫色毛衣,下身配深蓝色窄裙,即使没有花哨的图案,也可在自然之中流露出成熟的韵味儿。

3)褐色搭配原则

褐色与白色搭配给人一种清纯的感觉。金褐色及膝圆裙与大领衬衫搭配,可体现短裙的魅力,增添优雅气息。选用保守素雅的栗子色面料做外套,配以红色毛衣、红色围巾,鲜明生动,俏丽无比。

褐色毛衣配褐色格子长裤,可体现雅致和成熟。褐色厚毛衣配褐色棉布裙,通过二者的质感差异,表现出穿着者的特有个性。

4)黑色的搭配原则

黑色给人以神秘感,表示高贵、沉着的气质。黑色是个百搭百配的色彩,无论与什么色彩放在一起,都会别有一番风情,和米色搭配也不例外。初秋,双休日逛街时,上衣可以还是夏季的那件黑色的印花T恤,下装就换上米色的纯棉含莱卡的及膝A字裙,脚上穿着白地彩色条纹的平底休闲鞋子,整个人看起来格外舒适,还充满着阳光的气息。其实,不穿裙子也可以,换上一条米色纯棉的休闲裤,最好是低腰微喇叭的裤型,脚上还是那双休闲鞋,依然前卫,青春逼人。

5)米色搭配原则

用米色穿出一丝严谨的味道来,也不难。一件浅米色的高领短袖毛衫,配上一条黑色的精致西裤,穿上闪着光泽的黑色的尖头中跟鞋子,将一位职业女性的专业感觉烘托得恰到好处。如果想要一种干练、强势的感觉,那就选择一套黑色条纹的精致西装套裙,配上一款米色的高档手袋,既有主管风范又不失女性优雅。

(二)汽车商务男士服饰礼仪

西装是男士最常见的办公服,也是现代交际中男子最得体的着装。

1 男士着装三三原则

男士着装要注意三个"三"原则。

1)服饰三要素

指的是色彩、款式、面料。三色原则就是色彩问题,是服饰三要素的基本问题。

男士在正规场合穿西装时,全身的颜色不得多于三种,包括上衣、下装、衬衫、领带、鞋和袜子。当然这三种颜色指的是三大色系,可以深浅不同。

2)三一定律

鞋子、腰带、公文包这三个地方的颜色应该一致,即为三一定律。通常都采用黑色,协调美观、搭配到位。

男士没有女士那么多色彩斑斓的衣服可以更换,只能做到细节的完美。

3)三大禁忌

(1)商标一定要拆掉。

穿西装时左边袖子上的商标没有拆。按照销售服务的要求,你一交钱,服务员要干的头一件事就是替你把商标拆掉。

比如你买的真皮包、皮带,都会挂有真皮标志。按照国际惯例,这个标志在你交钱之后服务员是要拆掉的。

(2)袜子一定要深色。

从着装礼仪来看,正装、鞋子和袜子的色调要谐调一致,一般深色的正装应该用深色的鞋子和袜子搭配;但是袜子是比较有讲究的,一般情况下,深色的袜子代表庄重和正规,这是对对方的尊重和礼貌,同时也显示出你的内涵和修养;在正式场合,深色正装是不能配浅色袜子的,否则被认为是肤浅无知和庸俗。

深色袜子可以和任何颜色的衣服相配,但是夏天,如果穿浅色的衣服,袜子颜色也可以浅一些,但是一定要略深于衣服颜色。把你鞋柜里的白色袜子扔了吧。如果你没有白色运动鞋,请不要用白色袜子搭配你的任何颜色的皮鞋!同时袜子要包住小腿部位不能只到踝部,不要让人看见你的裸露的腿毛。

(3)口袋不要装的鼓鼓囊囊。

如果因为往口袋里乱塞东西而有损你的风度和形象,那真是莫大的遗憾。

正规的西装三件套包括西裤、背心、上衣,共有14个口袋,每个口袋的作用各异,不要张冠李戴,混淆使用。

西装上衣两个下袋用来盛放松、软、薄的东西,诸如纸巾之类,切不可装得鼓鼓囊囊,给人窝囊疲沓之感。上衣左胸上袋也叫手巾袋,专插装饰性手帕,除了可以插西装手帕,不能插任何物品,尤其不能插上一支笔。主衣内袋可用来放重要证件、凭证和钢笔,有的上衣还有直口内袋,专用于放眼镜。西装背心的上下四个口袋用于放名贵的小件物品,如戒指、打火机,千万不能像摄影背心那样塞得满满的,显得呆笨。

❷ 男士服饰的选择

西装的三个基本要素:西装、衬衫、领带(图2-15)。西装通常是两件套或三件套,要求面料及色彩统一。西装不仅体现其身份,更体现企业管理的规范性。

a)正装

b)衬衫

c)领带

图2-15 西装三要素

1）西装的选择

（1）合适的颜色。

不同颜色的西装适合不同的场合,请根据场合来挑选西装的颜色。

①灰色西装。很多人的第一套西装都会挑选黑色,以为很百搭。但黑色很挑场合,可能会显得刻板或太过正式。其实,深灰色是日常西装的基本色,最安全、保险,最好搭配,温和又不乏气质。只要稍微注意衬衫及领带的搭配,就能将灰色西装穿得很百搭了。因此这种西装你至少要有一套,至于是要单色还是条纹的,就看你要给人什么样的感觉了：单色西装会较正式,但因为没有其他的装饰,整体的品质很容易看得出来;条纹面料的西装会让身材显得比较高,视觉上的第一印象也会显得比较纤细。

②黑色西装。黑色本身的颜色很强烈,给人流行、时髦的感觉。若在办公室穿,就注意要用衬衣、领带的颜色来缓和整体色调,以免有过于沉重和过于庄重的感觉。

③深蓝色西装。很多公司的制服都是这种颜色的西装,因为蓝色会给人增加专业感和可信任感。穿蓝色西装时,一定要注意加强衬衫和领带的品质感和细节装饰,这样才不会看上去千人一面,像在穿制服。

④浅色西装。颜色太浅的西装给人比较轻浮的感觉,但在休闲场合可以选择卡其色的西装,可以展现随意的一面。若要表现出男人性感的一面,则可试试白色西装。西装甚至不一定要成套搭配,下半身你可以选择卡其裤或牛仔裤,显得轻松又有质感,适合初次约会或一些非正式的场合。

⑤条纹和格子西装。这种西装一定要整套搭配才会有整体感。体型过瘦的男生尽量不要挑选条纹的西装,这会暴露身材的缺点。格子西装很容易吸引眼球,但不适合腰部过胖的男士。花纹可以掩饰西装版型和质料的不足。

（2）合适的款式。

西服的款式分类方法很多。例如,可按照按西装的件数来划分,可分为两件套（上装和下装）和三件套（上装、下装、西装背心）两种;按西装的纽扣来划分,可分为单排扣（1粒、2粒、3粒）西服（图2-16）,双排扣（2粒、4粒、6粒）西服（图2-17）。

图2-16　单排3粒扣西服　　　　图2-17　双排6粒扣西服

注意:西装要选择合适的款式,商务西服宜选择单排扣西服,不宜选择双排扣西服。

在此重点说说按照西服的流派进行划分的方法。休闲西装是靠肩膀来撑的,肩膀的部分太宽或太紧都是不合身的,只有肩膀合适了,整件西装穿起来才会好看。所以在开始逛街之前,先了解一下四个主要的西装流派,再根据自己的身材挑选合适的西装吧!你在购买西装时,可以参考品牌的发源地,不同的风格流派适合不同的身形。

①英式西装。最能展现腰部曲线,肩膀轮廓比较方正,衣身也较长。高个子男生可以考虑这一系列。

②意式西装。整体轮廓较圆,衣身较短。身材比较壮的男生,可以考虑这类西装。这一系列的品牌中也容易找到带有花色的面料,可以在休闲场合穿。

③日式西装。身形比较窄,适合体型偏瘦、个子较小的男生。这类西装的衣身比较短,能修饰身材比例,穿上会显得很精神。

④美式西装。整体感较为自然,包括肩部线条也较舒服,且以 3 颗扣为主要特色。这类西装通常会比较宽松,穿上不会觉得受拘束。

(3)挑选的要点(图 2-18)。

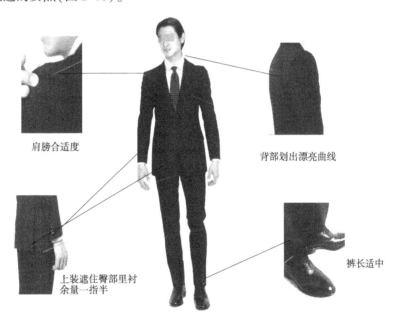

图 2-18 西服挑选的要点

①肩膀要适度。过松和过紧的肩部线条都会让人看起来不自然。

②胸部。胸部的肌肉要能稍微把西装撑起来一点才好看。

③袖子。将手自然下垂,里面的衬衫袖口要能露出 1.5cm 左右,露出太多或看不到衬衫袖口都会影响整体感。

④背衩划出漂亮曲线。根据个人的身高来挑选,背衩平均长度是 24～25cm,不要选择完全盖住臀部的样式,那样会让你看起来变矮。

⑤裤腰。上装遮住臀部,里衬余量一指半,一般场合穿的西裤要穿到腰骨的位置,太

低腰或过于时髦的款式在正式场合都不适合。

⑥裤长适中。如果是宽版的西裤,裤管要能贴在鞋面上;如果是窄版的裤子,站立时要能看到一点点袜子。过长的裤管褶皱在脚踝部位,会让腿看上去不直而且变短。

2)衬衫的选择

衬衫穿着五原则,包括:干净平整、浅色系、纯棉加厚、袖长两指、领宽一指(图2-19)。也就是说,配西装的衬衣颜色应与西服颜色协调,不能是同一色,衬衣领应高出西装领1cm左右。白色衬衣配各种颜色的西服效果都不错。正式场合男士不宜穿色彩鲜艳的格子或花色衬衣。

a)袖口　　　　　　　　　　b)领口

图2-19　袖长两指、领宽一指

3)领带的选择

(1)领带的起源。

有关领带的起源,可追溯到17世纪中叶,法国有一位大臣上朝,在脖领上系了一条白色围巾,还在前面打了一个漂亮的领结,路易十四国王见了大加赞赏,当众宣布以领结为高贵的标志,并下令上流人士都要如此打扮。由此可见,领带起源于欧洲。领带作为一种古老的传统产品,一直是作为尊贵地位的注释。一条做工精美手感柔和的领带是每一位男性的经典装饰。

在当今社会环境下,男士的形象就是走向成功的第一步。文雅、沉稳、温情是文明社会对男士的形象要求。领带作为男士服饰的一部分,充分体现了领带作为服装饰品的丰富内涵,为男士独特而深沉的内心世界做了最好的形象注释。因此,领带在经历了服饰潮流的漫长考验的今天,随着人类文明的迅猛发展和审美时尚的不断更新,以它独有的灵魂和个性愈来愈受男士的青睐和推崇。

(2)领带的长度(图2-20)。

标准领带的长度在132~142cm之间,领带打完后,外侧应略长于内侧,领带尖要正好落在皮带扣上。这样,当外穿的西装上衣系上扣子后,领带的下端便不会从衣摆下面"探头探脑"地显露出来,"没事找事"。当然,领带也别打得太短,不要让它动不动就从衣襟上面跳出来。出于这一考虑,不提倡在正式场合使用难以调节其长度的"一拉得"领带或"一套得"领带。

a)过短　　　　　　　　　b)适中　　　　　　　　　c)过长

图 2-20　领带的长度

（3）领带的品质。

领带品质的优劣，从根本上来说并非取决于款式与品牌，而是取决于其材料的质地与做工的考究性。

①领带材料的识别。

a.真丝（100% SILK）：色彩润泽、柔和、手感细腻；

b.仿真丝（100% POLYESTER）：色光发亮，跳眼，手感挺括；

c.涤丝（100% DACRON）：颜色黯淡较涤、手感粗糙。

②不同图案领带的选择（图 2-21）。

a.斜纹：果断权威、稳重理性，适合在谈判、主持会议、演讲的等正式场合使用；

b.圆点、方格：中规中矩、按部就班、适合初次见面和见长辈、上司时使用；

c.不规则图案：活泼、有个性、创意和朝气，较随意，适合酒会、宴会和约会时使用。

a)斜纹　　　　　b)圆点　　　　　c)方格　　　　　d)不规则图案

图 2-21　领带图案

（4）根据场合搭配领带。

①平时上班正装用。如果是上班用，可以用一条素色领带，如蓝色调，黑色调，不过分张扬，显得含蓄而缜密，突出职业素养。也可以是颜色较亮，表现个性，突出时尚气息，比如蓝白条纹，黄色色调等。当然，还要和你的工作的性质有关，如果你一般都是出入正式场合，庄重些会显得比较成熟稳重。

②休闲西服用。休闲西装本身就是显得相对放松，随意性比较强，这时的领带就要选

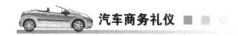

择明亮活泼的,在与西装衬衫颜色相配的情况下,可以选用纯色的领带,如米黄、淡蓝、浅紫、粉色等,也可选用条纹或独特图案的领带。

③参加晚会用。参加晚会一般要选购亮色调的领带,因为晚会的灯光相对较暗,一条亮色的领带能够让你显得更加有活力。

④参加商务会议用。商务会议一般都在比较高档的酒店,宾馆等进行,属于非常正式的场合,大家都是以工作为出发点,这样大家在认识与沟通的同时,职业的着装能突出你的工作能力,做事态度,性格特点等,此时佩戴的领带一定是要稳重,深色系的,暗色调体现了你的含蓄,让你的潜在合作伙伴或上级对你更加重视。

⑤参加婚礼用。婚礼上的领带一定是要以暖色调为主。新郎采用红色,包括深红,大红以及红色为主的领带,而作为客人最好也是红色系的比较好,切记不要戴白色的领带,很扎眼的。

4)领带夹

打领带不一定非要领带夹,领带夹的佩戴位置:七粒扣衬衫自上而下数第四、五粒衣扣之间。

3 男士商务着装要求

1)西服、衬衫、领带的搭配

西装以深色为主色调,一般有黑色、褐色、灰色、蓝色等。衬衫颜色以白色或与西装同色调的单色浅色为主。白色衬衫适合任何肤色,白色的反光使人显得神采奕奕。领带称之为"西装"的灵魂,领带与西装整体色彩协调统一。

黑色西装,配白色为主的浅色衬衫,灰、蓝领带;

褐色西装,配白色、银色的衬衫,暗褐、灰色领带;

灰色西装,配白色为主的淡色衬衫,灰色、砖色领带;

蓝色西装,配粉色、银灰色衬衫,暗蓝、灰色、胭脂领带。

2)西装系扣要求

通常情况下,单排扣西装系扣规范见表2-1。

单排扣系扣规范　　　　　　　　表2-1

西服扣数及其他	系　扣　要　求
单排扣1粒的西服	扣与不扣都无关紧要,但正式场合应当扣上
单排扣2粒的西服	应扣上上面的一粒,底下的一粒为样扣,不用扣。对于2粒扣子的单排扣西装有这么四句话,可以帮助我们记忆:"系上面一粒是正规,不系是潇洒,两个都系上是土气,只系下面一粒是流气"
单排扣3粒的西服	第一颗纽扣,叫"always",意思就是无论如何都是要扣上的。第二颗纽扣,叫"sometimes",意思是说有的时候要扣上,有的时候不用扣,具体视情况而定。第三颗纽扣,叫"never",就是叫你永远都不要扣上的
其他	坐着的时候,可将西装上衣的衣扣解开,站立后,尤其是要面对他人时,应将西装上衣的扣子系上

3）衬衣的着装要求

衬衣要干净、整齐，尽量不要穿带有明花、明格的衬衣，最好穿质地好的长袖衬衣；浅颜色衬衣不要太薄；袖口、领口要干净、平整；不打领带时，衬衣第一个扣子要解开；打领带时，衬衣第一个扣子一定要系上。不要穿太旧、起泡或起球的衬衣。下摆在正式场合一定要扎在裤腰之内。

4）内衣的着装要求

最好不要内穿羊毛衫，非穿不可时，只允许穿一件单色薄型的"V"型羊毛衫，不要穿开领的、花哨的或同时多件羊毛衫。

5）领带的穿戴要求

领带的颜色不要浅于衬衣，尤其不要黑衬衣白领带；不要带怪异的领带（如：皮的、珍珠的）；除本公司统一配置领带外，最好不要带印有其他公司名称的领带；穿毛衣或马甲时，领带应放在毛衣、马甲的里面即贴住衬衣。

6）鞋袜搭配要求

男士的皮鞋应以深色为主，如黑色、棕色或灰色，不要穿太陈旧的皮鞋，要干净，鞋跟不要太高。应穿深色质地好的袜子，如棕、深蓝、黑或灰色，不要穿质薄透明的袜子，尤其是不能穿白袜子。

7）皮带的穿戴要求

一定是黑色皮腰带，腰带扣不要太花，不可打其他色腰带，也不能太旧。

8）裤长盖住鞋面

裤子不得有褶，要有裤线，不要太短，应盖住鞋面。

（三）汽车商务女士服饰礼仪

女人是爱美的天使，世界因为有了她们而更加绚丽可爱，在这个时尚开放的年代，女士服饰色彩缤纷，形态万千，因此，其着装问题就显得比男士更复杂些。女士着装以整洁美观、稳重大方、协调高雅为总原则，服饰色彩、款式、大小应与自身的年龄、气质、肤色、体态、发型和拟聘职业相协调、相一致。衣着是极其讲究个性的，并不是漂亮的衣服就适合所有人。女性的穿着打扮应该灵活有弹性，学会选择适当的时候穿适合的衣服；搭配衣服、鞋子、发型、首饰、化妆，使之完美和谐，这才是美丽的关键。

❶ 女士着装三原则和五不准

1）女士着装三原则

（1）整洁平整。

整洁平整服装并非一定要高档华贵，但须保持清洁，并熨烫平整，穿起来就能大方得体，显得精神焕发。整洁并不完全为了自己，更是尊重他人的需要，这是良好仪态的第一要领。

（2）配套齐全。

配套齐全除了主体衣服之外，鞋袜手套等的搭配也要多加考究。如袜子以透明近似肤色或与服装颜色协调为好，带有大花纹的袜子不能登大雅之堂。正式、庄重的场合不宜穿凉鞋或靴子，黑色皮鞋是适用最广的，可以和任何服装相配。

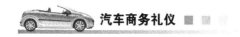

(3)饰物点缀。

巧妙地佩戴饰品能够起到画龙点睛的作用,给女士们增添色彩。但是佩戴的饰品不宜过多,否则会分散对方的注意力。佩戴饰品时,应尽量选择同一色系。佩戴首饰最关键的,就是要与你的整体服饰搭配统一起来。

2)女士着装五不准

不同的工作性质,不同的单位,有着不同风格的衣着打扮,因此你要顺应主流,融合在其文化背景中,最好根据你的工作性质和特点选择装束。

总之,穿衣是"形象工程"的大事。西方的服装设计大师认为:"服装不能造出完人,但是第一印象的80%来自于着装。"因此,千万不要掉以轻心。女士服装应讲究配套,款式较简洁,色彩较单纯,以充分表现出女士的精明强干,落落大方。

(1)黑色皮裙不准穿。

不要穿超短裙、牛仔裙或带穗的休闲裙;裤子要整齐,不要穿过瘦的裤子,也不要穿吊脚裤或三、五分裤。

(2)正式场合不准光腿。

(3)残破的袜子不准穿。

(4)鞋袜不准不配套。

鞋子应与服装相配,不要穿露脚趾的鞋;尽量不要穿凉鞋上班或是去商务场合;颜色不要过于鲜艳,鞋跟不要太高或太细或有破损,鞋面要干净,装饰物不宜过多;平跟鞋会使女士缺少女人味;必须穿袜子,高筒袜的上端应被裙子盖住,袜子质地、颜色与裙子、鞋的颜色要相配,不要穿带花、白色、红色或其他鲜艳的袜子。长筒袜不能有破损。

(5)不准在裙子和袜子之间露出腿肚子。

❷ 女士服饰的选择

1)女士正装的基本知识

女士正装可以选择西服长裤,也可以选择西服套裙,但后者最为经典。本书重点介绍西装套裙。那么什么样的女士正装款式比较好?试穿时的要点又是什么?这类关于挑选女式正装时的疑问,在这里我们将为您一并解答。

(1)款式。

选择正装的要点是:不追求流行时尚、不能太过显眼、穿着方便。

女子套裙分为两种基本类型:一为"随意型"套裙,即以女士西装上衣同随便的一条裙子进行自由搭配与组合;二为"成套型"/"标准型"套裙,女士西装上衣和与之同时穿着的裙子为成套设计制作而成的。严格地讲,套裙事实上指的仅仅是后一种类型。

①按衣服件数。套裙的款式可分为两件套(上衣、裙子)、三件套(上衣、裙子、西装背心)两种。

②按衣领衣扣。女士西服的变化比较多,衣领衣扣更是多种多样,有无扣式、单排式、双排式、明扣式、暗扣式等

③按裙子款式。有西装裙、一步裙、围裹裙、筒式裙、百褶裙、旗袍裙、开衩裙、A字裙、

喇叭裙等。

(2)尺寸。

按照套裙长短,女性裙子一般有三种形式:及膝式、过膝式、超短式。

按照上衣宽窄,女士上衣可分为松身式、紧身式(倒梯形造型)两种,前者时髦,后者比较正统。

(3)版型。

①"H"型。上衣宽松,裙子为筒式(让着装者显得优雅、含蓄,为身材肥胖者遮丑)。

②"X"型。上衣紧身,裙子为喇叭状(上宽下松突出腰部纤细)。

③"A"型。上身紧身,下裙宽松式(体现上半身的身材优势,又适当掩盖下半身身材劣势)。

④"Y"型。上身松身式,裙子紧身式(以筒式为主)(遮掩上半身短处,表现下半身长处)。

2)女士正装的选择

(1)颜色。

与男士西装不同,女子套裙不一定非要深色。各种加入了一定灰色的颜色都可选,如藏青、炭黑、烟灰、雪青、茶褐、土黄、紫红等。且不受单一色限制,可上浅下深、下浅上深。但需要注意的是,全身颜色不应超过三种。女士正装的颜色体现着装者端庄、稳重的气质,既要清新、典雅,又要庄重大方,忌鲜艳色、流行色。

(2)面料。

女子套裙面料选择的余地要比男子西装大得多,宜选纯天然质地且质量上乘的面料。上衣、裙子、背心要求同一面料。

讲究均匀、平整、滑润、光洁、丰厚、柔软、悬垂、挺括,不仅要求弹性好、手感好。而且不起皱、不起毛、不起球。

可选纯毛面料(薄花呢、人字呢、女士呢、华达呢、凡尔丁、法兰绒)、府绸、丝绸、亚麻、麻纱、毛涤、化纤面料,绝对不可选皮质面料。

(3)款式大小。

①肩宽。穿上试穿的西服以后,如果衣服的肩宽正好合身的话,整体的平衡感就能很好地体现出来了。另外还要检查背后会不会产生横向皱褶,如果有皱褶就表明衣服过紧。

②胸围。最为合身的胸围是留有一个拳头的宽松度。

③衣长。西装上身的长度应在胳膊自然下垂时,微微弯曲的手指第1、第2关节所到达的范围内。另外,从整体平衡来看,能遮挡住臀部也是衣长的一条标准。

④袖长。袖管保持在遮住手腕的长度,会让西服看起来很棒。西服袖口处露出 1~1.5cm 的衬衫袖口为最佳。

⑤腰围。西裤或裙子的腰围不要过紧,要留有手指可以伸进去的宽松度。但是如果腰围过大,看起来效果也会不好,这点需要注意。

⑥裙长。裙子长度不要太短、太暴露,开衩也不能太高,否则稍一动作就会很尴尬。传统观点认为:裙短则不雅,裙长则无神。白领女性超短裙裙长应不短于膝盖以上15cm。

⑦图案。讲究朴素简洁,以无图案最佳,或选格子、圆点、条纹等图案。

⑧点缀。不宜添加过多点缀,以免琐碎、杂乱、低俗、小气,有失稳重。不选有贴布、绣

花、花边、金线、彩条、扣链、亮片、珍珠、皮革等点缀。

3)衬衫的选择

(1)款式。

女式衬衫的款式很多,没有固定的标准。要注意的是与套裙配套穿的衬衫不必过于精美,领型等细节上也不宜十分新奇夸张。

(2)颜色。

主要要求端庄雅致,白色是最基本的,其他的颜色也可参考,但不要过于艳丽,并且要考虑与外套的颜色是否搭配。单色为佳。

(3)材质。

主要要求轻薄而柔软,故此真丝、麻纱等等都可以。

4)丝巾的挑选

现代的商务场合,女性职业装都要搭配一条丝巾。丝巾款式很丰富,有小方巾、长巾等很多品种,适合不同脸型的人。丝巾搭配不同的套装,设计搭配方案,会收到不同的效果,当丝巾与外套颜色相近时可以用闪亮的别针来协调。在商务场合中把丝巾佩戴成松紧度适当简洁利落的蝴蝶结和链状结最能给人干练的感觉。其中,长形枣红色碎花真丝巾搭配灰色职业服装,可使之跳动灵性,为自己增加迷人的魅力。

(1)丝巾与服装的搭配。

①单色服装宜搭配花色丝巾。在花色丝巾的数种颜色中,有一种颜色要与花色服装颜色一致或极为相似。

②花色服装宜搭配单色丝巾。在花色服装的数种颜色中,有一种颜色要与丝巾颜色一致或极为相似。

③单色丝巾配单色服装。两种单色不可相同,可以是撞色或者有层次感的深、浅色。

(2)丝巾的系法。

①基础方巾结(图2-22)。

②三角巾结(图2-23)。

③V字结(图2-24)。

④围巾结(图2-25)。

⑤牛仔结(图2-26)。

⑥童军结(图2-27)。

⑦短垂坠结(图2-28)。

⑧短项链结(图2-29)。

⑨花朵结(图2-30)。

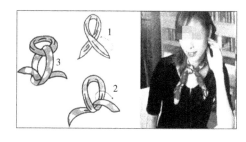

图2-22 基础方巾结

5)皮鞋的挑选

挑选皮鞋最想知道的是,什么颜色?多高的跟?有鞋带有关系吗?

(1)款式。

无带浅口的鞋子是最正统的。没有太多的装饰,有时一点装饰都没有的鞋子穿起来效果反而更好。

（2）颜色。

颜色以黑色最为正统，与套裙色彩一致的皮鞋亦可选择。总的原则是应和整体相协调，在颜色和款式上与服装相配。

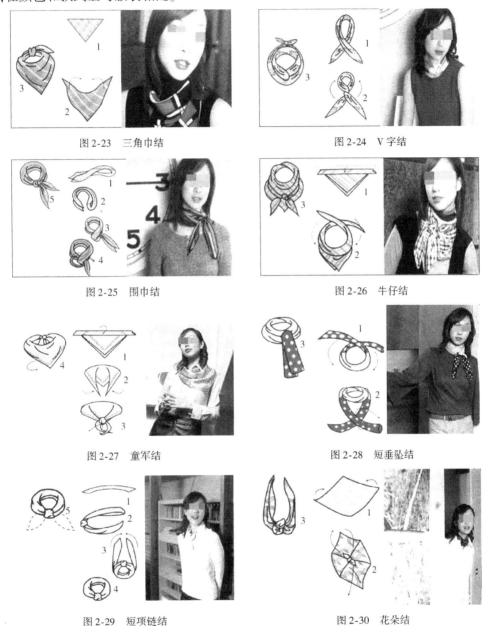

图2-23　三角巾结　　　　　　　　　图2-24　V字结

图2-25　围巾结　　　　　　　　　　图2-26　牛仔结

图2-27　童军结　　　　　　　　　　图2-28　短垂坠结

图2-29　短项链结　　　　　　　　　图2-30　花朵结

（3）鞋跟高度（图2-31）。

不要穿长而尖的高跟鞋，中跟鞋是最佳选择，既结实又能体现职业女性的尊严。大部分的商务女士选择6～9cm的皮鞋，但初次学穿跟鞋的女士，我们推荐选择3～5cm高走起来比较稳的鞋跟。不要因为身材不够高就买跟很高的鞋子。如果鞋跟过高的话，膝盖面就会抬的比椅子面还高，有时弄不好连内衣别人都看得见哦。鞋跟也不宜太低，平底皮鞋通常是休闲时穿的,正规场合不合适。设计新颖的靴子也会显得自信而得体。但穿靴子时,应该注意裙子的下摆要长于靴端。

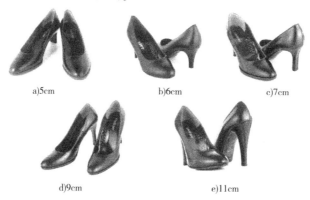

图 2-31　鞋跟的高度

6)袜子的挑选

在正式场合,女士如着裙装,必须穿适当的袜子,不穿袜子出现在社交场合是很不礼貌的。

(1)长度。

女士穿裙子总是漂亮的,而把裙子衬托得更美的,就是女士的袜子。袜子有长短、是否连裤之分。丝袜的长度应该以坐下来之后不会露出腿的本色为宜。女士穿长裙子,可选择中长肉色袜;如穿超短裙或一步裙,应配穿连裤袜。总之,长筒袜的长度一定要高于裙子下部边缘,否则或走或坐,露出一截腿来,很不雅观。

(2)颜色。

颜色宜为单色,且以肉色为主。要注意鞋、袜、裙三者的颜色协调。

(3)材质。

袜子以尼龙丝袜或羊毛袜为主。袜子不能有脱丝。时装设计师们都认为,肉色袜子作为商界着装是最适合的。为保险起见,你应在包里放一双袜子备用,以免脱丝能及时更换。

3 女士商务着装要求

女士商务着装应以职业装为主,穿套装时上衣不要脱掉,商务场合不要穿着无袖的上衣,切忌袒胸露背、透亮、领口过低、过于怪异或露脐。

1)绷线的处理

绷线是为使针迹整齐、成衣不变形而临时粗缝的线。所以,购买后穿上的时候要拆掉。只不过有的人没有注意到哪里还附着绷线,还有人马虎大意忘记拆掉绷线。

(1)口袋的绷线。如果用不到口袋的话,绷线保持原样不拆也可以,这样可使衣服不容易走样噢,但这仅限于表面上看不出绷线的情况。

(2)裙子衩口的绷线。裙子的开衩口也是容易被忽略的地方。如果绷线不拆掉的话会很不好走路。

(3)西装口袋。口袋盖要翻在外面,胸口的口袋若是有盖子,则是收在口袋里面比较好。另外要注意,无论上衣还是裤子,都不要在口袋中放过多的东西。如果在口袋里放了东西而导致口袋鼓起来的话,整体的轮廓就被破坏了。

2)衬衫的穿法

衬衫的下摆必须掖入裙腰或裤腰之内,不得悬垂于外。纽扣最上面一粒按惯例是不扣的,其他纽扣均得扣好,不然会很尴尬。

3)裙装

穿裙装的时候千万要记住,坐下的时候要并拢双腿,步行的时候走一字型。上下楼梯时,要靠楼梯的内侧行进。

(四)配饰礼仪

饰物的佩带要注意与个人的风格、服装的质地与整体形象等相一致。饰品,是指能够起到装饰点缀作用的物件,主要包括服装配件(如帽子、领带、手套等)和首饰佩戴(如戒指、胸花、项链、眼镜等)两类。饰品佩戴要注意以下原则。

1 饰品佩戴的原则

1)数量原则

选择佩戴饰品应当是起到锦上添花、画龙点睛的作用,而不应是过分炫耀,刻意堆砌,切不可画蛇添足。对于服务人员,我们提倡不戴,如果在特定场合需要佩戴,则上限不过三。

2)质色原则

人际交往中,女士佩戴两种或两种以上的首饰,怎样表现出自己的品位和水准？答案是"同质同色",即质地色彩相同。

有的人在流行黄金饰品的时候买条金项链,流行银饰的时候买个银耳环,早晨出门时,不管三七二十一的全部戴上,像个圣诞树。某些珠宝可能会成为人们最容易滥用的服饰配件,因此,在商务活动中你可以遵循这样一条原则:配件越少越好。女士应该选择式样简洁而雅致的耳环,但只能佩戴一副。从事商务工作时佩戴胸针可为你增色,但绝不能太夺目,否则会喧宾夺主。至于手镯、脚链,则应视具体情况而定,因为在有的工作场合戴手镯会被认为是不妥当的。

如果你手上戴的是红宝石戒指,耳朵上却是蓝宝石的耳环,或是既戴黄金首饰又带白银首饰,会给人非常纷乱的感觉,好像你在炫耀,要不就是你的眼光出了问题。所以一定要注意首饰的风格尽量和谐统一。

例如金色是暖色,而银色是冷色。中国人基本上应用冷色的东西,因此用银色或铂金会好看些。但重要的是,你要选择其中一种,要金或是要银,且要贯彻始终,换句话说,即全身银或全身金。所以每逢有金属的衣饰,小至表带、皮带扣、鞋扣、细颈项链等,都要考虑颜色的问题。例如你选了银色,那么所有带金色的东西都可以不看了。其实,这样也可省去很多时间和精力,不用考虑哪些没用的颜色。

3)搭配原则

(1)饰品的佩戴应讲求整体的效果,要和服装相协调。一般穿考究的服装时,才佩戴昂贵的饰品,服装轻盈飘逸,饰品也应玲珑精致,穿运动装、工作服时不宜佩戴饰品。

(2)饰品的佩戴还应考虑所处的季节、场合、环境等因素。这些因素不同,其佩戴方式和佩戴取舍也不同。如春秋季可选戴耳环、别针,夏季选择项链和手链,冬季则不宜选用太多的饰品,因为冬天衣服过多臃肿,饰品过多反而不佳。上班、运动或旅游时以不戴或少戴饰品为好,只有在交际应酬的时候佩戴饰品才合适——展示自己时尚个性有魅力的一面。

4)扬长避短原则

饰品的佩戴应与自身条件相协调,如体形、肤色、脸型、发型、年龄、气质等。也就是说,穿着打扮和自己的形体特点年龄特点相吻合,例如,皮肤黑,不穿黑色衣。

5)习俗原则

一个社会的人们在一定时期会形成一些具有一定共性的衣着方式,即衣着习俗,其中包含着特定的社会文化信息。

这种衣着习俗在社会经济稳定时期往往具有较强的稳定性,甚至世代相传,鲜有改变,而在社会经济剧烈变动时期则也会随之发生较大的变动,出现一些新的衣着方式,甚至流行开来而形成新的衣着习俗。所以,饰品佩戴要注意寓意和习俗。例如戒指,戒指总是和婚恋联系在一起的,所以不能随便佩戴。而且因为左手离心脏比较近,所以国际惯例戒指戴在左手的手指。戴在食指上表示求婚,中指上表示恋爱中,无名指表示已订婚或结婚,小指表示独身。而大拇指是不能戴戒指的。一只手上最多只能戴两枚戒指:订婚戒指和结婚戒指,可戴在左、右无名指上,也可分别戴在中指和无名指上。

❷ 男士配饰的礼仪

1)皮带

皮带对男人的重要性是其他服饰配件无法取代的。

(1)穿着笔挺的西装时,腰带的花色应和皮鞋保持一致。皮带上不能携挂过多的物品,其长度应保持尾端介于第一和第二裤绊之间,宽窄应保持在3cm左右。太窄,会失去男性阳刚之气;太宽,只适合于休闲、牛仔风格的装束。

(2)沉着、从容、含蓄的男士,可选用简洁、纯粹、坚韧的皮带。高贵的小牛皮带身与金银色亮光、亚光金属环扣不失为最佳选择。经典的黑色皮带与银白色的环扣的组合能显示出男人简练与明朗的本色。

(3)富有浪漫气质的男士可以选择以鳄鱼皮、蜥蜴皮、鸵鸟皮或蛇皮为材料制作的皮带,但切记颜色不能太花,也不要轻易使用式样新奇的和配以巨大皮带扣的皮带。

(4)自由、奔放、充满活力的男性可选用粗线条的牛仔皮带或皮革编织腰带。亚麻和皮革两种不同材料编织在一起,配合得天衣无缝,不求华贵,只求刚勇。如穿着一身休闲,在腰间系着一条帆布皮带,让人在粗犷、豪迈之中,体会到充满青春活力的美。

2)袖扣

作为男人的重要配饰,袖扣是一种高品位的象征。每年主要男装品牌 以及珠宝商都会推出最新的袖扣设计。

3)皮夹

钱是一定要放在钱包里的。不能在埋单的时候,从裤袋里掏出一大把的乱糟糟的钱出来,把裤袋胆都翻出来了,让服务员一看就感觉像暴发户!但是钱包也不能放太多现金,鼓鼓的过于张扬,选择银行卡是理所当然的,当然也要备一些零钱,需要的时候如果向身边的人要零钱是非常难堪与不礼貌!男士钱包以深色的真皮料为主,款式以简洁大方为宜。如果是随身带包包的男士可以选择长方形的钱包,如果是随身放在裤袋里的钱包,可以选择横着放钱的钱包。

4)手表

手表,又叫腕表。即佩戴在手腕上的用以计时的工具。在社交场合,佩戴手表,通常意味着时间观念强、作风严谨;而不戴手表的人,或是动辄向他人询问时间的人,则总会令人嗤之以鼻,因为这多表明其时间观念不强。

出席一些社交礼仪场合,腕间佩戴一款得体的名表,更是你的不二选择!佩戴一款正统与简约风格的高纯度冷色调腕表,会使你显得更加与众不同,男人的风采会展现的更加淋漓尽致!对于女性朋友来说,佩戴一款时尚、流行、端庄、秀丽的腕表,会使你更加风姿绰约,妩媚动人。你腕间不经意的一瞥,优雅的气质流淌于腕间!

在正规的社交场合,手表往往被视同首饰,对于平时只有戒指一种首饰可戴的男士来说,更是备受重视。有人甚至强调说:"手表不仅是男人的首饰,而且是男人最重要的首饰。"在西方国家,手表与钢笔、打火机曾一度被称为成年男子的"三件宝",是每个男人须臾不可离身之物。商务装中的手表一般以钢制表带为宜,皮革表带的手表,可配休闲西服或在打高尔夫球时佩戴。

与首饰相同的是,在社交场合人们所戴的手表往往体现其地位、身份和财富状况。因此在人际交往中人们所戴的手表,尤其是男士所戴的手表,大都引人瞩目。

5)公文包

商务男士的公文包,使用黑色、褐色均可,不适合使用明亮的颜色或者浅颜色。褐色系的男士包从明亮的浅褐色到沉稳的深褐色种类繁多,相比黑色也显得更加轻便,褐色的色彩感展现出男士的忠厚感觉。

6)打火机

不同的打火机能够体现不同的性格品位。如果你是一位不折不扣的烟民,同时还想强调自己在生活品质追求上讲究点文化内涵,就不要再用那种廉价的一次性打火机了,特别是在正式的社交场合下,用一次性打火机是有失身份的,则应根据自己的身份地位选择适合自己的打火机。

7)眼镜

眼镜可以恰到好处地衬托出一个人的气质。比如,一副质地上乘制作精良的眼镜,就能很好地显出你作为白领贵族的儒雅高贵气质;一副款式大方的眼镜足以让你给人留下知识渊博的印象。所以,那些使用时间过久,不适合你脸型,质地不佳的眼镜最好就不要使用了。

8)香水

男士也可以使用一些香水,如古龙香水等,干净、得体的衣装配上淡淡的香气能显示出男士的优雅。当然,香水也不是必须要用的,这要结合工作性质、出席场合而定。清新健康的活力男士,则适合海洋型、柑橘香、草香、或略带点阳光味道的。对于深沉睿智的知识男士,有辛辣前调混合着薰衣草、茉莉花或者烟叶的沉郁尾香的香水是再适合不过了。

3 女士配饰的礼仪

1）提包

女士用的提包不一定是皮包,但必须质地好,庄重,并与服装相配。不能拎纸袋或塑料袋。不能背双肩背包,更不要只拿一个化妆包。有关女士公文包的挑选有如下注意事项:

(1) 颜色。

最基本的是要统一用黑色或棕色系,挑选的时候别忘了要到全身镜前检查一下跟正装形象是否协调。

(2) 材质。

挑选公文包的时候,比较让人犹豫的是包的材质。有皮制、尼龙质以及其他各种各样的种类。尼龙制的包较轻,抗污能力也比较强。

应避免的是,不要用斜挎式的背包、帆布包、双肩包之类的休闲包,或者简易文件夹来代替公文包。

2）胸针

在穿正装时,可以选择大一些的胸针,材料也要好一些的,色彩要纯正。穿衬衫或薄羊毛衫时,可以佩戴款式新颖别致、小巧玲珑的胸针。

随着正统服饰潮流的回归,突出颈部的装饰反倒显得有些多余,因为在流行规则中,当领口设计得很时尚时,颈饰就会成为累赘。可是如果将小小的水晶胸针别在翻领的一角,素雅的上衣便从基本款晋升到具有时尚的风范了。再加上人们佩戴珠宝的技巧已日渐进步,当胸针佩戴于颈部的一侧或是肩头时,就成为女性身上最精致艳丽的点缀。

无论是艳丽的花卉型胸针或是细致闪烁的彩石胸针,只要花点心思,发挥想象,配上当红的简洁服饰,足以令人一见难忘。

胸针不一定别在衣领,别到宽边颈巾上就变成一件美丽的项圈,娇艳欲滴及清丽脱俗,浪漫主义的色彩渗透出女性的温婉娇媚。

3）香水

随着时代的发展,香水已经成为整体化妆的组成要素之一,商务人士可以适当使用香水以体现个性与品位。但是,商务人士在社交场合当中,要尽量避免在他人面前涂抹或喷洒香水,否则容易给对方留下轻浮与缺乏修养的印象。隔一段时间之后香水的香味就会变得较淡,因此需要再度补用。补香水虽很简单,但是同样需要避人。特别要注意的是,如果不恰当地使用香水,就会造成对周围环境的"空气污染"。商务人士在使用香水应当遵循以下礼仪原则:

(1) 避免使用廉价的劣质香水。

使用劣质香水还不如不用香水。如果同时使用其他芳香型化妆品,应当注意香型的调和与统一。

(2) 使用香水时,过犹不及。

日常工作场合当中应当选用较为淡雅的香水。有些人对香料过敏,另一些人可能并不喜欢你所使用的香味类型。因此,你所用的香水的味道最好不要太浓烈以至于散发的到处都是,使别人"无法逃避"。在空气不易流通的空间内,如会客室、电梯间、小轿车内,尤其应当注意香味的浓度。一般来说,在商务场合使用香水,别人在距离你 1m 之内能够闻到,1m 之外几乎闻不到,这样的香味浓度才不致失礼。

万一不小心喷洒或涂抹了太多香水,用水冲洗或是用湿毛巾擦拭都可以减轻香味。如果衣服质料许可的话,可用棉花沾酒精轻擦衣服,以达到减轻香味的目的。持久型香水较难处理,需要将衣服放在通风处,才可以尽快淡化香味。

(3) 不同的场合需要选择不同类型的香水。

①香精。浓度为 15% ~ 25%,香气持续 5 ~ 7 小时,适合夜晚外出、晚会等隆重正式的场合使用。

②香水。浓度为 10% ~ 15%,香气持续 5 小时左右,适合白天的会面或是外出使用。

③淡香水。浓度为 5% ~ 10%,香气持续约 3 ~ 4h,上班及日常使用都很适宜。

④古龙水。浓度为 3% ~ 5%,香气持续约 1 ~ 2h,一般适合在沐浴后或是运动前使用。

(4) 慎用或禁用香水的场合。

在一些重要场合(如第一次会见大客户或招聘、应聘时),如果不了解对方的香味喜好,最好少用或不用香水。

①参加宴会时要控制使用香水,以免对别人的嗅觉系统造成干扰,无法正常享受美味佳肴。在宴会上如果想使用香水,应当涂抹在腰部以下的位置。进食时,口和手等部位绝对要避免抹香水。

②去医院看病或探视病人不要使用香水,以免对医生和病人造成干扰。看望呼吸系统疾病的病人,严禁使用香水。

③与他人品茶时不可使用香水。

④参加丧葬活动不可使用香水。在此类场合使用香水就如同穿着华丽的衣服一样,是极为失礼的行为。

4) 女士手表

商务女士尽量要戴手表,这样可以向他人展示自己是一个严守时间观念的人。但是不要选择太华丽的手表,表带是黑色系或棕色系的皮质手表看上去比较好(图 2-32)。

图 2-32 女士手表

四　自我仪表整理操

自我仪容仪表整理操有如下口诀：

一头、二耳、三衣领、四肩膀、五工牌、六衣角、七裤裙、八鞋袜、九还原。

检查衣领时，男士要整理一下领带、扣子，女士整理一下丝巾。对于工牌，很多男士的佩戴位置都不标准，正确的佩带位置是口袋上方一指以上的正中间。有些女士将工牌戴在胸部正中间，这也是不标准的，具体可以将右手大拇指放在锁骨下方凹陷处，手掌平行贴着身体，小拇指的位置就是佩戴工牌的位置。对于制服上印有公司Logo的员工，佩戴工牌时就要注意戴在Logo的正上方，切忌挡住Logo。

检查衣角时，男士要把衬衫扎入西裤内，女士也要注意保持衣角平整。

所谓"七裤裙"，是指女士要检查裤子和裙子有没有扭曲，要保持衣服正面朝向对方。检查鞋袜时，对于男士来说，看鞋主要看是否将裤子卡进鞋子；对于女士来说，看鞋主要是看鞋子是否干净。在袜子方面，男士要注意穿袜禁忌，女士则要检查袜子有没有破洞。

单元小结

（1）第一印象会对以后与对方的关系产生强烈的影响。引用加利福尼亚州心理研究中心研究的结果，我们对一个人的印象首先要看这个人看上去是什么样子，比如你的服装、妆容、发型、静态状态等等，这个占据了55%的印象比例。你讲话的姿态——声音、眼神、表情、动作等占38%。你讲话的时候，只有7%的人会听你讲的话是不是重要。

（2）一个清爽干净的人总是受欢迎的，一般人们不愿意与一个蓬头垢面、邋里邋遢的人交往，人们更愿意与一个干净整洁的人握手谈话。

（3）一个人的发式与服装有着十分密切的关系，什么样的服装应当有什么样的发式相配，这样才显得协调大方。假如一个高贵典雅的发髻配上一套牛仔服系列就显得不伦不类，因此，只有和谐统一才体现美。

（4）商务女士需要化淡妆，但不宜用深色的口红，化妆遵守美化、自然、协调原则。职业淡妆以5~10分钟为好，基本步骤为：洗脸、上粉底、眼线、眼影、修眉、腮红和口红等。

（5）穿衣是"形象工程"的大事，千万不要掉以轻心。不同的工作性质，不同的单位，有着不同风格的衣着打扮，因此你要顺应主流，融合在其文化背景中，根据你的工作性质和特点选择装束。

（6）个人是交往活动和公共关系活动中的主体，其自我礼仪、面貌，即仪容、仪表、仪态和得体的语言、良好的心理素质，对树立良好的个人形象和组织形象，建立成功的公共关系都产生积极的影响，因此必须把个人的礼仪、面貌当作一种职业要求加以重视，从一点一滴做起。

（7）着装要讲究的三原则，即：时间原则、环境原则和个性原则。时间原则是指在不同的时代、不同的季节、不同的时间应穿不同的服装。服装是有时代性的。环境原则是指不同的工作环境、不同的社交场面，着装要有所不同。个性原则在此有两层含义：穿着对象和交际对象。也就是说,你的穿着既要适合自己,能表现自己的个性风格,又要对应别人,与你的交际对象保持协调一致。另外着装,还受容貌、肤色、年龄、职业、性格等多种因素的影响。

(8)为帮助大家更好的记忆有关商务男士的礼仪规范,我们编成简短的顺口溜如下:

短发整洁又清爽,精神饱满带微笑,胡须常常刮干净,指甲短短又清洁,衬衫纯白无皱褶,领带系紧贴领口,正确佩戴工作牌,西装口袋无物品,西裤平整有裤线,袜色深黑鞋光亮。

(9)商务女士的礼仪规范,我们编成简短的顺口溜如下:

发型文雅又端庄,面化淡妆带微笑,指甲清洁自然色,不戴耳环及项链,正确佩戴工号牌,勤洗澡工服整洁,服装大方又得体,裙子长度不过膝,肤色丝袜无抽丝,皮鞋光亮跟适宜。

一 汽车商务人员领带的系法

领带的打法现在普遍使用也是最基本的打领带方法有四种,分别为平结(Plain knot)、半温莎结(the Half Windsor)、温莎结(the Windsor)、普瑞特结(the Pratt)。前三种是最传统的领带打法,人们已使用了很久,普瑞特结则是一个较为近期的系领带方法,它在1989年以后始为公众所熟悉。

❶ 实训目的

(1)了解领带的各种系法和效果;
(2)掌握正确的领带系法,并明确合格的领带规范要求。

❷ 实训要求

(1)领带系紧,贴近衬衫第一粒扣。
(2)领结饱满,呈现三角形。
(3)领带宽边在外,窄边在内,宽边长度触及皮带扣。

❸ 实训准备

(1)领带一条。
(2)穿衣镜一面。

❹ 操作规范

方法一:平结打法(图2-33)。

步骤1.右手握住宽的一端(下面称大端),左手握住窄的一端(下面称小端);大端在前,小端在后,交叉叠放。

步骤2.将大端绕到小端之后。

步骤3.继续将大端在正面从右手边翻到左手边,成环。

步骤4.把大端翻到领带结之下,并从领口位置翻出。

步骤5.再将大端插入先前形成的环中,系紧。

步骤6.完成。

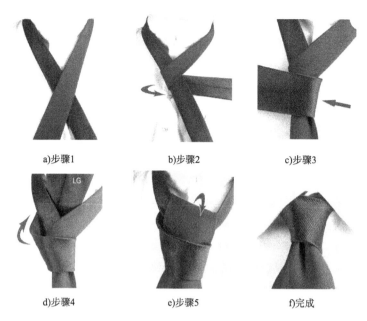

图 2-33 方法一:平结打法

方法二:半温莎结打法(图 2-34)。

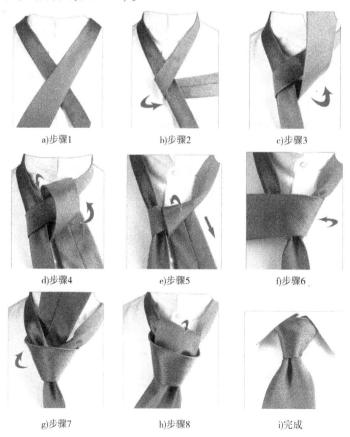

图 2-34 方法二:半温莎结打法

步骤1.宽的一端(下面称大端)在左,窄的一端(下面称小端)在右。大端在前,小端在后,呈交叉状。

步骤2.将大端向内翻折。

步骤3.大端从右边翻折出来之后,向上翻折。

步骤4.大端旋绕小端一圈。

步骤5.拉紧。

步骤6.将大端向左翻折,成环。

步骤7.由内侧向领口三角形区域翻折。

步骤8.打结,系紧。

步骤9.完成。

方法三:温莎结打法(图2-35)

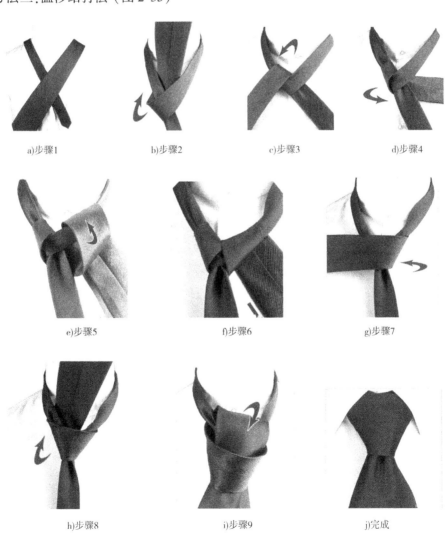

a)步骤1　　b)步骤2　　c)步骤3　　d)步骤4
e)步骤5　　f)步骤6　　g)步骤7
h)步骤8　　i)步骤9　　j)完成

图2-35　方法三:温莎结打法

步骤1.宽的一端(下面称大端)在左,窄的一端(下面称小端)在右。大端在前,小端在后,呈交叉状。

步骤2.大端由内侧向上翻折,从领口三角区域抽出。

步骤3.继续将大端翻向左边,即大端绕小端旋转一圈。

步骤4.大端由内侧向右边翻折。

步骤5.右边同左边一样,绕小端旋转一圈。

步骤6.整理好骨架,拉紧。

步骤7.从正面向左翻折,成环。

步骤8.最后将大端从中区域内侧翻折出来。

步骤9.紧领带结,完成。

步骤10.完成。

方法四:普瑞特结打法(图2-36)

步骤1.宽的一端(后称大端)在左,窄的一端(后称小端)在右,大端在后,小端在前,交叉叠放。注意领带反面朝外。

步骤2.如箭头所示,由外至内,将大端向两者交叉的区域翻折。

步骤3.再将大端从左边拉出,也就是大端绕小端一圈,回到原位。

步骤4.接着将大端向右平行翻折。

步骤5.从内侧翻折到领口的三角形区域。领带结表面成环。

步骤6.打结,系紧。

步骤7.完成。

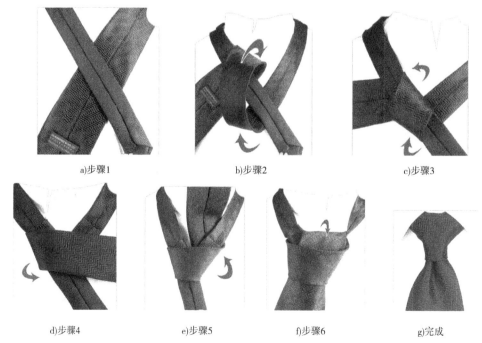

a)步骤1　　b)步骤2　　c)步骤3

d)步骤4　　e)步骤5　　f)步骤6　　g)完成

图2-36　方法四:普瑞特结打法

单元二 汽车商务仪表礼仪

二 汽车商务人员着装规范训练

❶ 实训目的

(1)强化规范服装的重要意义；
(2)掌握服装穿着、饰物佩戴的方法和礼仪。

❷ 实训要求

(1)制服整洁、纽扣、接缝处完好、型号尺码合适；
(2)鞋袜整洁、颜色搭配和谐、型号尺码合适；
(3)着装后的自我检查、换装后的保管。

❸ 实训准备

(1)领带一条；
(2)西服一套；
(3)衬衫一件；
(4)皮鞋一双,男士黑袜,女士丝袜。

❹ 操作规范

汽车商务人员着装规范见表2-2。

汽车商务人员着装规范　　　　　　　　　　　　表2-2

实训内容	操 作 标 准	实训要求
制服和衬衣的穿着	1.检查服装是否合体,不过分紧身,也不过于肥大； 2.检查服装是否干净整洁,细心检查衣服上是否有油污墨迹,重点检查领口和袖口的洁净； 3.检查扣子是否齐全、是否有漏缝或破边； 4.衬衣穿好后下摆必须扎在裤子或套裙里面； 5.对着镜子检查:扣子是否扣齐,穿着是符合规范	在正式场合着装必须体现出稳重高雅、简洁大方和不失文雅
鞋袜穿着	1.颜色式样:男士搭配制服应为正装皮鞋,女士搭配制服应为包住脚趾、脚跟的船型皮鞋,式样端庄、大方； 2.整洁:皮鞋应该经常擦油,保持鞋面干净光亮； 3.完好:及时修补小破损； 4.男士袜子的颜色应该与鞋子颜色和谐； 5.女士着裙装应穿着肉色长丝袜	1.皮鞋颜色应比制服的颜色深,以黑色为佳； 2.女士丝袜不可太短,不可穿有抽丝、破损的丝袜上班； 3.任何正式场合,都不要穿露趾、平跟、镂空、拼皮、亮闪闪的凉鞋,这类款式的鞋会在社交圈里有损你的形象； 4.女士应穿中跟或高跟鞋

续上表

实训内容	操 作 标 准	实训要求
饰物佩戴	1. 领带(领结)是制服的组成部分,配套的制服应按规定系好领带; 2. 领带颜色应选择衬衣和制服外套之间的过渡色; 3. 扎领带前,应当扣上衬衣的第一个纽扣; 4. 领带不能过长或过短,领带下端与皮带扣处齐; 5. 领带系好后,前面宽的一面应长于里面窄的一面; 6. 如果须用领带夹,其位置在衬衣的第四、第五个纽扣之间; 7. 如果不扎领带,衬衣第一颗纽扣应该解开; 8. 工号牌要端正的别在西装左胸翻领上或左胸口袋上方10cm处; 9. 从事行业根据规定不带饰品,如果允许佩戴饰品,不应超过两件	工作时间佩戴饰物,应服从整洁、大方的要求,不宜夸张。 注意佩戴饰物的细节,不要出现疏忽和失误,以免造成有失形象

思考与练习

(一)填空题

1. 服饰三要素指的是＿＿＿＿、＿＿＿＿、＿＿＿＿。
2. 商务化妆的顺序是＿＿＿＿、＿＿＿＿、＿＿＿＿、＿＿＿＿、＿＿＿＿和＿＿＿＿等。
3. 男士着装要注意三个"三"原则,指的是＿＿＿＿、＿＿＿＿、＿＿＿＿。
4. 标准领带的长度在＿＿＿＿到＿＿＿＿之间,领带打完后,＿＿＿＿应略长于＿＿＿＿,领带尖要正好落在＿＿＿＿上。

(二)判断题

1. 要常洗澡、洗头,保证衣服平整清洁,以一种清爽的心情去迎接他人。　　(　　)
2. 男士女士都应该注意发型整齐,应随时备有小镜子,随地检查并梳理整齐。(　　)
3. 商务女士头发过长,切忌披发工作,应该将头发理顺、扎起,然后将头发盘好发髻。忘记带盘发工具,也要扎一个马尾辫。　　(　　)
4. 华丽高雅的场合,女士应穿上套装或较为素雅端庄的连衣裙。　　(　　)

(三)简答题

1. 晕轮效应的含义及其效果是什么？
2. 首因效应的含义及其效果是什么？
3. 近因效应的含义及其效果是什么？
4. 注重仪表的意义是什么？
5. 汽车商务女士、男士发型规范是什么？
6. TPO原则是什么？
7. 汽车商务男士西服衬衫的挑选要点是什么？
8. 女士着装三原则和五不准是什么？

单元三 汽车商务仪态礼仪

 学习目标

1. 掌握汽车商务工作要求的站姿、走姿、坐姿、表情、手势礼仪;
2. 懂得作为一个好的接待员既要会展现亲切灿烂的笑容,以及眼睛是心灵的窗户,而眼神则是透过窗户传递出的内心世界的本质。培养自然大方的表情和眼神,又要能使用温馨合宜的招呼语,还要全面了解和掌握手势服务功能;
3. 掌握规范的握手、介绍、鞠躬礼的要领。

 建议课时

16 课时。

 案例导入

马林同学即将毕业,他和其他几位同学同时收到某汽修公司的面试通知。这家公司的不少工作人员也是马林所在学校的毕业生,而且马林是其导师的得意门生,看来被录取是顺理成章的事儿。但是,居然最后未被录取,而其他未被看好的同学反而被录取了,大家都觉得很惊讶。事后,通过在该公司上班的师兄打听为什么没有录取。原因是这样的:马林同学面试时的表现一开始还不错,老总留下几位比较有意向的同学进行沟通。刚开始,马林比较认真,坐的也很符合标准,坐在椅子的前半部分,双腿平放、腰杆笔直,有问有答,语言流畅,老总对他很满意。接着,马林回答问题之后,需要等待其他同学都回答完毕才能共同离开。在倾听其他同学的沟通期间,马林就显得非常不耐烦,二郎腿就跷起来了,还不停地抖腿,双臂抱在胸前,显得不可一世,傲慢的姿态表现得淋漓尽致(图3-1)。老总的神情越来越不满意,但他自己着急离开,根本就没注意到老总的表情。

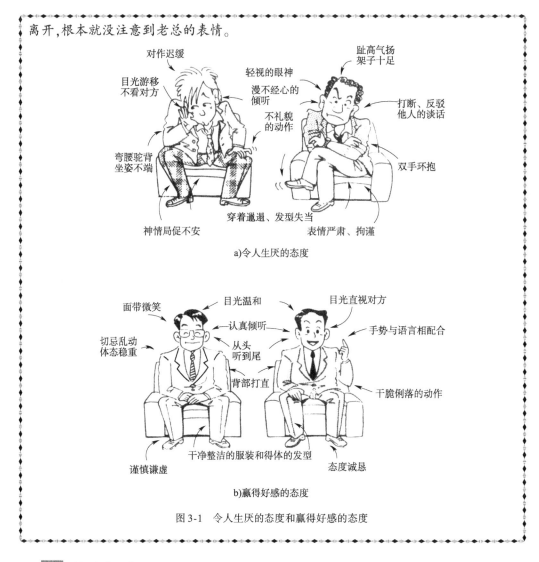

图 3-1 令人生厌的态度和赢得好感的态度

一 仪态概述

举止体现在人的面部表情、站、坐、走、手等姿态,我们经常评价他人风度优美、气质超群。所谓的气质是一个人工作生活中的言谈、行为、姿态、表情等外在美的一种反映。仪态,又称"体态",是指人的身体姿态和风度。姿态是身体所表现的样子,风度则是内在气质的外在表现。从沟通的角度来看,分为四种形式:有声的语言符号(说的字词)、有声的非语言符号(尖叫、鼓掌等)、无声的语言符号(书写的字词)、无声的非语言符号(姿势、手势等)。

仪态是泛指人们身体所呈现出的各种姿势,也叫仪姿。姿态包括举止动作、神态表情和相对静止的体态。仪态是映现一个人涵养的一面镜子,也是构成一个人外在美的主要因素。不同的仪态显示人们不同的精神状态和文化教养,传递不同的信息,因此,仪态又被称为仪态语。在人际交往中,人们除了用语言表达思想感情以外,还常常用身体姿态表现内心活动。用优美的姿态表达礼仪比用语言更让受礼者感到真实、美好和生动。人与人在交往的时候,内心情感在面部上的表现,即为表情。表情是一种无声的语言,是人际交往中相互沟通的形式之一。美国心理学家艾伯特·梅拉比安把人的感情表达效果总结了一个公式:

$$感情的表达 = 语言(7\%) + 声音(38\%) + 表情(55\%)$$

这个公式是否科学合理且不去深究,但它说明了表情在人际间沟通时能够恰如其分地表现出人的内在感情。

作为商务人员,要体现出尊重为本、以诚待人的职业特点,就必须正确掌握表情礼仪。学习表情礼仪,总的要求是要理解表情,把握表情,不论是在社交、公务或公共场合,都要呈现出热情、友好、轻松、自然的表情。

二 表情礼仪

表情和动作是构成人们身体语言的重要组成部分。如何才能获得成功,人们总会想到天赋、能力和性格,却很少提及一个人的行为举止和身体语言。身体语言是人们内心愿望所发出的信号,每一个看似无足轻重的表情、眼神、手势和体态,都透露着人的情感、智慧、修养和心思。

表情礼仪指通过人的脸部各种各样的表情来传递的礼仪。人的脸部表情是人世间最丰富多情的一道风景线。一个人的脸部表情包括眼、眉、嘴、鼻、颜面肌肉的各种变化以及整个头部的姿势等。人的五官除耳朵无法支配以外,其余皆能通过大脑来随意地表现特定的情感,比如人的眼睛,是人的表情语言中语汇最丰富的。我们常说眼睛是心灵的窗户,眼睛能传达心灵的喜怒哀乐嗔怨,"眼语"就像灵魂的一面镜子。据心理学家研究表明,人在兴奋时,他的瞳孔会马上放大,甚至可以放大到平常的4倍,相反,人们生气难过时,瞳孔就会缩小。在与人交往时,往往通过"眼语"可以观察对方是喜欢你、支持你,还是讨厌你、反对你。所谓深沉的注视表示崇敬,横眉冷眼指仇敌,眉来眼去指情人暗送的秋波。

在人际交往中,人的脸部表情是交往时的门面和窗口,也是一张"晴雨表",通过脸部表情所传达的礼仪往往是最真切、最直接的。可想而知,一个拉长面孔的人向你连呼"欢迎",是丝毫激不起你的好感的。可见,在社交场合中,我们应适时地动用我们的表情语言礼仪,为自己创造出更美好的情景。

表情礼仪中使用频率最高的是人的眼神和笑容。最主要的是眼睛,"眼睛是心灵的窗户",很多人都是通过眼神来与人交谈的。一般交往中,尤其是谈话双方应关注对方,表示自己是重视对方的谈话、尊重对方、喜欢对方,眼神应表现出热情关切,切忌直勾勾地盯住对方,上下打量、左顾右盼。此外是笑容,微笑的人总是不容易让人拒绝的,现在很多企业都提倡"微笑服务",在与人交往中也要多露点笑容。

(一)目光

眼神一向被认为是人类最明确的情感表现和交际信号,在面部表情中占据主导地位。

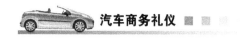

❶ 眼神的定义和意义

1）眼神的定义

"一身精神,具乎两目"。眼睛具有反映深层心理的特殊功能。据专家们研究,眼神实际上是指瞳孔的变化行为。瞳孔是受中枢神经控制的,它如实地显示着大脑正在进行的一切活动。瞳孔放大,传达正面信息(如爱、喜欢、兴奋、愉快);瞳孔缩小,则传达负面信息(如消沉、戒备、厌烦、愤怒)。人的喜怒哀乐、爱憎好恶等思想情绪的存在和变化,都能从眼睛这个神秘的器官中显示出来。

因此,眼神与谈话之间有一种同步效应,它忠实地显示着说话的真正含义。与人交谈,要敢于和善于同别人进行目光接触,这既是一种礼貌,又能帮助维持一种联系,使谈话在频频的目光交接中持续不断。更重要的是眼睛能帮你说话。恋人们常常用眼神传递爱慕之情,特别是初恋的青年男女,使用眼神的频率一般超过有声语言。

2）眼神的意义

有的人不懂得眼神的价值,以至于在某些时候感到眼睛成了累赘,于是总习惯于低着头看地板或盯着对方的脚,要不就"顾左右而言他",这是很不利于交谈和发挥口才的。要知道,人们常常更相信眼睛。谈话中不愿进行目光接触者,往往让人觉得在企图掩饰什么或心中隐藏着什么事;眼神闪烁不定则显得精神上不稳定或性格上不诚实;如果几乎不看对方,那是怯懦和缺乏自信的表现。这些都会妨碍交谈。

但是集会中的独白式发言,如演讲、作报告、发布新闻、产品宣传等则不一样,因为在这些场合讲话者与听众的空间距离大、神阈广,必须持续不断地将目光投向听众,或平视,或扫视,或点视,或虚视,才能跟听众建立持续不断的联系,以收到更好的效果。

不同文化当中对于凝视的时间要求是不一样的,在意大利,两个人谈话时相互凝视的时间特别长,但是如果你用同样长的时间凝视一个日本人,则有可能强烈地冒犯对方。在我国,大部分人也不太习惯被对方长时间凝视。如果你的目光聚焦在别人脸上某个部位长时间不动,这样"死盯"对方的话,会让对方产生难受、不安的感觉。

❷ 目光凝视的区域

（1）公务凝视区域:以两眼为底线、额中为顶角所形成的三角区。这是商务人员和外交人员在洽谈业务、磋商问题、贸易谈判时所使用的一种凝视。

（2）社交凝视区域:以两眼为上线,唇心为下顶角所形成的三角区。这是同事、朋友在茶会、舞会、友谊聚会等社交场合所使用的一种凝视。

（3）亲密凝视区域:从双眼到胸部之间。这是亲人、恋人、家庭成员之间使用的一种带有富有亲情色彩的凝视。非亲密关系的人不应使用这种凝视,以免引起误解。

❸ 目光的运用

在目光的运用中,要做到"散点柔视",即应将目光柔和地照在别人的整个脸上,而不是聚焦于对方的眼睛。当双方沉默不语时,应将目光移开。以下几点是目光注视中需要特别注意的。

1）时间

注视时间的长短往往能表达一定的意义。当然不能老盯着对方。英国人体语言学家莫里斯说："眼对眼的凝视只发生于强烈的爱或恨之时，因为大多数人在一般场合中都不习惯于被人直视。"长时间的凝视有一种蔑视和威慑功能，有经验的警察、法官常常利用这种手段来迫使罪犯坦白。因此，在一般社交场合不宜使用凝视。研究表明，交谈时，目光接触对方脸部的时间宜占全部谈话时间的30%~60%，超过这一阈限，可认为对对方本人比对谈话内容更感兴趣，低于这一限度，则表示对谈话内容和对对方都不怎么感兴趣，交谈的结果也往往不会被信任和接受。

具体表现如下：

（1）表示友好。如果需要向对方表示友好时，应不时注视对方，令人感到温暖。注视对方的时间约占全部相处时间的三分之一。

（2）表示重视。如果需要向对方表示特别关注，应常常把目光投向对方，令人感到备受尊重。注视对方的时间约占全部相处时间的三分之二。

（3）表示感兴趣。如果目光始终盯在对方身上，视线只是偶尔离开一下，注视对方的时间占全部相处时间的三分之二以上，目光柔和亲切，表示对对方很感兴趣。

（4）表示敌意。如果目光始终盯着对方身上，注意对方的时间占全部相处时间的四分之一以上，目光专注而严厉，被视为敌意。

（5）表示轻视。如果目光常游离对方，注视对方的时间不到全部相处时间的二分之一，就意味着轻视，会令人不安。

2）角度

注视别人时，目光的角度，即目光从眼睛发出的方向，往往可以表示与交往对象的亲疏远近。

（1）平视。也叫正视，视线处于水平状态，令人感觉平等亲切。常用于普通场合与身份地位平等的人进行交往。

（2）侧视。面部侧向平视对方，是平视的特殊情况。用于与位于自己左右方向的人交往。但不能斜视，否则会失礼。

（3）俯视。即向下注视他人，可表示对晚辈的宽容怜爱，也可以表示对他人的轻慢歧视。俯视往往令人倍感压力，与人交往应慎重使用。

（4）仰视。即主动处于低处，抬头向上注视他人，表示尊重或敬畏，适用于晚辈面对尊长时。但眼神要从容，包含敬意，不能过于畏缩，否则会令人轻视。

3）方式

在日常交往中，我们不能死盯着对方，也不要躲躲闪闪，飘忽不定或眉来眼去，更应避免瞪眼、斜视、逼视、白眼、窃视等不礼貌的眼神。在社交场合注视他人可有多种方式（图3-2），最常见的几种方式如下。

（1）直视。表示认真、尊重。若直视双眼，称为对视，表明大方、坦诚或是关注对方，是人际交往中常用的一种方式。

（2）凝视。是直视中的一种，即全神贯注地注视，表示专注、恭敬，适用于演讲、授课或比较熟悉的人群之间。

（3）盯视。目不转睛地长时间凝视，往往表示出神或挑衅，不宜多用。

（4）虚视。眼神不集中，目光不聚焦于某处，表示胆怯、疑虑、走神，在人际交往中往往不受欢迎。

（5）环视。即有节奏地注视不同的人或事物，适用于同时与多人打交道，也可表示对环境的谨慎观察。

a）视线向下　　　　　b）视线向上　　　　　c）视线水平

图3-2　注视的方式

4）眼神的观察

眼神横射——表明冷淡，不宜陈述。

眼神阴沉——显露凶象，交谈谨慎。

眼神呆滞——遇到难题，需要帮助。

眼神四射——话题厌烦，转换话题。

眼神上扬——不愿交谈，退而避之。

眼神凝聚——专注听讲，易于接受。

眼神恬静——表示愉悦，喜听恭维。

5）目光运用中的忌讳

盯视、眯视、斜视。

（二）微笑

著名画家达·芬奇的杰作《蒙娜丽莎》是欧洲文艺复兴时期最出色的肖像作品之一。画中女士的微笑给人以美的享受，使人们充满对真善美的渴望，至今让人回味无穷。

微笑，是一种特殊的语言——"情绪语言"。它可以和有声语言及行动相配合，起"互补"作用，沟通人们的心灵，架起友谊的桥梁，给人以美好的享受。微笑是有自信心的表现，是对自己的魅力和能力抱积极的态度。微笑可以表现出温馨、亲切的表情，能有效地缩短双方的距离，给对方留下美好的心理感受，从而形成融洽的交往氛围。面对不同的场合、不同的情况，如果能用微笑来接纳对方，可以反映出你良好的修养和挚诚的胸怀。

1 微笑的意义

1）微笑强化第一印象

第一印象又称首因效应，首次效应或者优先效应，是指人们第一次与某物或某人相接触时会留下深刻的印象。第一印象形成的时间短，持续的时间长，给人的印象最深，比以后得到的信息对于事物整个印象产生的作用更强。心理学研究发现,与一个人初次会面,45秒钟内就能产生第一印象。第一印象主要是依靠性别、年龄、体态、姿势、谈吐、面部表情、衣着打扮等来判断一个人的内在素养和个性特征。而初次见面时面带微笑,就可能获得热情、善良、友好、诚挚的第一印象。

2)微笑化解交往矛盾

在一般情况下,当人与人之间产生纠葛时,一方若能以微笑面对另一方,往往就不会进一步激化矛盾了。俗话说,"伸手不打笑脸人",朋友之间,同事之间,再深的矛盾,当面对微笑时,也有可能强行压制下去。面对一张微笑着的脸,再大的怒火也会在不觉间熄灭。一个人的微笑就像温暖的春风可以化解严冬的冰冻。所以,在人和人的相处之中,微笑是至关重要的,它虽然不是犀利的语言,却比任何语言更加有力。

3)微笑表现敬业精神

敬业是中国人民的传统美德。所谓的敬业就是要求从事正当职业的人们,敬重自己从事的事业,热爱自己本职工作,兢兢业业、埋头苦干、以恭敬之心履行自己的职责。这是积极向上的人生态度的体现。在众多服务行业中,大都要求从业者微笑服务。它是敬业精神的一种体现。微笑是一种国际礼仪,能充分体现一个人的热情、修养和魅力。在面对客户、宾客及同仁时,要养成微笑的好习惯。要让自己每天都开开心心,就要学会先去欣赏别人,久而久之欣赏你的人就会越来越多。这就叫作"你快乐所以我快乐"。接待顾客时更是如此,能为顾客提供令其满意的服务,自然也能让你的工作更上一层楼。

4)轻轻一笑,可以拉近彼此的距离

要想拉近彼此的距离,一定要展现你天使般的笑容,而且这个笑容要像小孩子一样天真无邪。当客户看到你的这种笑容时,不但不会对你产生排斥的心理,还会留下极好的印象。所以,要想拉近你与客户之间的距离,一定别忘了展现你天使般的笑容。

❷ 笑容的训练

只有发自内心的微笑才是最真诚的笑容,而接待人员要想在任何情况下都能展现这样的笑容,就须要对其进行刻意的训练。

人的脸上一共有17块肌肉,它们会牵动每一个笑容,只要有一块肌肉失去作用,你的笑容就不能完美展现,所以,要多多练习如何微笑。当然,会很好的控制自己的情绪也是进行训练的一项必不可少的内容,只要你做到这两点,你就可以拥有自然而又亲切的笑容了。微笑时,先要放松自己的面部肌肉,目光柔和发亮,眉头自然舒展,然后使自己的嘴角两端平均地,微微向上翘起,让嘴唇略呈弧形。微笑时,嘴张大了不行,张小了也不可以,甚至对露出的牙齿数都有严格规定,也就是露出6~8颗牙齿为宜。

首先,通过情绪记忆法,即将自己生活中,最高兴的事件中的情绪储存在记忆中,当需要微笑时,可以想起那件最使你兴奋的事件,脸上会流露出笑容。注意练微笑时,要使双颊肌肉用力向上抬,嘴里念"一"音,用力抬高口角两端,注意下唇不要过分用力,对着镜子,做最使自己满意的表情,到离开镜子时也不要改变它。当一个人独处时,深呼吸、唱歌或听愉快的歌曲,忘掉自我和一切的烦恼,让心中充满愉悦心情。

另外,通过筷子和镜子来进行笑容训练,是比较常见的方法(图3-3)。具体的步骤是:

(1)用上下各两颗前齿轻轻咬住筷子,检查嘴角的位置比筷子水平线高还是低。

(2)咬住筷子,并用手指把嘴角使劲拉到不能再上升的位置为止,保持30s。

(3)拿下筷子,检查能够看到几颗上齿,训练标准合格线是8颗牙齿。

这三步,是让你知道笑时,嘴角上扬能达到的基本形状,要牢牢记住,使自己能够随时做出这个姿势。接着,是进行持续训练。

(4)再一次咬住筷子,在30s内反复说:

图3-3 笑容的训练

"一、一、一……"以不断提升嘴角。

(5)拿下筷子,一边说"一、一、一……"一边用两手掌心按住左右脸蛋由下往上推按,把嘴角牢牢提起来。重复这个动作30s。

(6)同样发"一",但这次不用手来提升嘴角。如感到颧骨下方特别疲劳,就用手揉一下。

❸ 笑容的种类

1)含笑

不出声,不露齿。只是面带笑意,表示接受对方,待人友善,适用范围较广。

2)微笑

唇部向上移动,略成弧形,但牙齿不外露,表示自乐、充实、满意、友好。具有一种磁性的魅力,使用范围较广。

3)浅笑

笑时抿嘴,下唇大多被含于牙齿之中,多见于年轻女性表示害羞之时。通常又称抿嘴而笑。

4)轻笑

嘴巴微微张开一些,上齿显露在外,不发出声响,表示欣喜愉快,多用于会见客户、向熟人打招呼等情况。

5)大笑

嘴大张呈弧形,齿外露发出笑声,动作不多,多见于开心时尽情欢乐,高兴万分。由于表现太过张扬,一般不宜在商务场合中使用。

6)狂笑

程度最高的笑,张嘴、牙齿全外露并上下齿分开,笑声不断,笑得前仰后合、手舞足蹈,上下气不接并流泪。见于极度快乐纵情大笑。

此六种笑容中,以微笑最受欢迎。在工作中,微笑是礼貌待人的基本要求,可以使人自然放松,缓解紧张,消除误会、疑虑和不安。

三 距离礼仪

我们每个人在心理上都存在一个"适宜的空间距离"。人空间是无形的,但它又是实际存在的。性别、年龄、相互间关系的远近、所处的文化背景等都会影响个人空间距离。一般来说,你与谈话对象之间的个人距离通常约为1.2m,我们和小孩子之间的距离与大人相比会更近一些;我们与同性之间的距离比和异性之间的距离要更近一些;我们和更熟得人站得更近一些;两个中国人可能比两个英国人站得更近一些;外拉美人、希腊人及阿拉伯人所需的距离就较大,闯入个人空间可能会给交流带来障碍。

(一)一般空间距离分类

一般来说,交际中空间距离可以分以下四种:

❶ 亲密距离

亲密距离在45cm以内,属于私下情境,多用于情侣或夫妻间,也可以用于父母与子女之间或知心朋友间。两位成年男子间一般不采用此距离,但两位女性知己间往往喜欢以这种距离交往。亲密距离属于很敏感的领域,交往时要特别注意,不要轻易地采用亲密距离。

❷ 私人距离

私人距离一般在0.45~1.2m之间,表现为伸手可以握到对方的手,但不易接触到对方的身体,这一距离对讨论个人问题是很合适的,一般的朋友交谈多采用这一距离。

❸ 社交距离

社交距离在1.2~3.6m之间,属于礼节上较正式的交往关系。办公室里的工作人员多采用这种距离交谈,在小型招待会上,与没有过多交往的人打招呼可采用此距离。

❹ 公共距离

公共距离指大于3.6m的空间距离,一般适用于演讲者与听众,对人们极为生硬的交谈以及非正式的场合。

(二)商务场合空间距离分类

❶ 直接服务距离

服务人员为对方直接提供服务时,根据具体情况确定与服务对象的距离,一般以0.5~1.5m为宜。

❷ 引导服务距离

服务人员为服务对象引导带路时,一般行进在服务对象左前方1.5m左右最为合适。

❸ 待命服务距离

服务人员在服务对象未要求提供服务时,应与对方自觉保持3m以上的距离,但要在服务对象的视线之内。身体靠得太近、随意触摸都有可能侵犯别人的个人空间。

除此之外,还有一种侵犯方式——声音侵犯容易被我们中国人所忽视。中国人喜欢"热闹",在见到熟人时、开会时、聚餐时、打电话时通常都会大声说话,"人声鼎沸"的场景

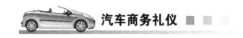

随处可见。但是随着国家交往场合的增多,越来越多的外国人反映"受不了中国人的大嗓门"。在国际商务场合,通行的原则是:你和别人说话时,音量控制在"对方能听清楚你在说什么"就足够了。尤其是在机场、教堂、西餐厅、电梯里,"不用声音去侵犯别人"是一种基本的礼仪修养。

四 站坐行蹲礼仪

人们可以通过自己的仪态向他人传递个人的学识与修养,并能够以其交流思想、表达感情。

(一)站姿

1 标准的站姿

标准的站姿应该是这样的:从正面观看,全身笔直,精神饱满,两眼平视,表情自然,两肩平齐,两臂自然下垂,两脚跟并拢,两脚尖张开60°,身体重心落于两腿正中;从侧面看,两眼平视,下颌微收,挺胸收腹,腰背挺直,手中指贴裤缝,整个身体庄重挺拔。采取这种站姿,不仅会使人看起来稳重、大方、俊美、挺拔,还可以帮助呼吸,改善血液循环,并在一定的程度上缓解身体的疲劳。

1)站姿的要领

(1)一要平。即头平正、双肩放松,保持水平、两眼平视,下颌微微内收,颈部挺直。

(2)二是直。即腰直、腿直,身体的重心线应放在两只前脚掌上,双臂自然下垂,收腹挺胸,后脑勺、背、臀、脚后跟成一条直线。

(3)三是高。即端正、挺拔,看起来显得高。

2)不同场合的站姿

在升国旗、奏国歌、接受奖品、接受接见、致悼词等庄严的仪式场合,应采取严格的标准站姿,而且神情要严肃。

在发表演说、新闻发言、作报告时,为了减少身体对腿的压力,减轻由于较长时间站立双腿的疲倦,可以用双手支撑在讲台上,两腿轮流放松。

主持文艺活动、联欢会时,可以将双腿并得很拢站立,女士甚至站成"丁"字步。让站立姿势更加优美。站"丁"字步时,上体前倾,腰背挺直,臀微翘,双腿叠合,玉立于众人间,富于女性魅力。

门迎、侍应人员往往站的时间很长,双腿可以平分站立,双腿分开不宜超过肩。双手可以交叉或前握垂放于腹前;也可以背后交叉,右手放到左手的掌心上,但要注意收腹。

礼仪小姐的站立,要比门迎、侍应更趋于艺术化,一般可采取立正的姿势或"丁"字步。如双手端执物品时,上手臂应靠近身体两侧,但不必夹紧,下颌微收,面含微笑,给人以优美亲切的感觉。

2 商务人士的站姿

1)商务男士的站姿

双脚平行分开,宽度不超过肩宽。双手自然下垂。自信、自然(图3-4)。

(1)正规站姿。正确的礼仪站姿是抬头、目视前方、挺胸立腰、肩平、双臂自然下垂、收腹、双腿并拢直立、两脚呈 V 字形、身体重心放到两脚中间;也可将两脚分开,比肩略窄,将双手垂放在体测,中指贴裤子外侧裤缝线。

(2)叉手站姿。即两手在腹前交叉,右手搭在左手上直立这种站姿,男子可以两脚分开,距离不超过 20cm,男职员两脚分开,比肩略窄,将双手合起放在背后;

(3)背手站姿。即双手在身后交叉,右手放在左手外面,贴在两臀中间两脚可分可并,分开时,不超过肩宽,脚尖展开,两脚成 60°夹角,挺胸立腰,收颌收腹,双目平视。

(4)背垂手站姿。即一手背在后面,贴在臀部,另一手自然下垂,手指自然弯曲,中指对准裤缝,两脚微开,显得大方、自然、洒脱。

a)正规站姿

b)叉手站姿

c)背手站姿

d)背垂手站姿

图 3-4　商务男士的站姿

2)商务女士的站姿

女性站立时,双臂自然下垂,处于身体两侧,右手搭在左手上,贴在腹部。一般来讲,女性站姿分为 V 字步与丁字步。

V 字步站立时,两脚呈"V"字形立正时,双膝与双脚的跟部靠紧,两脚尖之间相距一个拳头的宽度。训练时,双腿并拢,两脚呈 V 字形,双手合起放于腹前或体侧,在两膝盖间夹紧书本,锻炼肌肉力量,保证站姿稳当,不至于摇晃。(图 3-5)

丁字步(或称 T 字步)站立时,两脚呈"T"字形立正时,右脚后跟靠在左足弓处。女子可以用小丁字步即一脚稍微向前,脚跟靠在另一脚内侧(图 3-6)。

图3-5　商务女士V字步站姿训练　　　　　图3-6　商务女士丁字步站姿

❸ **站立时的禁忌**

(1)切忌双脚叉开,交叠或呈内外八字。
(2)双手不可环抱在胸前,手不可压在吊挂式皮包上。
(3)姿势不要常常更换,更不能斜靠在墙上或东西上。
(4)不可用脚尖或脚跟点地,甚至发出响声。
(5)手上没有东西时,切不可把玩头发或饰品等。
(6)应避免单手叉腰或双手叉腰,身体重心也不能倾向一边

❹ **站姿训练要点**

受训者靠墙站立,在头顶放一本书使其保持水平促使人把颈部挺直,下巴向内收,上身挺直,每天训练20min左右,每天一次。

(1)九点靠墙。即后脑、肩、臀、小腿、脚跟九点紧靠墙面,并由下往上逐步确认姿势要领。
(2)女士脚跟并拢,脚尖分开不超过45°,两膝并拢;男士双脚分开站立与肩同宽。
(3)挺胸,双肩放松、打开,双臂自然下垂于身体两侧。
(4)立腰、收腹,使腹部肌肉有紧绷的感觉;收紧臀肌使背部肌肉也同时紧压脊椎骨,感觉整个身体在向上延伸。
(5)双眼平视前方,脸部肌肉自然放松,使脖子也有向上延伸的感觉。

(二)坐姿

坐是最常用的一种举止。坐姿是静态的,但也有美与不美、优雅与粗俗之分。良好的坐姿可以给人以庄重安详的印象。

❶ **坐姿的种类**

1)常见坐姿种类
(1)正襟危坐式。

又称最基本的坐姿,适用于最正规的场合要求上身与大腿,大腿与小腿,小腿与地面,都应当成直角双膝双脚完全并拢。

(2)垂腿开膝式。

多为男性所使用,也较为正规要求上身与大腿,大腿与小腿,皆成直角,小腿垂直地面

双膝分开,但不得超过肩宽。

(3)双腿叠放式。

它适合穿短裙子的女士采用(或处于身份地位高时场合),造型极为优雅,有一种大方高贵之感要求将双腿完全地一上一下交叠在一起,交叠后的两腿之间没有任何缝隙,犹如一条直线,双腿斜放于一侧,斜放后的腿部与地面呈45°夹角叠放在上的脚尖垂向地面。

(4)双腿斜放式。

适用于穿裙子的女性在较低处就座使用要求双膝先并拢,然后双脚向左或向右斜放,力求使斜放后的腿部与地面呈45°角。

(5)双脚交叉式。

它适用于各种场合,男女皆可选用。要求:双膝先要并拢,然后双脚在踝部交叉,交叉后的双脚可以内收,也可以斜放但不宜向前方远远直伸出去。

(6)双脚内收式。

适合一般场合采用,男女皆宜。要求:两大腿首先并拢,双膝略打开,两条小腿分开后向内侧屈回。

(7)前伸后屈式。

女性适用的一种优美的坐姿。要求:大腿并紧之后,向前伸出一条腿并将另一条腿屈后,两脚脚掌着地,双脚前后要保持在同一条直线上。

(8)大腿叠放式。

多适用男性在非正式场合采用。要求:两条腿在大腿部分叠放在一起叠放之后位于下方的一条腿垂直于地面,脚掌着地位于上方的另一条腿的小腿则向内收,同时脚尖向下。

2)根据座位的高低有不同的坐姿要求

(1)低座位。

轻轻坐下,臀部后面距座椅靠背约5cm,背部靠椅背。如果穿的是高跟鞋,坐在低座位上,膝盖会高出腰部,这时应当并拢两腿,使膝盖平行靠紧。然后将膝盖偏向谈话对方,偏的角度应根据座位高低来定,但以大腿和上半身构成直角为标准。

(2)较高的座位。

上身保持正和直,可以翘大腿。其方法是将左脚微向右倾,右大腿放在左大腿上,脚尖朝向地面,切忌脚尖朝天。

(3)座椅不高也不低。

两脚尽量向左后方,让大腿和你的上半身成90°以上角,双膝并拢,再把右脚从左脚外侧伸出,使两脚外侧相靠,这样不但雅致,而且显得文静而优美。在休闲时,可根据自己的喜欢与舒适的程度,随意选择坐的姿态。但在正式的场合,坐姿大有讲究。就座时应坐满椅子,人体重心垂直向下,腰板挺直、双膝尽量靠拢,男士可稍微分开。上班时,不得东倒西歪,和随意斜靠在椅背上,更不能跷二郎腿或把脚搁在桌子上。女士在夏天穿裙子时,应扶平后背的裙摆再慢慢坐下,切忌风风火火一屁股坐下。

3）不同场合的坐姿

谈判、会谈时，场合一般比较严肃，适合正襟危坐，但不要过于僵硬。要求上体正直，坐于椅子中部，注意不要使全身的质量只落于臀部，双手放在桌上、腿上均可。双脚为标准坐姿的摆放。

倾听他人教导、知识、传授、指点时，对方是长者、尊者、贵客，坐姿除了要端正外，还应坐在座椅、沙发的前半部或边缘，身体稍向前倾，表现出一种谦虚、迎合、重视对方的态度。

在比较轻松、随便的非正式场合，可以坐得轻松、自然一些。全身肌肉可适当放松，可不时变换坐姿，以做休息。

2 标准坐姿的动作要求

一般来讲，男士的坐姿是可将双腿分开略向前伸，如长时间端坐可双腿交叉重叠，但要注意将上面的腿向回收，脚尖向下。女士的坐姿基本要求是端庄、文雅、得体、大方。下面针对男士、女士的坐姿要求分别详细说明。

1）商务女士坐姿要求

女士就座时，双腿并拢，以斜放一侧为宜，双脚可稍有前后之差，即若两腿斜向左方，则右脚放在左脚之后；若两腿斜向右方，则左脚放置右脚之后这样人正面看来双脚交成一点，可延长腿的长度，也显得颇为娴雅女士分腿而坐显得不够雅观，腿部倒 V 字式也是不提倡的，女士若穿裙装应有抚裙的动作。一般来说，在正式社交场合，要求女性两腿并拢无空隙两腿自然弯曲两脚平落地面，在美观的基础上，以稳定、舒适为宜。

动作要点是：

（1）入座时要轻、稳、缓。走到座位前，转身后轻稳地坐下。女子入座时，若是裙装，应用手将裙子稍稍拢一下，不要坐下后再拉拽衣裙，那样不优雅。正式场合一般从椅子的左边入座，离座时也要从椅子左边离开，这是一种礼貌。女士入座尤要娴雅、文静、柔美。如果椅子位置不合适，需要挪动椅子的位置，应当先把椅子移至欲就座处，然后入座。而坐在椅子上移动位置，是有违社交礼仪的。

（2）神态从容自如（嘴唇微闭，下颌微收，面容平和自然）。

（3）双肩平正放松，两臂自然弯曲放在腿上，亦可放在椅子或是沙发扶手上，以自然得体为宜，掌心向下。

（4）坐在椅子上，要立腰、挺胸，上体自然挺直。

（5）双膝自然并拢，双腿正放或侧放，双脚并拢或交叠或呈小"V"字型。

（6）坐在椅子上，应至少坐满椅子的三分之二，宽座沙发则至少坐二分之一。落座后至少 10min 时间不要靠椅背。时间久了，可轻靠椅背。

（7）谈话时应根据交谈者方位，将上体双膝侧转向交谈者，上身仍保持挺直，不要出现自卑、恭维、讨好的姿态。讲究礼仪要尊重别人但不能失去自尊。

（8）离座时要自然稳当，右脚向后收半步，而后站起。

注意：坐时不可前倾后仰，或歪歪扭扭；两腿不可过于叉开，也不可长长地伸出去；不可高跷起二郎腿，也不可大腿并拢，小腿分开，或腿不停地抖动。

2）商务男士坐姿要求

男子就座时,双脚可平踏于地,双膝亦可略微分开,双手可分置左右膝盖之上。男士穿西装时应解开上衣纽扣。一般正式场合要求男士两膝间可分开一拳左右的距离,脚态可取小八字步或稍分开以显自然洒脱之美,但不可尽情打开腿脚,那样会显得粗俗和傲慢。在日常交往场合,男性可以跷腿,但不可跷得过高或抖动。欧美国家的男士叠腿而坐时,是把小腿部分放在另一条腿的膝盖上,大腿之间是有缝隙的,但注意脚不要跷得太高,以免鞋底正对旁边的客人。

坐正时,上身正直而稍向前倾,双膝自然并拢（男性可略分开）,头、肩平正,两臂贴身下垂,两手可随意扑放在大腿上,两腿外沿间距与肩宽大致相等,两脚平行自然着地。对坐谈话时,身体稍向前倾,表示尊重和谦虚。

3）离座的动作要点

(1) 先有表示。离开座位时,身旁如有人在座,须以语言或动作向其示意,方可站起。

(2) 注意先后。地位低于对方时,应稍后离开;双方身份相似,可同时起身离座。

(3) 起身缓慢。起身离座时,最好动作轻缓,无声无息。

(4) 站好再走。离开座椅时,先要采用"基本的站姿",站定后,方可离开。

❸ 女士坐姿变化

女士坐姿不管怎样变化,有一条原则是不变的,即:任何时候坐下时都应保持双膝并拢,即使是变换坐姿时双膝也不能分开(图3-7)。这一点在着装时尤为重要。女士可在基本坐姿的基础上分别作如下变化:

(1) 双脚并拢,向左侧或右侧平移一个脚宽度。在坐比较矮的椅子或沙发时,这种姿势最为优美。

(2) 双脚在脚踝处交叉。

(3) 在非正式场合可将一条腿放在另一条腿上（俗称"二郎腿"）,两小腿要尽量靠拢,脚尖向下压,切记脚面朝上。

(4) 前后脚错开,要求膝盖并拢,不可错开。

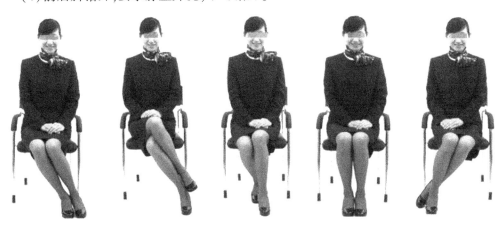

图3-7 女性坐姿的变化

④ 错误的坐姿

（1）脚跟触及地面坐后，如果以脚触地通常不允许。仅以脚跟触地，而将脚尖跷起。

（2）随意架腿。坐下之后架起腿来未必不可，但正确的做法应当是两条大腿相架，并且不留空隙如果架起二郎腿来，即把一条小腿架在另外一条大腿上，并且大大地留有空隙，就不妥当了。

（3）腿部抖动摇晃。在别人面前就座时，切勿反复抖动或是摇晃自己的腿部，免得令人心烦意乱，或者给人以不够安稳的感觉。

（4）双腿直伸出去。在坐下之后不要把双腿直挺挺地伸向前方。身前有桌子的话，则要防止把双腿伸到其外面来，不然不但有损坐姿的美感，而且还会妨碍他人。为了贪图舒适，将腿部高高跷起，架上、蹬上、踩踏身边的桌椅，或者盘在本人所坐的座椅上，都是不妥的。

（5）脚尖指向他人。坐后一定要使自己的脚尖避免直指别人，跷脚之时，尤其忌讳这一动作。令脚尖垂向地面，或斜向左、右两侧才是得体的。

（6）双腿过度叉开。面对别人时，双腿过度地叉开是极不文明的。不管是过度地叉开大腿还是过度地叉开小腿，都是失礼的表现。

⑤ 坐姿训练要求

按坐姿基本要领，着重脚、腿、腹、胸、头、手部位的训练。训练时可以配舒缓、优美的音乐，以减轻疲劳，每天训练20min左右。

（三）走姿

行走时要求女士仪态优雅，男士风度不凡。基本姿态是背脊与腰部伸展放松，脚跟要首先着地，脚跟与脚尖要保持一条直线，"八字步""斗鸡脚"都不太雅观。男士行走可稍宽，两手有力摆动，不要把手反背于身后显得老气横秋或有优越感，也不要把手插入口袋显得小气、拘束行。

① 标准的走姿动作要点

行走时，上身基本保持站立的标准姿势，挺胸收腹，腰背笔直。两臂以身体为中心，前后自然摆动，前摆约35°，后摆约15°，手掌朝向体内。起步时身子稍向前倾，重心落前脚掌，膝盖伸直；脚尖向正前方伸出，沿直线行走，即两脚内侧应落在一条直线上。

动作的具体要点是：

（1）步度适中。

所谓步度（步幅），是指行进时前后两脚之间的距离。在生活中，步度的大小往往与人的身高成正比，身高腿长者步度就大些，身矮腿短者步度也就小些。人们行进时，一般的步度与本人一只脚的长度相近，即前脚的脚跟距后脚的脚尖之间的距离。通常情况下，男性的步度约25cm，女性的步度约20cm。

（2）步速适宜。

步速是步态美的又一重要问题，人们行进的速度取决于人的兴奋程度，兴奋程度高，步速也快；兴奋程度低，动作则迟缓。要保持步态的优美，行进的速度应保持均匀、平稳，不能过快或过慢、忽快忽慢。在正常情况下，应自然舒缓，显得成熟、自信。当然，男女在步速上亦有差别,一般来说男性矫健、稳重、刚毅、洒脱,具有阳刚之美,步伐频率100步/min;女性步伐轻盈、柔软、玲珑、贤淑,具有阴柔之美,步伐频率90步/min,如穿裙装或旗袍,步速则快一些,可达110步/min左右。

(3)身体协调。

身体协调行进时,膝盖和脚腕要富于弹性,腰部应成为身体重心移动的轴线,双臂应自然、轻松,一前一后地摆动,保持身体各部位之间动作的和谐,使自己走在一定的韵律之中,显得自然优美,否则就失去节奏感。

(4)造型优雅。

造型优雅要做到昂首挺胸,步伐轻松而矫健。行走时应面对前方,两眼平视,挺胸收腹,直起腰背,伸直腿部,使自己的全身从正面看犹如一条直线。

❷ 不同场合的走姿

(1)喜庆活动时。参加喜庆活动,步态应轻盈、欢快、有跳跃感,以反映喜悦的心情。

(2)吊丧活动。参观吊丧活动,步态要缓慢、沉重、有忧伤感,以反映悲哀的情绪。

(3)参观展览、探望病人。参观展览、探望病人,环境安谧,不宜出声响,脚步应轻柔。

(4)登门拜访时。进入办公场所,登门拜访,在室内这种特殊场所,脚步应轻而稳。

(5)步入会场时。走入会场、走向话筒、迎向宾客,步伐要稳健、大方、充满热情。

(6)迎接宾客时。迎接宾客等重大正式场合,脚步要稳健,节奏稍缓。

(7)联络公务时。办事联络,往来于各部门之间,步伐要快捷又稳重,以体现办事者的效率、干练。

(8)陪同参观时。陪同来宾参观,要照顾来宾行走速度,并善于引路。

❸ 不雅的走姿

按照社交礼仪要求,下列行姿俱属不雅:

(1)方向不定,忽左忽右。

(2)体位失当,摇头、晃肩、扭臀。

(3)扭来扭去的"外八字"步或"内八字"步。

(4)蹦跳或大声喊叫。

❹ 走姿训练要领

在地面上画一条直线,行走时双脚内侧踩在线上。若稍稍碰到这条线,即可证明走路时两脚几乎是在一条直线上。男士行走时可双腿自然微开,不必严格踩线,但方向必须稳当笔直。训练时,配上行进音乐,音乐节奏为60拍/min,踩节拍行走训练,每天训练20min左右。

(四)蹲姿

蹲姿与坐姿是由站立姿势变化而来的相对静止的体态,蹲是由站立姿势转变为两腿弯曲和身体高度下降的姿势。蹲姿适用的情况包括:整理工作环境;给予客人帮助;提供必要服务;捡拾地面物品;自我整理装扮。

1 标准的蹲姿动作要点

标准的蹲姿是一脚在后,两腿向下蹲,前脚全着地,小腿基本垂直于地面,后脚跟提起,脚掌着地,臀部向下。男士蹲姿一般采用高低式(图3-8),女士一般采用交叉式(图3-9)。

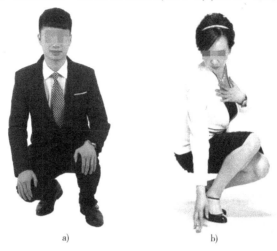

图3-8 高低式蹲姿

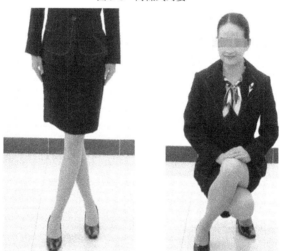

图3-9 交叉式蹲姿分步训练

1)高低式

其主要要求是下蹲时,应左脚在前,右脚靠后。左脚完全着地,右脚脚跟提起,右膝低于左膝,右腿左侧可靠于左小腿内侧;右侧时,则姿势相反[图3-8a)]。女士双膝以上靠紧的蹲姿在造型上也是优美的[图3-8b)]。

2)交叉式

交叉式蹲姿主要适用于女性,尤其是适合身穿短裙的女性在公共场合采用。它虽然造型优美但操作难度较大。这种蹲姿要求:右脚在前,左脚居后,右小腿垂直于地面,全脚着地。右腿在上,左腿在下交叉重叠。左膝从后下方伸向右侧,左脚跟抬脚尖着地。两腿前后靠紧,合力支撑身体。上身微向前倾、臀部朝下。此蹲姿造型优美,适用于下蹲合影

时。(因略有难度,练习时应循序渐进,以免因突然大幅度动作伤及腿部肌肉或关节)

可进行分布训练(图3-9):

(1)站立,双腿交叉;

(2)上半身重心下移,稳稳地蹲下,双手相叠置于腿上。

3)半蹲式

半蹲式蹲姿多为人们在行进之中临时采用。它的特征是身体半立半蹲。其主要要求是在蹲下之时,上身稍许下弯,但不与下肢构成直角或者锐角,肩部务必下垂。双膝可微微弯曲,其度可根据实际需要有所变化,但一般应为钝角,身体的重心应放在一条腿上,而双腿之间却不宜过度地分开。

4)半跪式

半跪式蹲姿又叫做单蹲姿。它与半蹲式蹲姿一样,也属于一种正式的蹲姿,多适用于下蹲的时间较长时。它的基本特征是双腿一蹲一跪。其要求是下蹲以后,改用一腿单膝点地,而令臀部坐在脚跟上,另外一条腿应当全脚着地,小腿垂于地面。双膝必须同时向外,双腿则宜尽力靠拢。

无论采用哪种蹲姿,女士都要注意将两腿靠紧,臀部向下,头、胸、膝不在同一个角度上,以塑造典雅优美的蹲姿。

❷ 蹲姿注意事项

(1)不要突然下蹲;

(2)不要距人过近;

(3)不要方位失当;

(4)不要毫无遮掩;

(5)不要蹲着休息。

五 手势礼仪

手是体态语中最重要的传播媒介。我们不必每一句话都配上手势,因手势做得太多,就会使人觉得不自然。可是在重要的地方,配上适当的手势,就会吸引人们的注意。不自然的手势,会招致许多人的反感,造成交际的障碍;优美动人的手势常常令人心中充满惊喜;非常柔和温暖的手势会令人心中充满感激;非常坚决果断的手势,好像具有千钧之力。有的手势令人深刻地感到他的热情和欢喜;有的手势却轻率得像个阿飞;有的手势漫不经心。在让座、握手、传递物件、表示默契及谈话进行中,手势有时也成为谈话的一部分,可以加强我们语言的力量,丰富我们语言的色调,有时候手势也成为一种独立且有效的语言。

手势表现的含义非常丰富,表达的感情也非常微妙复杂。如招手致意、挥手告别、拍手称赞、拱手致谢、举手赞同、摆手拒绝;手抚是爱、手指是怒、手搂是亲、手捧是敬、手遮是羞等。手势的含义,或是发出信息,或是表示喜恶感情。能够恰当地运用手势表情达意,会为交际形象增辉。

手势是口头语言表达到重要辅助,通过手势可以表达许多无声语言。

(一) 基本手势

❶ 站立时基本手势

(1) 双手指尖朝下,掌心向内,在手臂伸直后分别紧贴于两腿裤线之处。

(2) 双手伸直后自然相交于小腹处,掌心向内,一只手在上一只手在下地叠放或相握在一起。

(3) 双手伸直后自然相交于背后,掌心向外,两只手相握在一起。

❷ 坐时基本手势

身体趋近桌子,尽量挺直上身,将双手放在桌子上时,可以分开、叠放或相握;但不要将胳膊支起来或将一只手放在桌子上,一只手放在桌子下。

❸ 递接物品时基本手势

(1) 双手为宜,不方便双手并用时,也要采用右手,以左手通常视为无礼。

(2) 将有文字的物品递交他人时,须使之正面面对对方。

(3) 将带尖、带刃或其他易于伤人的物品递于他人时,切勿以尖、刃直指对方。

❹ 展示物品时基本手势

(1) 将物品举至高于双眼之处,这适于被人围观时采用。

(2) 将物品举至上不过眼部,下不过胸部的区域,这适用于让他人看清展示之物。

(二) 不同国家的常用手势

手势在人们的交往活动中具有重要的意义。需要注意的是,大家都用手势来表达一定的意义,但是在不同的地域、面对来自不同文化背景的客户时,同样的手势可能会被理解为不同的含义。

❶ 指物手势

手指握拳,单伸出食指指向某人,这是一种非常令人不快的手势,给人一种居高临下、强制、镇压的感觉。因此,切忌不要"对人指指点点"。正确的手势应当是:五指并拢,掌心向上。掌心向上表达的是诚实、谦逊,掌心向下表达的是命令强制。

❷ OK 手势

西方国家将向他人摆出 OK 手势看作和竖起大拇指一样都是一切顺利的意思。但是在欧洲南部,这种手势则表示贬低对方"一钱不值"。在巴西或土耳其,更是一种侮辱对方人格的行为。在日本,拇指和食指呈环形是表示"硬币",因为硬币的形状是圆的。

❸ 竖起大拇指

一般来说,向他人竖起大拇指是表示称赞和肯定的意思。不过,这种举动在中东地区却与向人亮鞋底一样带有极大的侮辱含义。同样,在非洲西部和南美地区,这种行为也是不友好的。竖拇指:德国表示数字"1";日本表示数字"5";竖食指:德国表示数字"2";中国表示数字"1"。

❹ V 字手势

英国著名人类学家莫利斯在他的《姿态》一书中说,人们从来都不知道伸出两个手指形成 V 字用来打招呼起源于什么。有一种说法认为,1415 年法国人在与英国人的阿金库特战役中扬言要砍去英国弓箭手的食指和中指。后来,法国人大败,英国士兵相互见面时就伸出两个手指以示对战败者的嘲笑。不过,这种说法并没有得到广泛认可。

此外,正反两种V字手势有着不同的含义。如果手背朝向对方摆出V字手势,则表示"颠倒的和平"。英国首相丘吉尔在二战期间经常用正V表示必胜的决心,在战后的政治生涯中却常以反V来侮辱攻击。美国前总统老布什1992年在一次访问澳大利亚的途中,就曾向当地很多农民摆出过反V手势。

因此,这个手势表示"胜利"或"和平"。需要注意:在英国如果手掌向里,以手背向着对方,就表示对别人的侮辱。手势要恰当,不要手舞足蹈,尤其禁止当众用手挖鼻孔、修指甲、抓痒等。左右手有明显的分工,并且有尊卑之别,在正规的情况下,右手为"尊贵之手",用于进餐、递接物品以及向人行礼;左手"不洁之手",仅用于沐浴或"方便"。在很多正规场合,以右为尊。

(三) 商务人员的引导手势

在商务交往中,手势起着不可低估的作用,它是态势语的重要组成部分,能极富表现力地表达出无声的语言。商务人员正确使用手势,能令人感觉到你对他人的尊重与敬意,反之,则令人感到厌恶。

首先,商务人员的手势规范标准是:五指伸直并拢,注意将拇指并严,腕关节伸直,手与前臂成直线。掌心斜向上方,手掌与地面成45度角。身体稍前倾,肩下压,眼睛随手走。运用手势时,一定要目视来宾,面带微笑,体现出对宾客的尊重。

其次,手势的活动有大致范围,过高或过低都显得不够彬彬有礼,文雅大方。一般分上、中、下三个区域。肩部以上为上区;腰部至肩部为中区;腰部以下为下区。同时,根据手势的活动范围,往往可以称之为高位手势、中位手势、低位手势。

商务引导手势的种类分为:

1 横摆式

即手臂向外侧横向摆动,指尖指向被引导或指示的方向,适用于指示方向时,常表示"请进"、"请往这边走"之意(图3-10)。

a)单臂横摆式

b)双臂横摆式

图3-10 横摆式

② 直臂式

手臂向外侧横向摆动,指尖指向前方,手臂抬至肩高,适用于指示物品所在,常表示"请往前走"、"请往这边看"(图3-11)。

③ 曲臂式

手臂弯曲,由体侧向体前摆动,手臂高度在胸以下,适用于请人进门时,表示"里边请"(图3-12)。

③ 斜臂式

请来宾入座时,先用双手扶椅背将椅子拉出,手臂由上向下斜伸摆动,适用于请人入座时,表示"请坐"(图3-13)。

图3-11　直臂式　　　　图3-12　屈臂式　　　　图3-13　斜臂式

(四)商务人员的引导话术

引导,也称为"指引",就是指示、导引,包括九个方位,分别是:上、下、左、右、前、后、我、你、他。在为他人做指引时,需适当加上一些话术,举例如下:

"上面请","下面请";

"您请坐,我去倒水";

"左边请","右边请";

"前面就是","就在后边";

"我就是工作人员,这位是我的领导";

"您是张先生吧,欢迎您的到来";

"楼上请","我们上楼吧";

"路滑,请当心"。

六　不当的仪态表现

(1)视线游移或面无表情;

(2)大声笑闹或窃窃暗笑;

(3)精神萎靡不振;

(4)语速过快;

(5)手势过于夸张;

(6)用手指他人或做嘲弄、侮辱他人的手势;

(7)走路时后仰、摇晃、跳动或眼向下看;

(8)坐姿懒散、翘脚或抖动。

(1)笑是世界的共通语言,就算语言不通,一个微笑就能带给彼此一种会心的感觉。所以,笑是接待人员最好的语言工具,在有些情况下甚至不需要一言一行,只要一个笑容就可以打动客户。访客接待的第一秘诀就是展现你的亲切笑容。当客户靠近的时候,接待人员绝对不能面无表情地说"请问找谁?有什么事吗?您稍等……",这样的接待会令客户觉得很不自在;相反的,你一定要面带笑容地说"您好,请问有什么需要我服务的吗?"

(2)一个举止有礼、言谈有度的汽车商务人员很容易赢得客户的信任和好感,会拉近与客户之间的距离,减少客户的疑虑,提升销售人员的亲和力,进而促使客户产生购买的欲望,从而达成交易。

(3)学生通过严格的站、立、行、蹲、表情和手势训练,引起对优雅仪态的重视,培养良好的个人形象,养成不卑不亢、落落大方的气质,符合职业要求的审美观。

一 汽车商务人员站姿训练

❶ 实训目的

(1)掌握服务工作中站姿的规范和礼仪;

(2)为汽车商务待客服务动作打下基础。

❷ 实训要求

(1)男士站立稳重、挺拔;

(2)女士站立典雅、秀丽;

(3)掌握规范的站姿,纠正不良习惯。

❸ 实训准备

准备一间形体训练室,配备整面墙的镜子,学生可以从头到脚观察自己。

❹ 操作规范

参考站姿操作规范表3-1。

站姿操作规范 表 3-1

实训内容	操 作 标 准	训练要求
基本站姿 （男士、女士）	1. 头部保持端正,颈部挺直,双眼平视前方,下颚微微内收,表情自然放松； 2. 两肩要平且放松,手臂自然下垂放于体测； 3. 挺胸、收腹、立腰、夹臀； 4. 两腿夹紧,脚跟并拢,脚尖外展45~60°	1.站的端正、自然、亲切、稳重,要做到"站如松"； 2.为达到挺拔的目的,可采取以下训练方法： （1）要求学生靠墙站立,即后脑勺、双肩、臀部、小腿及脚后跟都紧贴墙壁立； （2）也可两人一组,背靠背站立； （3）头顶书站立
前腹式站姿 （女士）	1. 同"基本站姿"操作标准1~4条； 2. 右手搭左手,双手轻握放于小腹处	
后背式立姿 （女士）	1. 同"基本站姿"操作标准1~4条； 2. 右手搭左手,双手在后背轻握放于臀部； 3. 两脚分开呈"V"字行,宽度不超过自己的肩宽,双手在后背轻握放在腰处	
丁字式站姿 （女士）	1. 同"基本站姿"操作标准1~4条； 2. 一脚在前,将脚尖向外略展开,行成一个斜写的"丁"字,右手搭在左手上贴于腹部或臀部	
开膝式站姿 （男士）	1. 同"基本站姿"操作标准1~4条； 2. 两腿分开且不超过自己的肩宽,右手搭在左手上贴于腹部或臀部	

二 汽车商务人员坐姿训练

❶ 实训目的

（1）掌握汽车商务待客服务工作中几种常见坐姿的规范和礼仪；
（2）为各项礼宾服务动作打下基础。

❷ 实训要求

（1）掌握规范的坐姿,纠正不良坐姿习惯；
（2）培养良好的坐姿仪态。

❸ 实训准备

（1）准备一间形体训练室,配备正面墙的镜子,学生可以从头到脚观察自己；
（2）椅子若干把。

❹ 操作规范

参考坐姿操作规范表3-2。

单元三 汽车商务仪态礼仪

坐姿操作规范 表 3-2

实训内容	操 作 标 准	基本要求
基本坐姿	1. 入座时,要轻而缓,走到座位前,右脚后撤半步,上身保持正直轻稳地坐下。着裙装的女性,入座时将裙子下摆稍微收拢一下; 2. 两腿并拢,两脚靠紧,小腿垂直于地面,大小腿折叠约90°,两手相握放于大腿上; 3. 坐在椅子上,上体应自然挺直,背部成一平面,身体重心垂直向下; 4. 坐在座椅上,一般只坐座椅的三分之二或三分之一,不要靠在椅背上; 5. 起立时,右脚向后收半步然后站起	1. 坐姿的基本要求是"坐如钟",具体要求是:坐的端正、稳重、文雅、自然大方的美感; 2. 坐姿控制灵活自如,表现得体规范; 3. 在整个训练过程中要强调学生注意动作的表现力,体现出优雅端庄的坐姿仪态; 4. 要求学生在日常的生活中要注意自己的坐姿,养成优美的坐姿仪态
双腿斜放式 (女士)	1. 同"基本坐姿"的操作标准; 2. 两腿并拢,将两脚同时放于左侧或右侧	
脚踝盘住交叉式 (女士)	1. 同"基本坐姿"的操作标准; 2. 将两脚踝盘住交叉垂直于地面,膝盖并拢,两脚尖外展	
斜叠式 (女士)	1. 同"基本坐姿"的操作标准; 2. 左(右)腿斜放,右(左)腿叠放于另一腿上,脚腕绷直,脚尖外展	
开膝式 (男士)	1. 同"基本坐姿"的操作标准; 2. 两腿分开不超过肩宽	
叠放式 (男士)	1. 同"基本坐姿"的操作标准; 2. 左(右)腿垂直于地面,右(左)叠放于上面,不要形成4字型坐姿	

三 汽车商务人员走姿训练

❶ 实训目的

(1) 掌握在汽车商务日常的交际服务工作中走姿的规范和礼仪;
(2) 为各项礼仪服务动作打下基础。

❷ 实训要求

(1) 掌握规范的走姿,纠正不良走姿习惯;
(2) 培养良好的走姿仪态。

❸ 实训准备

准备一间形体训练室,配备正面墙的镜子,学生可以从头到脚观察自己。

❹ 操作规范

参考走姿操作规范表 3-3。

走姿操作规范 表3-3

实训内容	操作标准	基本要求
一般走姿	1. 在保持标准站姿的基础上,重心略微前倾; 2. 两臂自然前后摆动。摆动时以肩关节为轴,上臂带动前臂,手臂向前、向后自然摆动,摆幅以30～35°为宜,肘关节略弯曲,前摆不要向上甩动; 3. 两只脚的内侧落地时,正确的行走线迹是一条直线; 4. 步频步幅要适中。一般来说男士的步频为108～110步/min,女士的步频为118～120步/min,男士步幅为40cm左右,女士则为30cm左右,不宜太大	1. "行如风"即走起来要像风一样轻盈。抬头、颈直,不晃肩,两臂自然摆动,步频步幅适中均匀,两脚的内侧落地时是一条直线; 2. 在地上画直线,头顶书本,脚穿高跟鞋或半高跟鞋(女生)踩线行走练习; 3. 走路时最忌内八字和外八字,其次是弯腰弓背,摇头晃脑,大摇大摆,上颠下跛,也不要大甩手,扭腰摆臀、左顾右盼;也不要脚蹭地面,不要将手插在裤兜里; 4. 陪同别人行走时,应走外侧;如果是引领别人行走,最好在人前方带路,让对方走在右后方; 5. 要求学生在生活中养成潇洒大方的走姿,培养学生良好的走姿仪态
着西装的走姿	穿着西装要挺拔,保持后背平正,两腿立直,走路的步幅可略大些,手臂放松伸直摆动,手势要简捷、大方、明了。站立时要注意两腿并拢或两腿间距不超过肩宽。行走时男士不要晃肩,女士髋部不要左右摆动	
着旗袍的走姿	1. 身体挺拔,不要塌腰撅臀; 2. 应配高跟皮鞋,走路的幅度都不宜大,以免旗袍开衩过大,露出皮肉,显得不雅; 3. 两脚跟前后要走在一条线上,两臂在体侧摆动,幅度不宜大; 4 髋部可随着脚步和身体重心的转移稍左右摆动	
着长裙的走姿	穿着长裙使人显得修长,由于长裙的下摆较大,更显得飘逸洒脱。因此步幅可稍大些,注意行走要平稳	
着短裙的走姿	穿着短裙(指裙长在膝盖以上),要表现出轻盈、敏捷、活泼的特点。步幅不宜大,走路的速度可稍快些,保持活泼灵巧的风格	

四 汽车商务人员蹲姿训练

❶ 实训目的

(1)掌握汽车商务人员在日常服务工作中蹲姿的规范和礼仪;
(2)为各项礼仪服务动作打下基础。

❷ 实训要求

(1)掌握规范的蹲姿,纠正不良蹲姿习惯;
(2)培养良好的蹲姿仪态。

❸ 实训准备

准备一间形体训练室,配备正面墙的镜子,学生可以从头到脚观察自己。

❹ 操作规范

参考蹲姿操作规范表3-4。

单元三 汽车商务仪态礼仪

蹲姿操作规范　　　　　　　　　　　　　　　表3-4

实训内容	操 作 标 准	基本要求
高低式蹲式 （男士、女士）	下蹲时,应左脚在前,右脚完全着地,右脚跟提起,右膝低于左膝,右腿左侧可靠于左小腿内侧,形成左膝高右膝低姿势;臀部向下,上身微前倾,基本上用左腿支撑身体,采用此式时,女性应并紧双腿,男性适当分开双膝。	1. 在服务行业,一般在整理工作环境、捡拾地面物品、给予客人帮助等情况下,酌情采用蹲姿; 2. 采用蹲姿时要注意,不要距离客人过近,不要突然下蹲,一般不要正面面对服务对象,不要随意滥用;
交叉式蹲式 （女士）	在下蹲时,右脚在前,左脚在后,右小腿垂直于地面,全脚着地;右脚往上,左腿在下交叉重叠;左膝从后下方伸向右侧,左脚跟抬起脚尖着地;两腿前后靠紧,合力支撑身体;上体微向前倾,臀部向下	

五　汽车商务人员手势训练

❶ 实训目的

(1) 掌握为顾客指引方向或礼让服务工作中手势的规范和礼仪；
(2) 为各项礼仪服务动作打下基础。

❷ 实训要求

(1) 掌握规范的手势,纠正不良手势习惯；
(2) 培养规范的各种手势动作礼仪。

❸ 实训准备

准备一间形体训练室,配备正面墙的镜子,学生可以从头到脚观察自己。

❹ 操作规范

参考手势操作规范表3-5。

手势操作规范　　　　　　　　　　　　　　　表3-5

实训内容	操 作 标 准	基本要求
迎宾欢迎手势	采用"横摆式"手势,脚站成丁字步,左手下垂,目视来宾,面带微笑,礼貌问候	1. 用手势介绍来人或指示方向时,应当掌心向上,四指并拢,大拇指张开,以肘关节为轴,前臂自然上抬伸直。指示方向时上体稍向前倾,面带微笑,视线始终随手指的方向移动,并兼顾到对方是否会意到目标； 2. 手势与人打招呼、致意、欢呼、告别时,要注意尽量将手伸开,要根据实际应用,控制手势的力度大小、速度快慢及时间的长短
引领方向手势	采用"直臂式"手势,应注意身体要侧向宾客,眼睛要兼顾所指方向,直至宾客表示清楚了,再把手臂放下。引领时应配上"请随我来"或"您请走好"等礼貌用语以示尊重	
引领地点手势	可采用"斜式"手势,引位员给客人拉椅这一动作即属此式,即双手扶椅背将椅子拉出,然后用一只手臂由前抬起,再以肘关节为轴,前臂上下摆动,使手臂向下成一斜线,表示请来宾入座	

续上表

实训内容	操作标准	基本要求
引领多人手势	业务繁忙时,一名接待服务人员往往要面对众多宾客,可采用"双臂横摆式",即两手从腹前抬起,双手上下重叠,手心朝上,同时身体两侧摆动至身体的侧前方,上身稍前倾,微笑施礼,向来宾示意,然后退一旁	3.在使用引领手势时,引领者应配合语言"您请"、"这边请"等。而被引领者也应点头致谢,以示对引领者服务的感谢
信息、提示手势	当来宾较多而且场面隆重的场合,需向全场来宾发出某一活动程序的开始信息时,为了使前后来宾都能看到手势,可采用"双臂竖摆"手势,即将双手手指相对,由腹前抬至头的高度,或再向上超过头的高度,再向两侧分开下滑到腰部	
手持物品	手持物品时,尽量轻拿轻放,可根据物品重量、形状或材质采取相应手势,从而确保物品的安全。持物要到位,有提手、把手、手柄的物品,特别如此。为客人拿取食品时,切忌直接下手。敬茶、斟酒、送汤、上菜时,不要把手指搭在杯、碗、盘、碟的边沿,更不可无意之间使手指浸泡其中	
递送物品	以双手为宜,递到对方手中,如果两人距离较远,递送物品者应主动上前,服务人员在递物时,应该为对方留出便于接取物品的空间,不要让其感到接物时无从下手;如果递送的物品有尖、刃,尖、刀应向内对着自己	
挥手道别	身体站直,目视对方,以示尊重。手臂前伸,道别时一般用右手,手臂应尽力向前伸出,手肘与胸口齐。掌心朝外,挥手道别时,要将手臂向左右两侧轻轻地来回摆动	

六 汽车商务人员表情训练

1 实训目的

(1)深入理解微笑的意义,为顾客服务工作打好基石;
(2)掌握在商务服务工作中眼神、微笑等面部表情的规范和礼仪。

2 实训要求

(1)目光坦然、精神;
(2)微笑亲切、自信;
(3)掌握规范的服务表情,纠正不良习惯。

3 实训准备

准备一间形体训练室,配备正面墙的镜子,学生可以从头到脚观察自己。

4 操作规范

参考表情操作规范表3-6。

单元三　汽车商务仪态礼仪

表情操作规范　　　　　　　　　　　　　　　　　　　　　　　表3-6

实训内容	操作标准	实训要求
眼神训练	1. 旋转眼球操。眼球上下移动四个八拍,然后左右移动四个八拍; 2. 保持与服务对象的眼神交流,表示自己在服务过程中的全神贯注以及诚意。在问候、询问、应答、致谢、道歉、道别时等,都应注意对方的双眼; 3. 与服务对象交流时,最好注视对方面部的眼鼻三角区,而不要聚集于一处,以散点柔视为宜; 4. 注意对方的全身,同服务对象距离较远时,服务人员一般应当以对方的全身为注意点,尤其是站立服务时; 5. 注意对方的局部,服务过程中,根据具体服务动作的需要,注视客人的某一部分,在递送物品时候,应注视对方手臂; 6. 在服务过程中,注视服务对象,要与之正面相对,上半身微微向前倾以示尊重; 7. 注视角度以平视为佳,表现出本人的不卑不亢,眼球不要活动过于频繁显得不够庄重典雅; 8. 在服务过程中,上下打量服务对象的做法非常不可取,含有轻视的意味; 9. 在服务过程中,东张西望给人以缺乏教养、不尊重别人的印象,应避免	1. 经过反复练习,学生对眼球控制自如,从而为眼神交流奠定基石; 2. 注视对方双眼时间不宜过长,一般以3～5秒时间为宜; 3. 眼神落在服务对象眼鼻三角区,为最能表示亲切、尊重的服务态度
微笑训练	1. 嘴角微微向上翘起,让嘴唇略呈弧形,在不牵动鼻子、不发出笑声、不露牙齿的前提下轻轻一笑; 2. 要做到目光柔和发亮,双眼略为睁大,眉头自然舒展,眉头自然微微向上扬起; 3. 微笑要发自内心,由内而外,不能过分牵强	1. 微笑必兼顾服务场合,在气氛庄严的场所或者顾客满面哀愁时或顾客出了洋相而感到极其尴尬时,都不宜露出微笑; 2. 配合轻松舒缓的音乐,学生对镜练习微笑,可以通过念出英文"E"、"V",拉动嘴角上翘; 3. 学生回忆平时生活中轻松愉快的场景

思考与练习

(一)填空题

1.据心理学家研究表明,人在兴奋时,他的瞳孔会马上_____,甚至可以_____到平常的_____倍,相反,人们生气难过时,瞳孔就会_____。

2.私人距离一般在_____到_____之间.

3.站姿的要领是一要_____、二要_____、三要_____。

4.行走时,上身基本保持站立的标准姿势,挺胸收腹,腰背笔直。两臂以身体为中心,前后自然摆动,前摆约_____,后摆约_____,手掌朝向体内。

（二）判断题

1. 与人交谈,要敢于和善于同别人进行目光接触,这既是一种礼貌,又能帮助维持一种联系,使谈话在频频的目光交接中持续不断。（ ）

2. 横摆式即手臂向外侧横向摆动,指尖指向被引导或指示的方向,适用于指示方向时,常表示"请往前走"、"请往这边看"之意。（ ）

3. 请来宾入座时,先用双手扶椅背将椅子拉出,手臂由上向下斜伸摆动,适用于请人入座时,表示"请坐"。（ ）

4. 半跪式蹲姿又叫做单蹲姿。它与半蹲式蹲姿一样,也属于一种式的蹲姿,多适用于迅速下蹲、迅速站起的场合。（ ）

（三）简答题

1. 目光凝视的区域是什么？
2. 微笑的意义是什么？
3. 笑容的训练方法是什么？
4. 交际中空间距离的种类是什么？
5. 站姿训练要点是什么？
6. 商务女士坐姿要求是什么？
7. 不同国家的常用手势是什么？
8. 商务男士的站姿种类和要点是什么？

单元四　商务沟通交际礼仪

 学习目标

1. 懂得作为一个好的接待员既要会展现亲切灿烂的笑容，又要能使用温馨合宜的招呼语，懂得使用标准礼仪规范迎来送往；
2. 熟练掌握介绍礼仪、见面礼仪、位次礼仪；
3. 掌握交际用语的使用原则、特点、要求；服务语言运用的技巧和艺术；常用服务礼貌用语；称呼与问候礼；
4. 熟悉了解拜访与接待的基本礼仪要求；掌握会议接待的基本程序；正确使用电话的礼仪要求。

 建议课时

16课时。

 案例导入

　　进公司的第一天，部门经理带林娜和同事们认识。每个人都对林娜微笑、握手，空气暖融融的，让人着实激动了一把。可没想到经理一走，办公室里立刻露"真容"。经理让小李当林娜的师傅，带她熟悉业务，可小李只顾埋头写计划书，对手足无措的林娜根本不予理睬。

　　林娜性格害羞，朋友不多，非常渴望能在集体中找到归属感，获得关注。于是，林娜下决心改变自己，可越变越崩溃。比如她看了许多星座的书，然后专找同样星座的同事聊天，觉得彼此有缘。"徐姐，你好年轻啊，看起来就像三十多岁。"结果人家脸一黑，"我就是三十多岁啊！"林娜臊了个大红脸。

林娜非常沮丧,觉得职场人际关系好复杂啊!

林娜给自己的家人、朋友和老师打电话沟通请教,渐渐地她明白了,职场中每个人每天跟同事在一起的时间远远超过家人,如果不能和大家和睦相处,日子会过得很灰暗,对事业影响很大。

姜老师告诉林娜,在职场上保持自我个性,不要强行改变自己,不必学交往技巧,那会给人圆滑的感觉。"在职场中真诚最重要"。姜老师建议林娜说话要讲究分寸,让对方感觉舒服;要学会补台,不要拆台;有成绩时说"我们",犯错误时说"我";同事聊天插不上话就微笑倾听,"因为倾听也是一种参与"。

林娜从小住校,一直不会做饭,但心里非常渴望做大厨。后来她发现和女同事聊烹饪,是和她们亲近的一个重要途径。只要她咨询红烧肉和各式炒菜的做法,年长的女同事就两眼发光,大谈厨艺和营养观,给林娜出谋划策,非常热情。渐渐地,林娜终于在办公室找到像家一样温暖的感觉了。

一 文明用语

(一) 常见文明用语

有声语言是指能发出声音的口头语言,即人类社会最早形成的自然语言。它是人类交际最常用的、最基本的信息传递媒介。

❶ 文明用语三要素、三特点

文明用语中有三要素,即说什么(内容)、为什么说(目的)、怎么说(方法)。另外,还具有三特点,即直接性、生动活泼性、便捷性。使用时应注意保持语言的纯洁性、语言的简洁性、语言要大众化、通俗化、口语要有活性,富有灵活性。言语的沟通从称呼与问候开始。

❷ 常见文明用语及使用

对初次见面的人说:"久仰";

对长久不见面的人说:"久违";

宾客到来时说:"光临";

向人祝贺时说:"恭喜";

看望别人用"拜访";

等候别人用"恭候";

中途先行一步用"失陪";

请人勿送说:"留步";

麻烦别人说:"打扰,抱歉";

求人帮助说:"劳驾""费心";

受人恩惠说:"谢谢";

与人告别说:"再见";

公司员工早晨见面时互相问候"早晨好"、"早上好"等(上午10点钟前);
下班时也应相互打招呼如"明天见"、"再见"、"Bye－Bye"等再离开。

(二) 常见商务文明用语

❶ "欢迎光临"、"您好"

有顾客来店时,咨询员、推销员必须竭诚相待、主动问候顾客,站立、鞠躬微笑着亲切地说"欢迎光临"！对于预先知道来店的顾客把写有"欢迎 XX 先生"的欢迎牌放在展示厅的进口处。

❷ "请"

请顾客自由参观时,推销员要微笑着对顾客说:"请您自由的参观汽车,如有需要请您不要客气,随时找我";并精神饱满地站在自己的岗位上,到顾客表示对商品感兴趣召唤推销员为止,不要在展厅内乱走动。

❸ "您还满意吗?"、"您觉得怎么样?""请教您一些事情可以吗?"

看到顾客想询问事情,或是顾客与您说话时,要主动对应;同时想方设法将顾客带至会客区,端上饮料,尽可能努力延长顾客的逗留时间。并采用以下说话方式:"您还满意吗"、"您觉得XXX车怎么样"、"我们已经为您准备好了饮料,如果方便的话,请您到桌子那边,请教您一些事情可以吗?"。

❹ "如果"、"如果方便的话"、"是否可以?"

询问顾客联系方法以下为必要信息项目"对方的姓名、工作单位、住址、联络方法、现在的使用车、使用车的目的"。询问时使用如下用语"如果您有名片,能给我一张吗？（没有名片的时候,记在记事便条上）"、"请问您贵姓?"、"请问您在哪里工作"、"如果方便的话,我想拜访贵公司,是否可以告诉我贵公司的地址和电话号码呢?"、"请问您现在保有什么样的车呢？是如何使用这部车的呢?"

❺ "再见"或"欢迎下次再来"

在客人告辞或离开公司送顾客时使用。

二 称呼与问候

交际应酬中称呼是不可避免的,它是打开沟通大门的钥匙。精通人际交往的人都懂得在称呼上动心思,打动对方,拉近彼此的距离,以促进沟通,扩大关系网。称呼,就是对人的称谓,指的是人们在交往应酬时,用以表示彼此关系的名称用语。称呼即有个态度,也有个礼貌问题,同时也反映了说话人与被称呼者的亲疏关系。所以,在社会交往中,人脉高手都会讲究称呼的艺术。

(一) 称呼礼仪

初次见面更要注意称呼。初次与人见面或谈业务时,要称呼姓加职务,要一字一字地说得特别清楚。称呼对方时不要一带而过。在交谈过程中,称呼对方时,要加重语气,称呼完了停顿一会儿,然后再谈要说的事,这样能引起对方的注意,他会认真地听下去。关系越熟越要注意称呼。与对方十分熟悉之后,千万不要因此而忽略了对对方的称呼,一定要坚持称呼对方的姓加职务(职称),尤其是有其他人在场的情况下。

❶ 称呼的规则

在人际交往中,称呼很有讲究,它不仅反映了一个人的身份、性别、社会地位和婚姻状况。而且反映了对方的态度及其亲疏的关系。在交际开始时,只有使用得体的称呼,才会使交往对象产生同你交往的欲望。因此,使用称呼语时要注意如下几条。

1)称呼恰当

所谓称呼恰当,就是要求根据对方的身份、地位、民族、宗教、年纪、性别等合理去称呼。要做到分别对待,因人而异,让关系亲近者感到亲切,让关系疏远者感到受尊重。另外,还应根据不同场合,因时、因地去称呼。在正式场合,应使用泛尊称、职业加泛尊称、职务称、职务(职业)加泛尊称、姓氏加职务(职称)非正式场合,可以直接以姓名称、名字称、辈分称等。对人多用尊称。

2)照顾习惯

称呼他人必须充分考虑交往对象的语言习惯、文化层次、地方风俗等因素。根据我国民间的称呼习惯,凡亲近者间可以直呼其名;同辈、同事、兄妹、兄弟之间只称名而不带姓氏;对那些初识者或关系疏远的人,则通常以对方的姓,再加上能体现对方身份、地位等的称谓来称呼。在正式场合,尤其在涉外场合或接待服务场合应按国际惯例,称呼"先生"、"女士"、"小姐"、"太太"、"夫人"等,并可冠以姓名、职称和衔称。日本的女性一般不称"小姐"、"女士",而称"先生"。美国人除对长者、有身份者例外,通常都直呼其名。

同时,照顾习惯还要注意民族、地域的差异。俗话说:"入乡随俗",每一个地方对人的称呼都有一些独特的习惯,如在日本,对妇女也称为"先生",如"古也先生"。而汉民族语言中的称呼语相对于其他民族语言中的称呼语要复杂得多,不仅要看人的性别、辈分、年龄还要分敬称、尊称。欧美很多国家就没这么多讲究,如英语中姨母、姑母、伯母、叔母等都可用"aunt"来称呼。所以不同的民族地区有不同的称呼习惯,在实际运用中,要遵从各自的习惯。

3)注意忌讳

称呼忌讳,即指人们通常所说的称呼时的避讳。这是出于礼仪辱等方面因素所形成的不成文的规矩。在生活中称呼忌讳较多,主要表现为:一是见人不使用尊称,直接以"喂"、"嘿"或以方位或人体特征代之,甚至连这类非礼貌的称呼也不用;二是使用不雅的称呼,即以含有人身侮辱或歧视之意的称呼,如小名、绰号、雅号及低级、庸俗的称呼,或对昵称的使用没有分寸;三是对人冠以蔑称、贬称;四是错误的称呼,即记不起对方姓名、称呼时叫错或张冠李戴,或对被称呼者的年龄、辈分、婚否以及与其他人的关系做出错误判断出现错误的称呼,如将未婚的女子称为"大嫂"、"太太"。

❷ 姓名的组成与排列顺序

姓名是称呼的主要部分,但是由于世界各国的历史文化不同,风俗习惯各异,姓名的组成、排列的顺序也不尽相同。在国际交往日益频繁的今天,我们必须对其有所了解,并能正确、恰当地称呼对方,以保证社交的效果与成功。世界各国姓名的结构和排列顺序大致上有如下三种。

1)前姓后名

排列顺序即为姓在前,名在后。许多亚洲日本、韩国、朝鲜、越南、柬埔寨、新加坡等。日本的姓名多为四字组成,其姓名结构和我国基本相同,但其姓名的前两字为姓,后两字为名。日本妇女在婚前使用父姓,婚后使用夫姓,本人的名字不变。在与日本人交往中,日常只称姓,只有在正式场合才使用全称。此外,在我国的港、澳、台地区,女性婚前使用父姓,婚后在父姓前冠以夫姓,一般也为四个字的姓名。

2)前名后姓

在英国、美国、加拿大、澳大利亚等讲英语的国家,姓名一般也由两部分组成,但通常是名字在前姓氏在后。女性婚前都用自己的姓名,婚后一般是自己的名加上丈夫的姓。在日常交往中,只称其姓,加上"先生"、"小姐"等;在正式场合,则应称呼其姓名全称,同样加"先生"、"小姐"或"夫人"等。

法国人的姓名一般由两节或三节组成,前一、二节为名字,最后一节为姓;西班牙人的姓名常由三、四节组成,前一、二节为本人的名字,第三节为父姓,最后一节为母姓;俄罗斯人的姓名由三节组成,第一节为本人名字,第二节为父名,第三节为姓;阿拉伯人的姓名由四节组成,分别为本人名字、父名、祖父名、姓;泰国等国家人的姓名也都是名在前、姓在后的排列。

3)有名无姓

世界上只有名而无姓的人多在缅甸、印度尼西亚等国。常见缅甸人的名字前有"吴",这不是姓,而是一种尊称,是"先生"的意思。在名字前面常冠以表示性别、长幼、地位的字和词,如冠以"杜"意为女士,"玛"意为姐妹,"郭"意为长辈,"哥"意为兄弟,"波"意为军官,"塞耶"意为教师。如一位缅甸男子名为"刚",同辈人称他为"哥刚",若他有一定的社会地位则被称为"吴刚",若他是军官,则被称为"波刚"。

❸ 称呼的方式

称呼的方式基本可以分为两类,一类是一般称呼,即指普遍适用于各种不同身份人士的称呼;另一类是特殊称呼,即指与个人特定身份、职业或关系相适应的专用称呼。但不论采取何种方式,都必须符合对方的身份、与自己的关系并应适合场合,其具体的称呼方式有如下几种。

1)泛称

泛称,即指适合于各种社交场合的称呼。一般都适用于正式社交场合,主要有先生、小姐、夫人、太太、女士等。这些都是西方称呼,也是国际通行称呼,在我国主要用于正式交际场合和外事接待场合。先生旧时即为对教师的称呼,但对具有一定身份、地位、知识渊博的女士也可以称为先生,如当年的毛泽东曾称何香凝、宋庆龄两位女士为"先生"。"先生"一般是对男士的泛称,"小姐"、"夫人"、"太太"均为对女性的称呼。"先生"和"小姐"可以单独用于称呼,也可以与姓名、姓氏、职业性称呼组合在一起,在正式场合下使用。

如"张先生"或"王某某小姐"、"上校先生"、"秘书小姐"等。"先生"和"小姐"还可以用来称呼服务行业的工作人员。

2）职务称呼

职务称呼,即以对方的职务来进行称呼。如称其"部长"、"局长"、"厂长"、"经理"、"校长"等。职务称呼可以单独使用,也可以同泛称、姓名、姓氏分别组合一起使。对知道职位、学位、军衔的人可以以职务称呼,应在"先生"、"小姐"前冠以职务如"议员先生"、外交大使或军队中的高级将领,"市长先生"、"上校先生"等。对政府的高级官最好在职位后加"阁下"二字,如"总统阁下"、用衔名"大使先生阁下"、"将军先生阁下"。"阁下"的使用不限于男性,对有高级官衔的女性,也可以称其"阁下"。

3）职业称呼

职业称呼,即以对方所从事的职业进行称呼。如称"教师"、"医生"、"律师"、"教练"、"警官"等。在使用职业称呼时,可以同姓名、姓氏分别组合一起使用,如称"王教练"、"李医生"、"张律师"等。还可以以职业称呼加泛称组合在一起使用,如称"医生同志"、"律师先生"、"护士小姐"等。

4）职称称呼

对于有职称、学位者,尤其是有高级、中级职称者,可以在工作中直接以其职称相称。可以只称职称,例如:"教授"、"律师"、"工程师"等。在工作中,以学衔作为称呼,可增加被称呼者的权威性,有助于增强现场的学术氛围。可以在学衔前加上姓氏,例如"黄博士"。

5）姓名称呼

姓名称呼,即直接以他人的名字或姓氏进行称呼。适用于非正式场合,相互比较熟悉的人之间的称呼。姓名称呼,在实际使用中又有多种方式,一是人们往往习惯于在被称呼者的姓氏前面加上"老"、"大"或"小"等字,而免称其名,如称"老王"、"大张"、"小李"等,以示关系随便;二是在被称呼者姓氏的后面加上"老",用于对年纪较老、德高望重者的称呼,如"张老"、"王老",以示对对方的尊敬;三是不称其姓,而只呼其名,主要用于关系密切者之间,适用于同事或同学间、上级对下级、长辈对晚辈的称呼。

6）特殊称呼

主要是指对君主制国家、宗教及神职人员的专用称呼。如对君主制国的国王及王后应称"陛下",称王子或阁下。

7）其他称呼

（1）称呼亲属。

亲属,即本人直接或间接拥有血缘关系者。在日常生活中,对亲属的称呼业已约定俗成,人所共知。面对外人,对亲属可根据不同情况采取谦称或敬称。

（2）同志。

志同道合者才称同志。如政治信仰、理想、爱好等相同者,都可称为同志。改革开放之后,这一称谓的使用率相对减少,如在同一党内,同一组织内,对解放军和国内的普通公民,这一称呼皆可使用。但对于儿童,对于具有不同政治信仰、不同价值观、不同国家的人,尽量少使用或不使用。

(3)老师。

这一词原意是尊称传授文化、知识、技术的人,后泛指在某些方面值得学习的人。现代社会,老师这一称谓一般用于学校中传授文化科学知识、技术的教师。目前,老师这一称谓在社会上也比较流行,有时人们出于对交际对象的学识、经验或某一方面的敬佩、尊重,常常以姓加上老师来称呼对方。

(4)先生。

在我国古代,一般称父兄、老师为先生,也有称郎中(医生)、道士等为先生的。有些地区还有已婚妇女对自己的丈夫或称别人家的丈夫为先生的。目前,先生一词泛指所有的成年男子。在中国、日本等亚洲国家,对身份地位较高的女性也称"先生",是一种尊称,如宋庆龄先生、许广平先生。

(5)师傅。

这一词原意是指对工、商、戏剧行业中传授技艺的人的一种尊称,后泛指对所有有技艺的人的称谓。在现代交际中,采用师傅这一称谓即称呼工、商、戏剧行业中传授技艺的人。但是,在我国北方使用比较频繁,人们对不认识的人都称呼师傅。

(二)问候礼仪

就像"好的人际关系从问候开始"所说的那样,爽朗、温馨的问候是加深相互之间的人际关系,并能顺利开展工作的根本。这一问候(打招呼)语有如下含义:互相敞开心扉并接近对方,不是向对方表示恶意或者敌意,而是表示善意、感谢的心情。

问候有多种形式和方式,是礼节性较强的举动。

❶ 问候形式

1)日常问候

日常问候是亲友间互致的问候,大体有:按时间问候、祝愿式问候、关心式问候等。

2)特殊问候

它是指亲友之间在不同情况下的问候。

(1)节日问候。在节日到来时相互之间表示关心、联络感情的一种方式。

(2)喜庆时的问候。如对方新婚、职位晋升等喜事。

(3)不幸时的问候和安慰。如家庭变故、失火、被盗等不幸,表示同情和安慰。

❷ 问候方法

1)常见问候方法

常见的有如下几种方法:口头问候、书信问候、电话问候、贺卡问候、送物问候等。

问候是用来打招呼或问好的用语,也就是在工作场合,工作者与客人相见之时向对方表示欢迎、致以敬意、询问安好、表示关切的形式。

2)问候致意

在商务场合中,还有一种常用的问候方式——致意。这是一种无声的问候,往往用于不宜大声喧哗的公共场合。

问候致意分为微笑致意、举手致意、点头致意、欠身致意和鞠躬致意。

（1）微笑致意。

微笑致意在日常交际中，与人见面时，微微一笑是表达敬意和问候的最佳方式，适用于多种场合。

（2）举手致意。

举手致意，指的是举起右手，掌心朝向对方，其功能因招手的高度和方式有所不同。

①高位手。右手高举过顶，并用目光示意，往往是向远距离的人表示"我在这里"；左右不停摆动，常表示"再见"。

②中位手。右手举起与耳齐，掌心向前，面带笑容，目视对方，往往适用于与中近距离或行进中的人打招呼，表示"你好"。左右摆动手则表示告别。

③点头致意。点头致意头微微向下一动，幅度不必太大。适用于不宜交谈的场合与相识者在同一地点多次见面，或与不相识者在社交场合见面。

④欠身致意。欠身致意起半身致意，适用于处于坐姿状态的问候者，见到长辈、领导进入室内时。

⑤脱帽致意。脱帽致意微微欠身，右手脱下帽子，同时目视对方，微笑致意，片刻即可将帽子戴上。

⑥鞠躬致意。

❸ 问候的原则

1）使用顾客易懂的话语

一句话可以得罪人，同样，也可以令人感受到你的亲切，愿意与你交谈。当你接待顾客时，最好不要或者尽量减少使用所谓的专业术语。比如医学专业术语、银行专业术语等等。许多顾客无法听懂那些专业术语，如果你在与其交谈时张口闭口皆术语，就会让顾客感觉很尴尬，也会使交流受到影响。所以，招呼语要通俗易懂，要让顾客切身感觉到你的亲切和友善。

2）简单明了的礼貌用语

简单明了的礼貌用语在生活中很常用，当你接待顾客时，它们就更是必不可少的好帮手了。你要多说"您好"、"大家好"、"谢谢"、"对不起"、"请"等礼貌用语，向顾客展现你的专业风范。

3）生动得体的问候语

所有的服务行业都要使用服务用语，所谓的服务用语就是重点表现出服务意识的语言，比如"有没有需要我服务的？有没有需要我效劳的？"这样的问候语既生动又得体，需要每个服务人员牢记于心、表现于口。切忌不要使用类似"找谁？有事吗？"这样的问候语，它会把你的客户通通吓跑。

4）顺应顾客，与其进行适度的交谈

顺应客户强调的是顺着客户的心理与其进行适度的交谈。比如，当客户说"对不起，请问你们总经理在不在"时，接待人员应该马上回答"您找我们总经理吗？请问贵公司的名称？麻烦您稍等一下，请这边走……"与此同时，要自然展现出合宜的肢体语言。

单元四　商务沟通交际礼仪

5) 充满温馨关怀的说话方式

如果外面在下雪,客人带着满身的积雪走进你所在的公司,你要立刻递给他一张纸巾,不要小看这张薄薄的纸,它虽然擦在客户的头上,却暖在了客户的心里,这种无声的话语会令客户倍感温馨。同样,下雨的时候,你的一句"您没带伞,有没有着凉?"也是充满温馨的关怀话语。

要学会根据环境变换不同的关怀话语,拉近你与客户之间的距离,让顾客产生宾至如归的感觉。

6) 避免双关语、忌讳语、不当言词(表4-1)

双关语、忌讳语、不当言词示例　　　　　　　　　　　表4-1

序号	双关语、忌讳语、不当言词示例	原　因
1	"这边有一老先生在吃,没多久了"	容易理解为"再吃没多久就要死了"
2	喜欢讲一些带有颜色的话语	容易脱口而出造成双关,给客户留下不良印象
3	当别人挂了电话时说"他挂了"	易让人理解成"他死了"。不能胡乱省略话语,否则易对别人造成伤害
4	别人结婚时说到"死";办完丧事要离开的时候说"再见"	有不吉利之嫌
5	过节时面对长辈说话不注意	会影响长辈心情

表中列举了一些常见的双关语、忌讳语及不当言词,它们都是一般人平时较为忌讳的话语,当你不小心触及这些话语,很有可能会令他人感觉不舒服,甚至对你产生厌恶感。对服务行业来说,了解哪些话语不能说非常重要,一旦因为一句话得罪了顾客,后果可能就会比较严重。

7) 公关润滑剂——赞美用语

没有人不喜欢被赞美,这是人的一种天性。所以,赞美用语就成为公关工作最好的润滑剂。对服务行业来说,做好对顾客的赞美工作就显得非常重要。所以,对不同对象从不同的方面去赞美才能取得良好的效果(表4-2)。

最受人欢迎的赞美项目　　　　　　　　　　　表4-2

序号	年轻人	男人	女人
1	性格	努力过程	容貌
2	能力	工作成果	能力
3	努力	实力	先生、小孩
4	仪容	社会地位	品味
5	判断力	事业	保养
6	工作	气度	事业成就
7	诚意	家庭	感觉
8	两性朋友	信用	智慧

(1) 对年轻人的赞美。

年轻人充满活力,对一切充满好奇也充满信心,所以,赞美他们要从性格豪迈、能力强、做事努力、将来一定有非凡成就以及外表、判断力、工作表现、诚意、两性朋友等几方面入手。这几方面代表了绝大多数年轻人的心理愿望,如果你能在言语中让他们美梦成真,你的赞美自然就会收到极好的效果。

(2)对男性的赞美。

成熟男性最在乎的是自己的成就,所以你的赞美要从事业入手。下面是一些简单示例:某某甘拜下风了,能不能请教一下您经过了怎样的努力,才拥有了今天事业的成果?——赞美其事业成功;不知道哪一天才可以像您一样,能够有这么好的事业,这么多的员工来帮您赚钱。——肯定其工作成果;哇!王某,您的实力真是无人可比啊!——恭维其实力;像您这么有地位的人我们真的是望尘莫及啊!——仰慕其社会地位;您是个有气度、有风度的男性!——夸奖其有气度;跟您做生意不用担心,您的信用最可靠了!——对其表现信任。

(3)对女性的赞美。

女性较之男性更显温柔本色,她们关心自己的容貌,关心自己的家人,也渴望拥有足够保护自己的智慧和能力,她们更敏感、更需要细致入微的赞美。所以,要想做好女性赞美工作,一定要了解女性的特点及关注点,这样才能打动她们。

❹ 问候交谈的禁忌

私人问题五不问——交谈时的禁忌:

(1)不问收入;

(2)不问年龄;

(3)不问婚姻家庭;

(4)不问健康问题;

(5)不问经历。

三 介绍礼仪

介绍是社交活动最常见、也是最重要的礼节之一,它是初次见面的陌生的双方开始交往的起点。介绍在人与人之间起桥梁与沟通作用,几句话就可以缩短人与人之间的距离,为进一步交往开个好头。介绍时最好先说:"请允许我向您介绍"或"让我介绍一下","请允许我自我介绍。"

介绍手势是手掌向上,五指并拢,伸向被介绍者,不能用手指指指点点,当别人介绍到你时,应微笑或握手点点头,如果你正坐着,应该起立。

(一)介绍的原则

介绍是社交和接待活动中普遍的礼节,是见面相识和发生联系的最初形式。介绍的先后顺序是个礼节性很强的问题,为他人做介绍时必须遵守"尊者优先了解情况"的原则,在为他人做介绍前,先要确定双方地位的尊卑,然后先介绍位卑者,后介绍尊者。

介绍客人的礼仪遵循以下规则:

❶ 地位高者优先知情权

首先将职位低的人介绍给职位高或者受人尊敬的人。然后将高职位的人介绍给低职位的人。在社交场合,不分男女老少,一般是以社会地位和职位高低作为社交礼仪的衡量标准。在被介绍相识的两人或几人中,如有一位地位或职位比别人高的,应将别人先介绍给这位地位和职位高的人。

❷ 女性优先知情权

在社交场合,当介绍陌生男女相识时,介绍人通常是把男士领到女士面前,把男士介绍给女士。在介绍过程中,女士的名字应先被提到,然后再提男士的名字。如"王小姐,我来给你介绍一下,这位是张先生"。这里应遵循长者、女士、地位高的人具有"优先知情权"的原则。一般来说,先将男性介绍给女性。但如果男性的年龄较长或职位较高时,则刚好相反。

❸ 长者优先知情权

首先介绍年少的人给年长的人,然后才将年长者介绍给年少的人,以示对长者、前辈的敬重。如"李伯伯,让我来介绍一下,这位是我的同事张××",或"王阿姨,这位是我的表妹赵××"。

❹ 已婚者优先知情权

在被介绍双方的性别相同,年龄、身份相等的情况下,一般应将未婚者介绍给已婚者。但是,如果未婚者的年龄大于已婚者时,则应将已婚者介绍给未婚者,以示对长者的尊重。

❺ 客人优先知情权

在主客双方身份相当的情况下,应先介绍主人,再介绍客人,以示对客人的尊敬。或者其中一方是自己公司的人,首先将自己公司的人介绍给公司以外的人认识。地位与年龄相仿的人,此时将与你较熟的一方介绍给你不太认识的对方。如果在介绍他人时,不能准确知道其称呼,应问一下被介绍者"请问您怎么称呼?",否则万一张冠李戴,会很尴尬。

❻ 先到者优先知情权

在被介绍的两人中,有先到后到之分时,晚到者介绍给先到者。

(二)介绍的种类和方法

介绍按其场合可以分为正式介绍和非正式介绍两种,按其介绍对象和方式可以分为自我介绍、他人介绍两种。由于场合、对象和需要不同,各种方式介绍的内容和形式也不相同。

❶ 正式介绍

正式介绍,即指在比较正规、郑重场合进行的介绍。此种介绍可按标准式的规则进行,即将年轻者介绍给年长者以及把男士介绍给女士是这类介绍必须遵循的原则。在正式介绍中应注意:

(1)介绍时向介绍者一般使用"请允许我向您介绍某某某"的说法;

(2)当把男士介绍给女士时应事先征得女士的同意;

(3)向众人介绍一人时,应有一个类似征求大家意见的表示,如"请允许我把李先生介绍给诸位";

(4)当给双方介绍后,介绍人不能马上离开,特别是在介绍异性时尤其要注意,以避

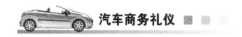

免双方因初次相识而感到尴尬。

② 非正式介绍

非正式介绍，即指在一般的、非正规场合中进行的介绍。在这种场合中，完全可以依据介绍人与被介绍双方关系的密切程度和当时的情形，作较为随便的介绍，不必拘于礼节。作此类介绍时不必讲究介绍的先后顺序，力求自然、轻松；介绍时的语言应简单、灵活，介绍人可以在称呼对方后，直接指向并报出被介绍人的名字，如"王×、李×"；还可以使用"这就是"这类话，直接将被介绍的人引荐给对方，如"王×，你不是想认识李X吗？这位就是"；当向众人介绍一位熟人或朋友时，可以向众人说句"诸位，这位就是我的朋友××"，语言不必过多，只这一句就可以了。

❸ 自我介绍

这是人际交往中常用的一种介绍方式，也是在必要情况下十分有效的沟通途径，从某种意义上讲，它是打开人际交往大门的一把钥匙。自我介绍时，要及时、清楚地报出自己的姓名和身份。大方自然地进行自我介绍，可以先面带微笑，温和地看着对方说声："您好！"以引起对方的注意，然后报出自己的姓名身份，并简要表明结识对方的愿望或缘由。

1）自我介绍的适用情形

（1）本人希望结识他人因为某事需要，或在多人聚会的情况下，希望与一位原不相识的人认识，但又无人引荐，只有自己充当介绍人作自我介绍，直截了当地将自己介绍给对方。此种情况下自我介绍的方法有两种。

①主动的自我介绍方式。一般做法是，先向对方问好或点头致意，待对方有所反应后，再简单向对方介绍自己的姓名、身份、单位，对方也会向你作自我介绍的。

②被动的自我介绍方式。可先婉转地询问对方："先生，您好！请问我该怎样称呼您？"待对方做完自我介绍后再顺势介绍自己。

（2）本人希望他人了解自己在到外单位联系工作或求职时，为了让人认识自己，往往也需作自我介绍。这时的自我介绍既是一种礼貌，也是交流及达到自己目的的前提和基础。

（3）他人希望结识自己在社交场合，在别人对你感兴趣，向你点头致意，你作自我介绍时，出于礼貌，你应向对方作自我介绍，使对方的自尊受到尊重。

（4）当主人忘记介绍你或不可能一一介绍的时候，与会者可以与同席或身边的人互相自我介绍。

（5）第一次登门造访，事先打电话约见，在电话里应自我介绍。

（6）在出差、旅行途中，与他人不期而遇，并且有必要与之建立临时接触时可适当自我介绍。

（7）初次前往他人住所、办公室，进行登门拜访时要自我介绍。

（8）应聘求职时需首先做自我介绍。

2）自我介绍应注意的问题

（1）自我介绍应及时、准确

当你叩开别人的家门或办公室门，见到陌生的主人时，应首先向主人问好，及时、简明、确切地作自我介绍,说明来意,并向对方致歉:"很抱歉,来得太仓促,事前没同您联系"千万不可沉默或语无伦次、前言不搭后语,使对方心里不愉快或对你产生怀疑。

(2)自我介绍应将自己的姓名、身份说清楚。

以便别人称呼你,并要等对方也作过自我介绍后才可与之交谈。交谈开始时,应多谈别人,少谈自己,等彼此有了一定的感情沟通后,再详细地作自我介绍。

(3)自我介绍应把握好态度。

要实事求是,既不要过分谦虚,又不要自吹自擂。介绍用语要留有余地,不宜用"最"、"极"、"特别"、"第一"等表示极端的词语。

(4)作自我介绍时要面带微笑。

真诚关切,做到胸有成竹、落落大方,充满自信和热情,要善于用眼神表达自己,介绍时还要注意自己的语音、语速和语调,语气自然、语速正常、语音清晰、从容不迫,让对方产生好感。

4 他人介绍

他人介绍,又称第三者介绍,是指由第三者为彼此不相识的双方互相介绍在他人介绍中,为他人介绍的第三者为介绍者,被介绍的双方均为被介绍者。

1)介绍者的确定

在他人介绍中,谁来作为介绍者呢? 一般而言,介绍者应是本次社交活动的东道主、领导或长者、正式活动的负责人,以及公务活动中的专职人员。或是家庭性聚会的女主人,或是熟悉双方的第三方。

2)介绍者应注意的问题

介绍者处于当事人之外,应审时度势、善解人意,在双方有意识并期望有人作介绍时,为双方做好介绍工作。因此,介绍者不仅有责任,而且有许多礼貌讲究,必须注意以下几点。

(1)先与双方打招呼。介绍者在为被介绍者双方介绍前,最好先与被介绍者双方打个招呼,征求其意见,使双方都有思想准备,不至于感到唐突,也免得为双方本已相识或双方没有相识的愿望者作介绍,使双方陷于不情愿之中。介绍前可先说"请允许我介绍你们认识一下",然后再介绍双方的名字。

(2)注意介绍的先后顺序。介绍者在介绍前必须了解被介绍双方各自的身份、地位,介绍时应坚持"尊者居后"的原则。即受到特别尊重的一方有了解对方的优先权护原则,按介绍顺序的通则进行介绍。在口头表达时,先称呼长者、职位高者、女士、已婚者、主人、先到场者,再介绍被介绍者,最后再介绍先称呼的一方。介绍时顺序的错误是一种失礼。

(3)介绍时不能含糊其辞,说话要清楚。尤其要注意应对被介绍者的音同字不同的姓氏或名字中生僻的字介绍清楚,必要时可以跟着补上一句,以作解释,如"胡,古月胡"、"于,干钩于"、"余,人禾余";介绍某人的单位使用简称时应注意对方的理解程度,适时作出详细介绍,以免误解;当被介绍人具有一定身份时最好连同单位和身份一起介绍,并可进一步对其单位作较详细的说明,以使对方加深印象;被介绍人不喜欢别人知道他的工作

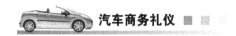

单位,又与介绍者有过关照,则就不必详细说明。

(4)避免过分颂扬某一方。一般来说,谦虚的人,不喜欢别人为他吹嘘。若不适时宜地吹捧则会使被介绍者感到尴尬,介绍者容易给人留下"吹牛拍马"的不良印象,也极易使被介绍的双方产生反感,造成难堪的局面。因此,在介绍两位职务不等的双方时,不可只介绍高职位者的职务并强调其个人的重要性,却不提另一方的职务,造成低职务一方心理上的伤害。

(5)介绍后应适当停留。在一般情况下,介绍者介绍双方相识后,不能抽身就走,特别是介绍异性间相识更应注意。介绍完毕应稍停片刻,以引导双方交谈,待他们能够交谈后,再借托离开。当然也要注意,在某些场合该离开时迟迟不走也是不合适的。

(6)注意不同场合的介绍分寸。应用非常礼貌、完整的语言为他人介绍。在普通的社交场合应对辈分、年龄、性别相同,且职务差不多的在家庭聚会、人数较少、彼此关系又十分识的人作介绍;在宾客较多的宴会、舞会不必逐一为不相识的人们互相介绍,只需介绍坐在自己身边的客人互相认识就可以了;在女子和男友外出遇到其各自的男友或女友时不需介绍,只要互相点头寒暄即可;在大集会、人数众多介绍不便时无须逐一介绍;某个朋友忙得不可开交时,不要非拉到一起介绍;对某些地位、身份特殊的人或长者不便介绍时,可不将职务低或年轻者介绍给他们。

(7)注意神态与手势。作为介绍者,在为他人介绍时的神态与手势应文雅大方,态度应热情友好。在介绍一方时,应以微笑的目光把另一方的注意力吸引过来;手的正确姿势应掌心向上、四指并拢、胳膊略向外伸、指向被介绍者。不可用手拍打被介绍者的肩头、背等部位,也不要以拇指或食指指向被介绍的任何一方。

(三)集体介绍的次序

在被介绍者双方地位、身份大致相似,或者难以确定时,先介绍人数较少的一方或个人,后介绍人数较多的一方或多数人。

若被介绍者地位、身份之间存在明显差异,特别是当这些差异表现为年龄、性别、婚否、师生以及职务有别时,则地位、身份为尊的一方即使人数较少,甚至仅为一人,仍然应被置于尊贵的位置,最后加以介绍,而先介绍另一方人员。

若需要介绍的一方人数不止一人,可采取笼统的方法进行介绍,例如可以说:"这是我的家人","他们都是我的同事",等等。但最好还是要对其一一进行介绍。进行此种介绍时,可比照他人介绍的位次尊卑顺序进行介绍。

若被介绍双方皆不止一人,则可依照礼规,先介绍位卑的一方,后介绍位尊的一方。在介绍各方人员时,均需由尊到卑,依次进行。

四 见面礼仪

(一)握手礼

握手是一种礼仪,但人与人之间、团体之间、国家之间的交往都赋予这个动作丰富的内涵。一般说来,握手往往表示友好,是一种交流,可以沟通原本隔膜的情感,可以加深双方的理解、信任,可以表示一方的尊敬、景仰、祝贺、鼓励,也能传达出一些人的淡漠、敷衍、逢迎、虚假、傲慢。团体领袖、国家元首之间的握手则往往象征着合作、和解、和平。握手的次数也许数也数不清,印象深刻的可能只有几次:第一次见面的激动,离别之际的不舍,久别重逢的欣喜,误会消除、恩怨化解的释然等等。

❶ 握手的场合

握手是人们日常交际的基本礼节,可以体现一个人的感情和意向,应该握手的场合若拒绝或忽视了别人伸过来的手,就意味着自己失礼。应该握手的场合大体上有以下几种。

(1)当你被介绍与第三者相识时;
(2)与自己久别重逢的老朋友或同事相见时;
(3)在社交场合突然遇到自己的熟人时;
(4)迎接客人到来时;
(5)在拜访友人、同事或上级后告辞时;
(6)送别客人时;
(7)在与有喜事的熟人见面时;
(8)别人向自己祝贺、赠礼时;
(9)别人为自己提供帮助时;
(10)向别人表示歉意时。

❷ 握手的方法

1)握手姿势

握手时,双方相距约1m远,双腿呈立正姿势,上身微向前倾,右臂自然向前伸日与身体略呈50~60°,手掌向左微向上,拇指与掌分开,其余四指并拢并微向内曲,与对方右手相握,上下稍许晃动三四次。在商务场合,与男士女士握手均可握全掌;在社交场合,与男士握手可握全掌,与女士握手可握住手指。

2)握手时间

握手的时间长短可因人、因地、因情而宜,不可久握。与初识者见面握手一般以2~3s为宜;与异性握手,应一握即可,不可握住久久不放,即便是同性间握手时间也不宜过长;老朋友或关系密切者间可以边握手边问候,时间也应控制在20s内间握手,以免引起他人误会。

3)握手力度

在多人相聚的场合握手时的力度要适当。不可用力过大而使对方有疼痛感,用力过轻或抓指尖的握手又显得妄自尊大或敷衍。男士与女士握手时,男士只需轻握一下女士的四指即可。

握手应脱去手套,否则就是失礼。在我国以双方握手为常见的礼节,伸过来右手以示亲切、尊重对方。

4)握手的"优先决定权"

(1)长辈主动伸手。年长者与年轻者相互握手,长者应先伸手,年轻者方可伸手。
(2)主人先伸手。主人有向客人先伸手的义务。无论客人是男还是女,作为主即便是男性的也应先向女客人伸手,以示欢迎。当客人告辞时,则应由客人先伸手与主人握

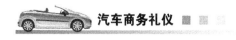

手,表示"再见"。

(3)上级或身份高者先伸手。下级要等上级先伸出手后再趋前握手。但宾主关系,主人即便是下级也应先伸手表示欢迎。

(4)女士先伸手。男女相见,特别时初次见面只有女士先伸出手后,男士方可伸出手与女士握手。

❸ 握手的禁忌

1)握手禁忌

握手时要注意动作、表情、语言的一致性,避开以下禁忌

(1)贸然伸手。遇到上级、长者、贵宾、女士时,自己不能抢先伸手,否则属失礼。

(2)目光游移。握手时精神不集中、四处顾盼、心不在焉、脸上毫无表情。

(3)久握不放。在人多情况下,只顾与一人握手,忽视冷淡别人或影响对方与他人握手。

(4)交叉握手。握手时争先恐后地与正在握手的人交叉握手。

(5)敷衍了事。握手时漫不经心地应付。

(6)该先伸手时不伸手。本应先伸手者在需握手的场合不主动伸手。

(7)出手时慢慢吞吞。在对方伸手后,自己犹豫不决、反应迟钝,出手慢慢吞吞。

(8)握手后用手帕揩手。与他人握手后,当众或当着对方的面以手帕揩手。

2)握手应注意的问题

除上述握手的主要忌讳外,还应注意:

(1)握手应用右手,不用左手(右手残疾者除外);

(2)不要在握手时戴手套、墨镜;

(3)不要在握手时将另外一只手插在衣袋中;

(4)不要在握手时长篇大论;

(5)不要在握手时把对方的手拉来推去;

(6)不要在握手后马上擦拭自己的手掌;

(7)不可隔着门槛握手;

(8)手不洁或有疾病,不要与他人握手,可向对方示意致礼;

(9)不要拒绝与他人握手;

(10)不要坐着与人握手。

❹ 握手的种类

1)对等式握手

这是标准的握手方式。握手时两人伸出的手心都不约而同地向着对方。这样的握手多见于双方社会地位都不相上下时,也是一种单纯的、礼节性的表达友好的方式。

2)双握式握手

美国人称政客式握手。据说在历届美国竞选总统时,几乎所有的竞选人都要以这种样式对上至亿万富翁,下至西部牛仔握手。样式:右手紧握对方右手的同时,再用左手加握对方的手背、前臂、上臂或肩部。从手背开始,对对方的加握部位越高,其热情友好的程

度也越高。

3）支配式握手

掌心向下或向左下。以这种方式握手的人想表达自己的优势、主动、傲慢或支配地位。这种人一般说话干净利索，办事果断，凡事一经自己决定就很难改变观点，作风不大民主。一般地位较高的人易采用这种方式与对方握手。

4）谦恭式握手

"乞讨式"握手，顺从式握手。掌心向上或向左上。以这种方式握手的人往往性格软弱，处于被动、劣势地位，这种人可能出示比较民主、和蔼、平易近人，对对方比较尊重、敬仰，甚至有几分畏惧。这种人往往易改变自己的看法，不固执，愿意受对方支配。

（二）鞠躬礼

鞠躬是源于中国古代的礼节东南亚诸国，这些国家至今仍沿用这种传统礼节

❶ 鞠躬礼的种类

鞠躬礼分两种。

1）三鞠躬

三鞠躬，也称最敬礼。立、目光平视、身体上部向前下弯行鞠躬礼三次。

2）一鞠躬

一鞠躬，即身体上部向前下弯行礼。

❷ 施鞠躬礼的方法

施鞠躬礼时，应立正站好上体前倾15°～90°（其具体前倾角度视行李者对受礼者尊敬程度而定），脖颈挺直，目光向下，鞠躬后视线落在对方脚尖部位（图4-1）。礼毕，身体恢复立正姿势，并眼睛注视受礼者。

图4-1　施鞠躬礼时眼神注视下方

施鞠躬礼前应先脱帽，动作不宜过快，要稳重端庄。如在接待时行鞠躬礼，口中可以说一些招呼性的问候语："您好"、"早上好"、"欢迎光临"等，在施鞠躬礼时，受礼者一般应以施礼者的上体前倾幅度大体相同的鞠躬礼还礼。但上级或长者还礼时，可以不行鞠躬礼，而以欠身点头或握手答礼。

1)根据施礼的角度,鞠躬一般分为三项(图4-2)
(1)点头礼:即15°鞠躬,用于一般性问候、打招呼。
(2)普通的鞠躬(也称中礼):即30°鞠躬,用于迎接宾客。
(3)恭敬的鞠躬(也称敬礼):即45°鞠躬,用于送别宾客。

a)15° 鞠躬

b)30° 鞠躬

c)45° 鞠躬

图4-2 施鞠躬礼的角度

2)正确的做法
(1)必须伸直腰、脚跟靠拢、双脚尖处微微分开,目视对方。
(2)然后将伸直的腰背,由腰开始的上身向前弯曲,当低下头时,头部垂低,背部微呈圆弯形状。
(3)弯腰速度适中,之后将垂下的头再次抬起时,动作可慢慢做,这样会令人感觉很舒服。

❸ 鞠躬礼的适用场合

1)一般日常场合
在鞠躬礼中的一鞠躬几乎适用于一切交际场合。鞠躬的度数越大,所表示的尊敬程度就越大。一般标准为:路遇客人打招呼弯15°;迎送客人弯30°;表示感谢弯45°~60°;但90°的大鞠躬常用于悔过、谢罪等特殊情况。

2)商务场合
商务人员迎宾送客往往需要行鞠躬礼。商务人员接待客人域送别客人时,为表示对客人重视尊重往往需要行鞠躬礼。

3)其他场合
(1)演员谢幕:演员表演完一个节目或演出结束。
(2)结婚典礼:在我国凡举行婚礼,一般都施行"新郎新娘三鞠躬"。新郎新娘都要向尊长、亲友和来宾施鞠躬礼,新人相互亦鞠躬。
(3)悼念活动:灵堂吊丧、参加追悼会、向遗体告别、赠送花圈像、遗体戴骨灰盒行鞠躬礼。

❹ 鞠躬礼的禁忌

(1)不站立或站立不直;
(2)边走边鞠躬;

(3)随意点头、弯身;
(4)咀嚼食物;
(5)说话东张西望;
(6)双手提拿物品或插入衣裤口袋;
(7)叼烟。

(三)合十礼

❶ 合十礼要领

又称合掌礼,是佛教礼节,盛行于印度和东南亚佛教国家。

合十礼(图4-3),又称"合掌礼",原是印度古国的文化礼仪之一,后为各国佛教徒沿用为日常普通礼节。行礼时,双掌合于胸前,十指并拢,十指在胸前相对合,五个手指并拢向上、掌尖和鼻尖基本持平、手掌向外侧倾斜、上身微欠低头、神情安详、严肃、口颂祝词或问候对方,以示虔诚和尊敬。

❷ 合十礼的类型

(1)跪合十礼:各国佛教徒拜佛祖或高僧时要行的一种礼节。

(2)蹲合十礼:某些国家的人在拜见父母或师长时的一种礼节。

(3)站合十礼:某些国家的平民之间、平级官员之间相拜,或公务人员拜见长官时常用的一种礼节。

图4-3 合十礼

(四)拥抱礼

拥抱这种礼节人们在各种场合都会常常使用,不论是私人生活中的交际,还是政府的正式外交场合,都会见到这种见面礼。拥抱作为礼节形式,有非正式和正式两种。

❶ 拥抱礼的施礼方法

施拥抱礼,一般是两人相对而立,右臂偏上,左臂偏下,右手环抚于对方的左后肩,左手环抚于对方的右后腰;按各自的方位,后头部及上身向右拥抱;再次向左拥抱,礼毕。

❷ 拥抱礼的施礼应注意的问题

(1)礼节性的拥抱,双方身体不可贴得很紧。

(2)在正式外事接待场合以握手礼为主。

(3)在正式场合,拥抱需谨慎使用。

对不喜欢拥抱礼的外国客人,如印度、日本及东南亚人等应慎用拥抱礼。

(五)其他国家问候礼仪

(1)澳洲毛利人喜欢碰鼻子行礼。

(2)阿拉伯人常用"在你面前的是你的亲人,在你面前摆着的是平坦的道路",来表示问候。

(3)印度人的问候方式是见面时以鼻额相碰,彼此紧紧拥抱。在非洲,有的民族见面后互问"你出汗的情况怎样",以表示关心与问候。因为这个地区流行热病,得了热病的人,皮肤就会变得干燥,而健康人的皮肤一般是湿润的,因此在这里,皮肤出汗与否是衡量人们是否健康的标志。

(4)尼泊尔宾主相见时,双手合十,口中道声"纳马斯得"。在山区,主宾相见时,主人伸出舌头表示对客人的欢迎。因为舌头和心都是鲜红的,红舌头代表赤诚的心。

(5)非洲通行的打招呼方式是举起右手,手掌向着对方,目的是表示"我的手里并没有握石头。"它是在表示:"没有武器。"是友好的象征。非洲有的部落有个奇怪的礼节,即表示珍爱一个人或一个物时,要吐唾沫。当部落的战士第一次遇到小孩时,要朝他吐口唾沫。在触摸一件新武器时,要先在自己手上吐唾沫。这可能是一种古老的遗俗,因为一些原始人认为,口水可以避除邪恶。

(6)回族是诚实憨厚、讲礼貌的民族,待客十分热情。回族亲友相逢,要互道"色俩目";谈话时,不能左顾右盼,表现出不耐烦的样子;不能挑剔牙齿,或将手指塞进鼻孔中;不能当着别人的面吐痰、抹鼻涕。家里来客人后,主人要马上沏茶、备饭,一般不能对客人说"你喝茶吗?"、"你吃饭了没有?"喝茶要喝盖碗茶,要当着客人的面,将碗盖揭开,放入冰糖、核桃仁、红枣、葡萄干、桂圆等滋补品,然后盛水加盖,双手捧递。

(7)阿尔巴尼亚的礼仪有很多讲究,在阿尔巴尼亚语中,对生病、生育、乔迁、婚丧,都有成套问候的语言。如过生日时,人们会说"祝像高山一样长寿"、"像雄狮那样结实";生育时,人们祝产妇"再生100个";办丧事时,人们通常讲"与您同哀"、"望您逢凶化吉"、"化悲哀为乐"等。

(8)对美国人而言,他们并不会到处拥抱、亲吻遇见的每一个人。当然,女性们可能会在见面时彼此紧抱一下以示友好;而且在某些上流社交圈里,轻吻对方的面颊是很普遍的礼节。但除了对家人与好友外,美国人通常不会经常随便拥抱他人。此外,并不是每一位美国人都习惯拥抱他人。因此,不要随便把手臂环住你碰到的美国人。他可能会跟你一样地不自在。

(9)日本人见面多以鞠躬为礼。比较熟悉的人见面互相鞠躬以2~3s为宜;如果遇见好友,弯腰的时间要稍微长些;在遇到长辈的时候要等长辈抬头以后才可抬头,有时甚至要鞠躬很多次。

(10)澳大利亚人很讲究礼貌,在公共场合从来不大声喧哗。在银行、邮局、公共汽车站等公共场所,都是耐心等待,秩序井然。握手是一种相互打招呼的方式,拥抱亲吻的情况罕见。

(11)泰国人以双手合十,男性将双手放置于脸部前方,女性则置于胸前,是对彼此及长辈打招呼的方式。

(12)印度尼西亚人碰到朋友或熟人的传统礼节是用右手按住胸口互相问好,对一般人则以握手问好。

(13)马来西亚,两人双手交握(右手掌放入对方双手掌中)一下。双手微触额头一下。双手微触胸前一下。

(14)伊朗人只要一见面就要热情地说"萨拉姆"(你好)打招呼。与人说话时双手要平放,不可交叉。

(15)老挝人见面行合十礼,他们对尊贵客人行栓线仪式,他们称为"巴洁"。

(16)在约旦,人们端来咖啡与水果表示礼仪。

五 位次礼仪

位次的含义是"在先权的次序",所以位次的实质是在先权,即谁先谁后的问题。在商务实践中,位次也称主宾次序,如果安排不当则会引起不必要的争执和沟通障碍,甚至影响企业合作。在商务活动中,位次的排列往往备受人们关注。因为位次是否规范,是否合乎礼仪的要求,既反映了商务人员自身的素养、阅历和见识,又反映了对交往对象的尊重和友善程度,因此每一位商务人员在正式的交往中,尤其在一些较为隆重而热烈的场合,对位次的问题必须认真对待。

(一)行进的位次

所谓行进中的位次排列,指的是人们在步行的时候位次排列的顺序。在陪同、接待来宾或领导时,行进的位次引人关注。

❶ 行进位次的常规做法

常规做法有两个不同的方面:与客人并排行进时,有并排行进的做法;与客人单行行进时,有单行行进的做法。

(1)并排时,中央高于两侧,内侧高于外侧。并排行进的要求是中央高于两侧,内侧高于外侧,一般要让客人走在中央或者走在内侧,这是并排行进时的做法。

(2)单排时,前方为上。当与客人单行行进时,即一条线行进时,标准的做法是前方高于后方,以前方为上,如果没有特殊情况的话,应该让客人在前面行进。

❷ 上下楼梯的位次

上下楼梯是在商务交往中经常遇到的情况。上下楼梯时位次排列要注意两点:

1)单行行进

首先要单行行进。上下楼梯时因为楼道比较狭窄,并排行走会阻塞交通,是没有教养的标志。没有特殊原因,应靠右侧单行行进。

2)以前方为上

单行行进时要注意的问题是前方应高于后方,以前方为上。一般情况下,应该让客人走在前面,把选择前进方向的权利让给客人。

不过需要强调的是,如果陪同接待的客人是一位女士,而女士又身着短裙,在这一情况下,接待陪同人员要走在女士前面,不要让女士高高在上,因为女士穿着短裙高高在上有可能会出现"走光"的问题,这是不允许的。

❸ 出入电梯的位次

目前很多大公司的办公楼中都有升降式电梯,它们一般分为有人值守和无人值守两种情况。掌握客人与陪同者不同的出入顺序,以及电梯的升降钮、楼层钮、开关钮,控制好电梯门以免夹挤客人,同时帮助客人指引好方向,是非常重要的。

1)出入有人控制的电梯

出入有人控制的电梯,陪同者应后进去后出来,让客人先进先出。把选择方向的权利让给地位高的人或客人,这是走路的一个基本规则。当然,如果客人初次光临,对地形不熟悉,还是应该为他们指引方向。

2)出入无人控制的电梯

出入无人控制的电梯时,陪同人员应先进、后出并控制好开关钮。电梯设定程序一般是30s或者45s,时间一到,电梯就走。有时陪同的客人较多,导致后面的客人来不及进电梯,所以陪同人员应先进电梯,控制好开关钮,让电梯门保持较长的开启时间,避免给客人造成不便。

❹ 出入房门的位次

没有特殊原因,出入房门的标准做法是位高者先进或先出房门。但是如果有特殊情况的话,比如需要引导、室内灯光昏暗、男士和女士两个人单独出入房门,那么标准的做法是陪同接待人员要先进去为客人开灯、开门,出的时候也是陪同接待人员先出去为客人拉门、导引。

(二)乘车的位次

商务往来乘车出行是非常频繁的。有关乘车的礼仪,主要包括乘坐时的座次与礼待他人两个方面的内容。而车辆的类型不同,乘车时座次的排列也大为不同。一般情况下,上下车时,应该让客人先上车,后下车。当然,如果很多人坐在一辆车中,谁最方便下车谁就先下车。乘车时,最重要的一个问题是车里位次的尊卑问题,总原则是"由前而后,自右而左"。

❶ 乘坐吉普车时

前排驾驶员身旁的副驾驶座为上座。车上其他的座次,由尊而卑依次为:后排右座,后排左座。

❷ 乘坐四排座或四排座以上的中型或大型轿车时

通常应以距离前门的远近来确定座次,离前门越近,座次越高;而在各排座位中,则又讲究"右高左低"。

❸ 乘坐双排座位或三排座轿车时

座次的具体排列,因驾驶员的身份不同,具体分为:

1)由车主亲自驾驶轿车

(1)双排五座轿车。

这种情况下,双排五座轿车上其他四个座位的座次,由尊而卑依次应为:副驾驶座、后排右座、后排左座、后排中座。

(2)三排七座轿车。

三排七座轿车上其他六个座位的座次,由尊而卑依次应为:副驾驶座、中排右座、中排中座、中排左座、后排右座、后排中座、后排左座。

当主人亲自驾车时,若一个人乘车,则必须坐在副驾驶座上;若多人乘车,必须推举一个人在副驾驶座上就座,不然就是对主人的失敬。

2)由专职司机驾驶轿车

(1)双排五座轿车。

在这种情况下,双排五座轿车上其他四个座位的座次,由尊而卑依次应为:后排右座、后排左座、后排中座、副驾驶座。

(2)三排七座轿车。

在这种车上,其他六个座位的座次,由尊而卑依次应为:后排右座、后排左座、后排中座、中排右座、中排左座、副驾驶座。

(3)三排九座轿车。

三排九座轿车上其他八个座位的座次,由尊而卑依次应为(假定驾驶座居左):中排右座、中排中座、中排左座、后排右座、后排中座、后排左座、前排右座、前排中座。

根据常识,轿车的前排,特别是副驾驶座,是车上最不安全的座位。因此,按惯例,在社交场合,该座位不宜请女性或儿童就座。在公务活动中,副驾驶座,特别是双排五座轿车上的副驾驶座被称为"随员座",循例专供秘书、翻译、警卫、陪同等随从人员就座。

❹ 乘车注意事项

(1)按国际惯例,除宾客只有女宾一人外,女士不坐副驾驶位置。

(2)主人亲自驾车时,若宾客只有一人,则应陪坐于主人之侧。

(3)如果同座有多人,坐于前座的主客中途下车,在座的宾客也应该下车,改坐前座。

(4)坐小轿车后座位者,上车时应依三二一的秩序上车,下车时则依一二三的秩序下车。如有女士在座,应该礼让女士优先。

(5)主人夫妇同车而主人驾车时,主人夫妇坐前座,宾客夫妇坐后座。如主人驾车搭载友人夫妇,则应邀请友人坐前座,友人之配偶坐后座。前座如果是男士,其后座为女士;反之亦然。交叉座次是因为西方人认为这样才能引起话题。

(三)会客的位次

分为相对式和并列式两种。

❶ 相对式

具体做法是宾主双方面对面而坐。这种方式显得主次分明,适用于公务性会客,通常又分为两种情况。

1)面门为上

双方就座后,一方面对正门,另一方背对正门。此时讲究"面门为上",面对正门之座应请客人就座;背对正门之座由主人就座(图4-4)。

2)以右为上

双方就座于室内两侧,并且面对面地就座。此时讲究进门后"以右为上",即进门后右侧之座应请客人就座;左侧之座由主人就座(图4-5)。

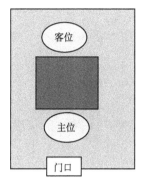 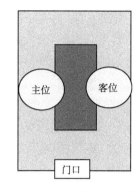

图 4-4　相对式面门为上会客位次　　　图 4-5　相对式以右为上会客位次

❷ 并列式

基本做法是宾主双方并排就座,以暗示双方"平起平坐"、地位相仿、关系密切。具体也分为两类情况。

1) 以右为上

双方一同面门而坐。此时讲究"以右为上",即主人要请客人就座在自己的右侧。其他人员可分别在主人或主宾的一侧,按身份高低依次就座(图4-6)。

2) 以远为上

双方一同在室内的右侧或左侧就座。此时讲究"以远为上",即距门较远之座为上座,应当让给客人;距门较近之座为下座,应留给主人(图4-7)。

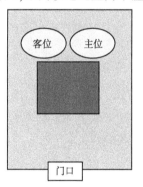 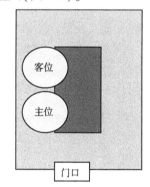

图 4-6　并列式以右为上会客位次　　　图 4-7　并列式以远为上会客位次

❸ 其他方式

1) 居中式

所谓居中式排位,实为并列式排位的一种特例。它是指当多人并排就座时,讲究"居中为上",即应以居于中央的位置为上座,请客人就座;以其两侧的位置为下座,由主方人员就座。

2) 主席式

主要适用于正式场合,由主人一方同时会见两方或两方以上客人。一般应由主人面对正门而坐,其他各方来宾则应在其对面背门而坐。这种安排犹如主人正在主持会议,故称之为主席式。

3）自由式

自由式的座次排列，即会见时有关各方均不分主次、不讲位次，而是一律自由择座。自由式通常用在客人较多，座次无法排列，或者大家都是亲朋好友，没有必要排列座次时。进行多方会面时，此法常常采用。

4）特殊安排

其他如有特殊情况时，会客室座位的安排也要兼顾特殊性。有些人位居高职，却不喜欢坐在主位，如果他坚持一定要坐在靠近门口的位子时，你要顺着他的意思，让客户自己去挑选他喜欢的位置，接下来你只要做好其他位子的顺应调整就好。

（四）谈判的位次

❶ 双边谈判

举行双边谈判时，应使用长桌或椭圆形桌子，宾主应分坐于桌子两侧。

如果谈判桌横放，遵守"面门为上"的原则，面对正门的一方为上，应属于客方；背对正门的一方为下，应属于主方。如果谈判桌竖放，应以进门的方向为准，遵守"以右为上"原则，右侧属于客方；左侧为下，属于主方。

进行谈判时，各方的主谈人员应在自己一方居中而坐。

❷ 多边谈判

多边谈判的座次排列，有两种形式：

1）自由式

自由式座次排列，即各方人士在谈判时自由就座，而无须事先正式安排座次。

2）主席式

主席式座次排列，是指在谈判室内，面向正门设置一个主席位，由各方代表发言时使用。其他各方人士，则一律背对正门、面对主席之位分别就座。各方代表发言后，亦须下台就座。

（五）签字仪式的位次

举行签字仪式，签字桌在签字厅里横放，双方主签者面对房间正门就座，惯例为右高左低。面对房门右侧坐的是客方，左侧坐的是主方，以客为先。

双方助签人，就是帮助翻页、吸墨、拿笔、递送合同文本的那个人，站在各自主签者外侧。其他参加仪式的人，有两个具体的排列办法：

❶ 坐在各自签字者的对面

比如我是主方签字人，我的随从或者有关人员，坐在我的对面；你是客方，那么你的人坐在你的对面。

❷ 站在各自签字者的后侧

站在双方签字人的后侧。具体方式是内侧高于外侧，由高而低向两侧分列。比如我是主签人，我的后面站的是我方最高人士，然后按地位依次向外侧排开；你的后面站的是你方地位最高的人,然后按地位依次向外侧排开。

(六)会议的位次

❶ 会议排位基本原则

(1)以右为上(遵循国际惯例);

(2)居中为上(中央高于两侧);

(3)前排为上(适用所有场合);

(4)远门为上(远离房门为上);

(5)面门为上(良好视野为上)。

❷ 大型会议的位次安排

(1)大型会议应考虑主席台、主持人和发言人的位次;

(2)主席台的位次排列要遵循三点要求:前排高于后排;中央高于两侧;右侧高于左侧;

(3)主持人之位,可在前排正中,也可居于前排最右侧;

(4)发言席一般可设于主席台正前方,或者其右方。

❸ 小型会议的位次安排

举行小型会议时,位次排列需要注意两点:

(1)讲究面门为上,面对房间正门的位置一般被视为上座;

(2)小型会议通常只考虑主席之位,同时也强调自由择座。例如主席也可以不坐在右侧或者面门而坐,也可以坐在前排中央的位置,强调居中为上。

❹ 洽谈会的位次安排

举行双边洽谈时,应使用长桌或椭圆形桌子,宾主应分坐在桌子两侧。桌子横放,以面对正门的一方为上,属于客方。桌子竖放,以进门的方向为准,右侧为上,属于客方。

在进行洽谈时,各方的主谈人员在自己一方居中而坐。其余人员则应遵循右高左低的原则,依照职位的高低由近而远地分别在主谈人员的两侧就座。

❺ 茶话会的位次安排

茶话会的座次排列方式主要有以下四种:

(1)环绕式;

(2)散座式;

(3)圆桌式;

(4)主席式。

(七)宴会的位次

❶ 宴会位次的基本原则

排列宴会桌位、席次,宴会厅内摆放圆桌时,通常应以下基本原则进行具体定位。

(1)面门为上;

(2)居中为上;

(3)近主为上；
(4)前排为上；
(5)以远为上；
(6)以右为上。

❷ 宴会位次两大问题

在正式的商务宴请中，位次的排列往往比菜肴的选择更引人注目。宴会的位次列涉及两大问题：其一，桌次，不同餐桌数码的安排；其二，座次，每张餐桌具体的上下尊卑位次。

1）桌次

在正式宴会上，进餐者往往不止一桌。当出现两张以上的餐桌时，就出现了桌次排列问题。桌次排列的基本要求有三：第一，居中为上；第二，以右为上；第三，以远为上，即离房间正门越远，位置越高。

2）座次

餐桌上具体位置的排列需要抓住以下三个关键点：第一，面门居中者为上，坐在房间正中央位置的人一般是主人，称为主位；第二，主人右侧的位置是主宾位；第三，宾主双方其他赴宴者有时候不必交叉安排，可以令主人一方的客人坐在主位的左侧，客人一方的人坐在主位的右侧，也就是主左宾右。

❸ 西餐座次礼仪

(1)女士优先。在西餐礼仪里，排列用餐席位是，一般女主人为第一主人，在主位就座。而男主人为第二主人，坐在第二主人位置。

(2)距离定位。西餐桌上席位的尊卑，是根据其距离诸位的远近决定的。据主人位近的位置要高于据主位远的位置。

(3)以右为尊，排定席位时，以右为尊是基本原则。就某一具体位置而言，按礼仪规范其右侧要高于左侧之位。在西餐排席时，男主宾要排在女主人的右侧，女主宾排在男主人的右侧，按此原则，依次排序。

(4)面向门为上。在餐厅内，以餐厅门作为参照物时，按礼仪的要求，面对餐厅正门的位置要高于背对餐厅正门的位置。

(5)交叉排序。西餐排列席位时，应按照交叉排列的原则，及男女应当交叉排列，熟人和生人也应当交叉排列。一个就餐者的对面和两侧往往是异性或不熟悉的人，这样可以广交朋友。

❹ 中餐座次礼仪

中国的饮宴礼仪中，作为客人，赴宴讲究仪容，根据关系亲疏决定是否携带小礼品或好酒。赴宴守时守约。抵达后，先根据认识与否自报家门，或由东道进行引见介绍，听从东道安排，然后入座。

这个"排座次"，是整个中国饮食礼仪中最重要的一部分。从古到今，因为桌具的演进，所以座位的排法也相应变化。总的来讲，座次是"尚左尊东"、"面朝大门为尊"。家宴首席为辈分最高的长者，末席为辈分最低者。

5 宴会中敬酒位次

宴席上敬酒,应合乎礼仪规范:第一杯由主人提议干杯,全桌共饮;第二杯是主人跟其右手边的人,也就是主宾干杯。第三杯怎么办？第三杯应该按照顺时针方向进行了,即该左边这位开始敬酒。

一般情况下,敬酒应以年龄大小、职位高低、宾主身份为先后顺序,一定要充分考虑好敬酒的顺序,分清主次。即使和不熟悉的人在一起喝酒,也要先打听一下身份或是留意别人对他的称呼,酒桌上不要强自出头、喧宾夺主、冒犯尊严。

六 电话礼仪

案例导入

场景一:铃声终于激怒了老总

"开会了,开会了!"大家都来到了会议室。总经理召集各部门经理开会,布置下一个季度的营销任务。老总刚清了清嗓子准备说话,一阵刺耳的电话铃声响了起来,李经理忙不迭地站起来跑出去接电话。老总脸上显出了愠色。会议继续进行,可是,不是这里在低头小声接电话,就是那里突然一声铃声。老总突然一拍桌子,把大家吓得一哆嗦。"把手机关了,我不相信关一会儿手机会死人!"

场景二:来电吵醒邻床病友

刘先生到医院探访病人,公司的同事来电话,铃声让另一床正闭目养神的病人睁开了眼。刘先生接起电话就谈上了工作。尽管电话时间不长,但那位被吵醒了的病人一直脸色不悦。

场景三:铃声搅乱音乐会

邱女士在北京音乐厅听一场由著名大师指挥的交响乐。音乐演奏到高潮处,全场鸦雀无声,凝神谛听,突然手机铃声响起,在宁静的大厅中显得格外刺耳。演奏者、观众的情绪都被打断。大家纷纷回头用眼神责备这位不知礼者。

场景四:是个男的

"喂,王姐,你的电话,是个男的"。小赵接了一个电话,大声地招呼王姐过去接电话。整个办公室的人都听到了有个男的找王姐,大家都抬起头来看着王姐。王姐非常不好意思地过去接电话。

场景五:小道消息

小丽接到一个电话,"帮我叫一下小飞。"小丽听出是局长的声音,她赶紧把小飞叫来,自己就在不远处竖起耳朵听电话,她听到小飞说"好,我马上去您办公室。"小飞匆匆走了。小丽立即跑到张大姐那里:"张大姐,局长叫小飞去一趟,一定是他那天喝醉酒打人的事被局长知道了,这还不得严厉处分,弄不好开除呢。"过了几天,单位里都在传:"小飞喝醉酒打人被局长狠狠批评了"。

(一) 拨打电话

电话被现代人公认为便利的通讯工具,在日常工作中,使用电话的服务礼仪,往往直接影响着一个部门的声誉;在日常生活中,我们通过电话也能粗略判断对方的人品、性格。因而,掌握正确的、礼貌待人的拨打电话的方法是非常必要的,否则,不仅会影响他人工作,还会有损公司形象。

❶ 拨打前要时间与时机选择得当

拨打前,注意选择对方方便的时间拨打电话。

(1) 公务电话应尽量打到对方单位,最好避开临近下班的时间,因为这时打电话,对方往往急于下班,很可能得不到满意的答复。

(2) 打国际长途要了解时差。

(3) 谈公事不要占用他人的私人时间,尤其是节假日时间。

(4) 社交电话最好不要在工作时间打,以免影响他人工作。

(5) 不要在他人的休息时间打电话。若确有必要往对方家里打电话时,应注意避开吃饭或睡觉时间,早晨8点钟以前、晚上10点钟以后不宜打电话到他人家里。

❷ 拨打中要注意控制时间、保持礼貌

1) 注意控制时间

每个人上班都要处理大量公务,单位里的电话是用来处理公务的,所以打电话的人应当自觉地、有意识地将每次通话的时间限定在3分钟之内,尽量不要超过。为了节约他人和自己的时间,应做到以下几点。

(1) 事先准备。通话之前,最好把对方的姓名、电话号码、通话要点等通话内容列出一张清单,这样可以避免出现现说现想,缺少条理,丢三落四。

(2) 简明扼要。电话内容应言简意赅,切忌长时间占用电话聊天。办公室的电话用于办公,最好不在上班时间内打私人电话。商务通话,最忌讳说话吞吞吐吐、含糊不清、东拉西扯。寒暄后,就应直言主题,不要讲空话、废话,也不要无话找话、短话长说。

(3) 适可而止。要讲的话已说完,就应果断地终止通话。有人觉得,别人都还没有意思要挂电话,自己先挂好像不礼貌,所以有的公司规定要对方挂了之后自己才能挂。按照电话礼仪,一般应该由通话双方中地位高者终止通话;如果双方地位平等,那么作为主叫方应该先挂。

2) 注意保持礼貌

电话接通后,除首先问候对方外,别忘记自报单位、职务、姓名。必要时,应询问对方是否方便,在对方方便的情况下再开始交谈。开口就打听自己需要了解的事情,咄咄逼人的态度是令人反感的。请人转接电话,要向对方致谢。由于某种原因,电话中断了,要由打电话的人重新拨打。通话完毕时应道"再见",然后轻轻放下电话。

3) 将笑容融入声音

当我们打电话给某单位时,若一接通,就能听到对方亲切、优美的招呼声,心里一定会很愉快,使双方对话能顺利展开,对该单位有了较好的印象。打电话时虽然相互看不见,

但说话声音的大小,对待对方的态度,包括语调和心情这些看不见的风度表现,都通过电话传给了对方。商务人员应该用声调表达出你的诚恳和热情,声音悦耳,音量适中,这是最简单、最起码的礼貌。如果你要使你电话里的声音好听,你试一试带着微笑说"你好,这里是××公司",不仅能给对方留下好的印象,对方对你所在的单位也会有好印象。因此要记住,接电话时,应有"我代表单位形象"的意识。

(二)接听电话

1 接听及时

(1)电话铃声响起后,应尽快接听,最好响三声之内拿起话筒。现代工作人员业务繁忙,电话铃声响一声大约3秒钟,若长时间无人接电话或让对方久等,是很不礼貌的,对方在等待时心里会十分急躁,你的单位会给他留下不好的印象。

(2)电话铃响了许久才接电话,要在通话之初向对方表示歉意。

(3)不要在铃声才响过一次就接电话,这样会令对方觉得突然。

2 礼貌应答

(1)拿起话筒后,首先向对方问候"您好",然后自报家门:"这里是××公司××部"。电话用语应文明、礼貌,态度应热情、谦和、诚恳,语调应平和,音量要适中。

(2)切忌拿起电话劈头就问:"喂!找谁?"也一定不能用很生硬的口气说"他不在"、"打错了"、"没这人"、"不知道"等语言。

(3)接听电话过程中绝对不能吸烟、喝茶、吃零食,即使是懒散的姿势对方也能够"听"得出来。如果你打电话的时候,弯着腰躺在椅子上,对方听你的声音就是懒散的,无精打采的;若坐姿端正,所发出的声音也会亲切悦耳,充满活力。因此打电话时,即使看不见对方,也要当作对方就在眼前,尽量能注意自己的姿势。

(4)会议期间有人打来电话,可向其说明原因,并表示歉意,会后联系。

(5)接听电话期间,又有电话打来,可对正在通话的一方说明原因,然后接听另一部电话,告诉对方正在接电话请稍候再拨,然后再继续方才的电话。

3 了解来电目的

(1)上班时间打来的电话几乎都与工作有关,公司的每个电话都十分重要,不可敷衍,即使对方要找的人不在,切忌只说"不在"就把电话挂了。接电话时也要尽可能问清事由,避免误事。我们首先应了解对方来电的目的,如自己无法处理,也应认真记录下来,委婉地探求对方来电目的,就可不误事而且赢得对方的好感。

(2)认真倾听对方的电话内容,听电话时,应说"是、好"等,让对方感到你在认真地听,不要轻易打断对方的说话。

(3)在谈话开始时,写下客户的名字,在与对方交谈时,经常对对方指名或道姓称呼;

(4)上司如果不接电话,应设法圆场,不让对方感到难堪和不安;

(5)对于自己不了解的人或事情不能轻易表态,尤其是否定,应有不拒绝任何可能的机会的意识;

(6)通话时如果有他人过来,不得目中无人,应点头致意,如果需要与来人讲话,应讲

"请您稍等",然后捂住话筒,小声交谈。

④ 再次确认

接电话时,对对方的谈话可作必要的重复,重要的内容应简明扼要地记录下来,如时间、地点、联系事宜、需解决的问题等。

⑤ 结束用语

(1)电话交谈完毕时,应尽量让对方先挂断电话,若确需自己来结束,应解释、致歉;
(2)通话完毕后,要向对方道再见,等对方放下话筒后,再轻轻地放下电话,以示尊重;
(3)接到误拨的电话,应礼貌相对,不能恶狠狠地说"打错了"然后用力挂上。

⑥ 挂机礼仪

电话完毕,应等对方挂机后再挂机,不要仓促挂断,甚至对方话音没落,就挂断。挂电话的声音不要太响,以免让人产生粗鲁无礼的感觉。

留言或转告要立即执行,将来电所托事项填写在"电话留言便条"上,以口头形式传达,或以便条形式传递。

⑦ 接听电话流程、话术及注意事项(表4-3)

接听电话流程、话术及注意事项　　　　　表4-3

顺序	基本话术用语	注意事项
1.拿起电话听筒,并告知自己的姓名	"您好,××××××公司,我是这里的销售顾问×××,请问有什么可以帮您的吗?"如上午10点以前可使用"早上好"	1.电话铃响3声之内接起; 2.在电话机旁准备好记录用的纸笔; 3.接电话时,不使用"喂——"回答; 4.音量适度,不要过高; 5.告知对方自己的姓名
2.确认对方	"X先生,您好" "感谢您的关照"等	1.必须对对方进行确认; 2.如是客户要表达感谢之意
3.听取对方来电用意	"是"、"好的"、"清楚"、"明白"等回答	1.必要时应进行记录; 2.谈话时不要离题
4.进行确认	"请您再重复一遍"、"那么明天在××,9点钟见"等	1.确认时间、地点、对象和事由; 2.如是传言必须记录下电话时间和留言人
5.结束语	"清楚了"、"请放心……"、"我一定转达"、"谢谢"、"再见"等	
6.挂断电话		等对方放下电话后再轻轻放回电话机上

(三)代接电话

① 以礼相待,尊重隐私

当来电话的人说明找谁之后,不外乎三种情况:一是刚好是要找的人接电话;二是要找的人在,但不是他接电话;三是要找的人不在办公室里。

第一种情形,说"我就是,请问您是哪位?"

第二种情形,接话人说:"他在旁边,请稍候。"

第三种情形,接话人则说:"对不起,他刚出去。您需要留言吗?"不能过分追问对方情况,例如"你找他有什么事"、"你是他什么人",这些都是非常失礼的表现。你应说:"请稍等!"如果没有看见对方找的人,要立即告之:"对不起,他不在,需要(方便)我转告什么吗?"但询问对方姓名后再说"他不在",很容易引起对方的误解。

❷ 把握分寸,妥善处理

若熟人找领导,且领导在的话,就立即转告,让领导接电话。当需要把电话转给领导时,在传达电话前,要清楚表达"××公司××先生打来的电话",同时,要把从对方得到的消息,简洁、迅速地传给领导,以免对方再重复一次,同时让你的领导有个思想准备。

若是领导不愿接的电话,对于需要搪塞的场合,则应灵活应付,恰当地把握讲话的分寸,按领导意图妥善处理;有时需要机智巧妙,避免给领导接通他所不想接的电话,秘书有责任使领导避开浪费时间的、不必要的电话,有责任辨别领导乐于和哪些人通电话,并应通晓如何巧妙地对待他人。如说"对不起,先生。××领导刚离开办公室"或"我不知何时能找到他。"

若领导正忙或已出差无法接电话时,可让对方留话,表示会主动联系。

❸ 记忆准确,做好记录

当对方要找的人不在时,应温和地转告对方,并可主动提出是否需要帮助,是否可找别人讲话以及对方的电话号码等,以便再与其联络,绝不要简单地回答"他不在",这样会显得鲁莽而无礼。要是对方有留言,必须确实记住留言内容如下:

(1)谁来的电话(Who);

(2)打电话找谁(Whom);

(3)来电的内容(What);

(4)来电的原因(Why);

(5)来电提到的地点(Where);

(6)时间(When)。

记完后要复述一遍,并告其请放心,一定转告。

❹ 及时传达,不可误事

当见到对方所要找的人时,应立刻将电话内容告知对方,或把留言条放到留言对象的桌上,以便他回来时能立刻看到。

千万不要小看这些商务电话的细节。你如果能够很好地运用这些电话礼仪,就能让客户觉得你训练有素,值得信赖。如果公司的每一个员工都有正确得体的电话礼仪,其效果无异于塑造了一个电话里的公司新形象。

(四)手机使用礼仪

(1)重要会议(特别是会见客户时)应关闭手机或改为振动方式;

(2)在与客户洽谈时,尽量不要接听,如有必要接听的手机电话,一定要离位,但要注意,与客户谈话做此举动往往会引起客户不满,尽管他并不表示出来;

(3)不要借用客户的手机打电话。

七 公司日常交往礼仪

在公司的办公场所,接待客人、洽谈业务时,有许多场合需要用到下列礼仪,如果大家能掌握了解它,会使你的工作变得更加顺利自如,客户也产生宾至如归的感觉。

(一)办公室布置

办公室是企业的门面,是来访者对企业的第一印象。办公室不是家里,不需要温馨浪漫,也不是酒店,不需要豪华气派。办公室既是工作的地方,又是社交的场所,对它的布置要求应当是整洁、有序、安全,既能使办公人员感到舒适、提高效率,又能展示出企业的文化,给来访者留下良好的印象。办公室布置的主要要求如下。

❶ 勤于打扫

要勤于清理环境卫生,处理好纸屑、烟灰等垃圾,保证办公室地面、天花板以及桌面和办公设备的清洁。

❷ 通风换气

要保持室内空气清新,光线充足,室内应经常通风换气,将办公桌放在光线好的地方。

❸ 整洁干净

桌面保持整齐干净。桌面上只摆放必要的办公用品,且分门别类放好,不要将杂志、报纸、餐具、公文包等堆放在桌面上,也不应摆放私人相片等物。保持办公桌的清洁是一种礼貌。如果他人看到凌乱的办公桌,就对这个桌子的主人打了折扣。

❹ 文件归档

各类文件、资料应当及时按类按月归档,装订整理好,按顺序放入文件柜。

❺ 摆放有序

办公室内的桌椅、文件柜、电脑、复印机等办公设备的摆放,应在安全的前提之下以方便、高效为原则。

❻ 适度装饰

办公室可将企业理念、徽标、名人字画、有特殊意义的照片等作为装饰,也可摆放一些盆景、花草等,既美化环境,又能展现文化气息。

(二)工作场所言行举止

❶ 跟同事遇见主动打招呼

在办公室内你应向经过你办公桌的人主动打招呼,无论他们的身份是同事或者是老板,都要一视同仁。对于上司,态度要礼貌周到,若接近其身边,要站好后再打招呼;而一般熟悉的同事之间则不必拘束,可以用互相了解及喜欢的方式打招呼。同事之间如果非常熟悉或得到对方许可,则可直称其名,但无论如何不应该于工作场合中叫对方的小名、绰号,如"帅哥"、"美女"或"好好先生"等。因为这些称呼含有玩笑意味,会令人觉得不庄重,同时在工作场合不应用肉麻的话来称呼别人,如"亲爱的"、"老大"等。

看见有人经过你的身旁而不打招呼,是十分无礼的。至于对周围的同事和较熟悉的同事,更应保持有礼、和善的态度,不论早上进公司、中午休息吃饭或晚上离开公司都要打招呼,千万不要"来无影、去无踪"。

❷ 电梯使用礼仪

1) 电梯遇见老板,主动打招呼

电梯遇见老板,要主动大方地向他打招呼,不宜闪躲或假装没看见。若只有你和老板两人在电梯内,也可聊一些普通的事或简单地问候一下。万一他的反应十分冷淡或根本不理,那么以后见面只需礼貌地打声招呼即可。最好不要与老板在电梯内谈论公事,以免使人讨厌。在拥挤的电梯内,如果没有人说话,最好也不要开口。若遇到同事向你打招呼或是目光相遇,你应适时地点头、微笑,甚至回应,视而不见是最要不得的。

2) 电梯乘坐注意事项

(1) 乘坐电梯不要同时按上下行按钮;

(2) 乘电梯应先下后上,千万不能堵在门口,应让出通道;

(3) 先上的人员应主动按住按钮,以防电梯门夹人;

(4) 进入电梯后应自觉面对电梯门靠边站立;

(5) 出入电梯应以方便为主,如有可能也要注意通常的礼仪,如女士、老人优先;

(6) 乘坐滚梯时应站在滚梯的右边。

(7) 关门时应注意后边的人。电梯门关闭时如后面有人跟近,一定不要马上松开按钮,应等对方能够扶住门时才松手,以免门自动关闭,伤到他人;

(8) 如果你前面有人为你撑开门时,应加快脚步,用手扶住门,并道谢。

❸ 回应他人招呼

(1) 老板招呼你时,你要客气地回答"是的,××老板(×总)","是的,××先生"。

(2) 别人招呼你时,应立刻有所回应,即使正在接听电话也应放下话筒,告诉他正在那儿接听电话,待会儿就来。不要留待事后解释,以免造成误会。

❹ 离开时主动报告

离开办公室时,应记住向主管报告,询问是否还有吩咐然后再离开。

❺ 下列情形时,应立即站起来招呼

在办公室内坐着时,如果有人进来,究竟应不应该站起来?到底有哪些时候非起立不可的?当以下情形发生,你就应立即站起身来:

(1) 顾客(不论男女)进来时。

(2) 职位比你高的领导进来时。

(3) 职位与你同等的女性行政人员。但如果她因工作需要常进出你的办公室,那就另当别论了。

(4) 开会时一位女性正好进入或离开会议室时,只有坐在她旁边(特别是左边)的男士应站起来为她服务,帮忙拉开椅子,其他位子的男士依然可坐着。

(5)贵宾要离席时,不论他是男士或女士,都不可任由贵宾单独离席,应有人陪同及恭送。

❻ 注意沟通漏斗

一个团队要共同完成一项任务,必须要配合默契。一个企业要发展壮大,员工之间必须达成有效的合作,合作的默契源于沟通,是对沟通的升华。在工作中尽可能减少沟通漏斗,才能达到更好的理解,才能更出色地完成工作。

沟通漏斗呈现的是一种由上至下逐渐减少的趋势,因为漏斗的特性就在于"漏"。对沟通者来说,是指如果一个人心里想的是100%的东西,当你在众人面前、在开会的场合用语言表达心里100%的东西时,这些东西已经漏掉20%了,你说出来的只剩下80%了。而当这80%的东西进入别人的耳朵时,由于文化水平、知识背景等关系,只存活了60%。实际上,真正被别人理解了、消化了的东西大概只有40%。等到这些人遵照领悟的40%具体行动时,已经变成20%了。一定要掌握一些沟通技巧,争取让这个漏斗漏的越来越少。

团队在解决沟通漏斗的问题上应认识到了"沟通就是影响力"这个真理,对于有分歧的问题,应及时的进行沟通,大事小事,及时进行讨论,如有必要,还可以通过会议的形式解决。员工在完成任务的过程中,应及时向任务下达人进行回馈,如有偏离,及时纠正。团队每项工作都应有专人负责,对该工作有充分的认识。如遇问题,及时向有关人员进行沟通。除此之外,消除沟通屏障,及时向员工提供他们需要的信息,保质保量地完成每一项任务。

单元小结

(1)有声语言是指能发出声音的口头语言,即人类社会最早形成的自然语言。它是人类交际最常用的、最基本的信息传递媒介。

(2)交际交往是一门艺术。在与人交往的过程中,同样的目的,不同的实现方式,往往会导致天壤之别的结果,为了使交际交往活动达到预期的最佳效果。在社会交往中,交际双方见面时,如何称呼对方,这直接关系到双方之间的亲疏、了解程度、尊重与否及个人修养等。一个得体的称呼,会令彼此如沐春风,为以后的交往打下良好的基础,否则,不恰当或错误的称呼,可能会令对方心理不悦,影响到彼此的关系乃至交际的成功。

(3)握手是一种礼仪,但人与人之间、团体之间、国家之间的交往都赋予这个动作丰富的内涵。一般说来,握手往往表示友好,是一种交流,可以沟通原本隔膜的情感,可以加深双方的理解、信任,可以表示一方的尊敬、景仰、祝贺、鼓励,也能传达出一些人的淡漠、敷衍、逢迎、虚假、傲慢。

(4)位次的含义是"在先权的次序",所以位次的实质是在先权,即谁先谁后的问题。在商务实践中,位次也称主宾次序,如果安排不当则会引起不必要的争执和沟通障碍,甚至影响企业合作。

一 汽车商务人员日常交往礼仪训练

1 实训目的
(1)掌握在汽车商务日常服务工作中交往礼仪的规范;
(2)提高社交活动中礼貌待人的能力;
(3)为各项礼仪服务动作打下基础;
(4)体现对服务对象应有的尊重与礼节。

2 实训要求
(1)掌握各种日常交往礼仪规范和使用方法;
(2)掌握日常交往礼仪动作使用的正确姿态;
(3)纠正不良习惯。

3 实训准备
准备一间形体训练室,配备整面墙的镜子,学生可以从头到脚观察自己。

4 实训方法
(1)将学生分组.每组6人左右;
(2)由学生分组练习,教师指导;
(3)学生自我评价,教师总结点评学生生存的个性与共性问题。

5 操作规范
参考日常交往礼仪操作规范表4-4。

日常交往礼仪操作规范　　　　　　　　　　　表4-4

实训内容	操 作 标 准	基 本 要 求
握手	1.握手姿态:行握手礼时,通常距离受礼者约一步,两足立正,上身稍向前倾,伸出右手,手掌垂直于地面,四指并齐,拇指张开与对方相握,微微抖动3~4次(时间以3秒钟为宜),然后与对方手松开,恢复原状。 2.讲究次序:行握手礼时讲求"尊者居前"的伸手次序; 3.握手力度:规范的有礼貌的握手应注意握手的力度	1.跟上级或长辈握手:只需伸手过去擎着,不要过于用力。跟下级或晚辈握手:要热情地把手伸过去,时间不要太短,用力不要太轻。异性之间握手:女方伸出手后,男方应视双方的熟悉程度回握,但不可用力,一般只象征性的轻轻一握; 2.女士与男士握手:应女士先伸手,然后男士回握。长辈与晚辈握手:长辈先,晚辈后。上级与下级握手:上级先,下级后; 3.旅游接待人员需特别注意拜访时握手的特例,即:到来时,主人先伸手,表示迎客,离去时,客人先伸手,表示道别; 4.社交中的握手有诸多禁忌,如冒然伸手;忌用左手握手;忌戴墨镜、太阳镜握手;忌戴帽子、手套握手;忌交叉握手;忌抓指尖式;忌握手时目光左顾右盼;忌长久地握住异性的手不放

续上表

实训内容	操作标准	基本要求
鞠躬	1. 鞠躬礼规范：行鞠躬礼时，施礼者通常距离受礼者2米左右，脱帽，呈立正姿势，面带笑容，目视前方，身体前部向前弯腰一定程度，然后恢复原状； 2. 鞠躬的深度：鞠躬的深度视受礼对象和场合而定。一般问候、打招呼施15°左右鞠躬礼，迎接宾客施30°左右鞠躬礼，送别宾客行45°鞠躬礼，90°大鞠躬通常用于悔过、谢罪等特殊情况	1. 行鞠躬礼时，施礼者应脖颈挺直，目光应向下看，鞠躬后视线落在对方脚尖部位，目光向下表示一种谦恭的态度，不可以在弯腰的同时抬起眼睛望着对方； 2. 鞠躬礼毕起身时，目光应有礼貌地注视对方，如果目光旁视，会让人感到行礼不是诚心诚意的； 3. 施礼者和受礼者在施礼过程中要相互注视； 4. 在我国，接待外宾时也常用鞠躬礼，如果客人施用这种礼节，受礼方一般也应该用鞠躬礼回之，但长辈和上级欠身点头即算还礼；日本人见面一般不握手，而习惯于相互鞠躬，在接待日本客人时，要尊重其风格，行鞠躬礼
自我介绍	1. 先递名片，再做介绍，以加深别人对自己的印象； 2. 自我介绍的时间要简短，尽量控制在1min之内。当然，如果对方也有与自己相识的愿望，并非常热情，可进一步做自己介绍； 3. 自我介绍的内容要规范，一般应介绍单位、部门、职务、姓名等四个要素，如"我是××××有限公司人事部的经理××。"	1. 介绍时语言热情； 2. 面带微笑； 3. 原则把握正确； 4. 动作标准
他人介绍	1. 不便直接作自我介绍，可以找一个既认识自己又认识对方的人做介绍； 2. 由他人作介绍时，如果你是身份高者或是年长者或者是女士，经他人介绍后，应首先伸手与对方握手； 3. 由他人作介绍时，如果你是身份低者或年轻者或者男士，将他人介绍后，应根据对方的反应做出相应的反应	1. 介绍时语言热情； 2. 面带微笑； 3. 原则把握正确； 4. 动作标准
介绍他人	1. 介绍他人时的表情和介绍手势应文雅，无论介绍哪一方，都应手心朝上，手背朝下，四指并拢，拇指张开，指向被介绍一方，并向另一方点头微笑，切忌伸出手指指来指去； 2. 介绍人应注重先后的顺序，即"尊者居后"，介绍时，应先将男士介绍给女士，再将女士介绍给男士；先介绍年轻的，后介绍年老的；先介绍地位低的，后介绍地位高的；女性之间，则先介绍未婚的，后介绍已婚的；主人与客人之间，先介绍主人，后介绍客人； 3. 在社交活动中介绍人不同，表示对客人的待遇不同，一般来讲，充当介绍的人一般有三类：商务交往、公务交往中，一般设有专职的接待人员，如秘书、办公室主任、会务接待等；社交活动中，介绍人则通常为双方的熟人；对贵宾的介绍，则应为我方职务最高者，以表示对贵宾的重视、尊重和规格	1. 在介绍之前，要向对方问候，准确并适当地使用礼貌用语，如"您好"，以示尊重； 2. 为他人做介绍，必须在对被介绍人情况都比较了解的情况下，而且确定双方已有互相结识的愿望的前提下才进行； 3. 介绍时，手冲向被介绍人，目光应该向着另一方

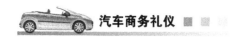

二 汽车商务人员电话服务礼仪训练

❶ 实训目的
掌握电话服务的基本礼仪和技巧。

❷ 实训要求
严格按照实训规范要求进行。

❸ 实训准备
电话机、写字台、办公室(模拟)。

❹ 实训方法
(1)将学生分组,每组6人左右;
(2)由学生分组练习,教师指导;
(3)学生自我评价,教师总结点评学生生存的个性与共性问题。

❺ 操作规范
参考电话服务礼仪操作规范表4-5。

电话服务礼仪操作规范　　　　　　　　　　　　　　　　表4-5

内容	操作标准	注意事项
被叫服务礼仪	1. 接听电话,必先使用问候礼貌语言"您好",随后报出自己所在单位:"这里是……"; 2. 在通话过程中,发声要自然,忌用假嗓,声调要柔和、热情、清脆、愉快,音量适中,带着笑容通话效果最佳; 3. 认真倾听对方的讲话内容,为表示在专心倾听并理解对方的意思,应不断报以"好"、"是"等话语作为反馈; 4. 重要的电话要做记录; 5. 接到找人的电话应请对方稍等,尽快去叫人,如果要找的人不在,应诚恳地询问:"有事需要我转告吗?"或:"能告诉我您的电话号码,等他回来给您回电话,好吗?"; 6. 接听电话时,遇上访客问话,应用手势(手掌向下压压,或点点头)表示"请稍等"; 7. 若接听的是邀请电话或通知电话时,应诚意致谢; 8. 通话完毕,互道再见后,应让打电话者先收线,自己再放听筒	1. 耐心、热情、礼貌、负责任; 2. 嘴不可太靠近话筒,送给对方振痛耳膜的声音或失真的声音都是失礼的; 3. 不要在办公场所长时间打私人电话,不要用电话聊天; 4. 不能将单位领导的私人电话号码和要害部门的电话号码随意告诉对方;
主叫服务礼仪	1. 打电话前,应准备好打电话的内容,电话接通后应简明扼要地说明问题,不要占用太长的通话时间; 2. 如通话时间较长,应首先征询对方是否现在方便接听; 3. 当对方已拿起听筒,应先报出自己的所在单位和姓名,若对方回应时没有报出他们所在单位和姓名,可问询:"这里是×××吗?"或:"请问您是×××吗?"对方确认后,可继续报出自己打电话的目的和要办的事;	

续上表

内容	操 作 标 准	注意事项
主叫服务礼仪	4. 在通话过程中,发声要自然,忌用假嗓,音调要柔和、热情、清脆、愉快,音量适中,带着笑容通话效果最佳; 5. 认真倾听对方的讲话内容,为表示正在专心倾听并理解对方的意思,应不断报以"好"、"是"等话语作为反馈; 6. 打给领导者的电话,若是秘书或他人代接,应先向对方问好,后自报职务、单位和姓名,然后说明自己的目的,若领导人不在可询问或商议一下再打电话的时间	5. 话筒要轻拿轻放

三 汽车商务人员见面礼仪训练

❶ 实训目的

熟练地掌握见面礼仪,使之成为生活习惯。

❷ 实训要求

严格按照实训步骤练习,并能掌握相关礼仪基本知识。

❸ 实训准备

场景、录像设备、正装、写字台、办公室(模拟)。

❹ 实训方法

(1)将学生分组.每组6人左右;
(2)由学生分组练习,教师指导;
(3)学生自我评价,教师总结点评学生生存的个性与共性问题。

❺ 操作规范

参考见面礼仪操作规范表4-6。

见面礼仪操作规范　　表4-6

内容	操 作 标 准	注意事项
打招呼	1. 在相熟悉的情况下,用得比较多的是标准式:"您好""各位好,""大家好"; 2. 在熟悉的情况下或是为了表示尊重,一般不用标准式,而是用时效式:"早上好"; 3. 如果打招呼者不止一人,可统一打招呼,不一一具体到每个人;或由上而下,先招呼身份高者,后低者;或由近而远,先招呼距离近都,再招呼距离远者	1. 与西方人打招呼时,避免使用中国式的招呼方式; 2. 注意不同国家,打招呼的方式不同
握手	1. 方式:两人相距约一步,上身稍向前倾,伸出右手,指挥张开,四指并拢,手掌相握; 2. 时间:一般礼节性的握手不宜时间过长,两手稍用力一握,3~5秒即可;	1. 不可坐着与他人握手,特别是遇到年长者,地位高者; 2. 握手时,不能有气无力,但也不能过分用力;

续上表

内容	操作标准	注意事项
握手	3.规则:年长者与年幼者,女士与男士,已婚者与没有结婚者,上级与下级,主人与客人,应由前者先伸出手,后者再相握	3.不将左手放在裤袋里,不要边握手边拍对方肩部
致意	1.举手致意:公共场所与远处的熟人打招呼,一般不出声只是举起右手,掌心朝向对方,轻轻摆一下即可;摆幅不要太大; 2.点头致意:不宜交谈的场合,头微微向下一动,不必幅度太大;与熟人在同一地点多次见面或有一面之交的朋友在社谊场合相见,均可点头为礼; 3.欠身致意:身体的上总微微向前一躬,这种致意方式表示对他人的恭敬,适用范围较广; 4.脱帽致意:微微欠身,距离对方稍微远一点儿的那手脱下帽子,然后将脱下的帽子置于大约与肩平行的位置,向对方致以问候之意	脱帽致意时,脱下的帽子不可以立即戴上,一般要等到脱帽礼全过程结束后才可以戴上
鞠躬	1.问候招呼:以腰部为轴,上体前倾,同时双手在体前,右手搭在左手上,视线落在对方鞋尖部分,行15°左右的鞠躬礼; 2.迎客:基本动作同上,行鞠躬礼; 3.送客:基本动作同上,行45°~60°鞠躬礼	鞠躬起源于中国,现盛行于中国、日本、韩国、朝鲜等国家
自我介绍	1.标准式:简单介绍姓名即可,用于熟人,同事,朋友之间; 2.工作式:介绍本人的姓名,单位及其部门,担负的职务或从事的具体工作等,用于工作之中或正式沟通; 3.礼仪式:介绍姓名,单位,职务等应加入一些适宜的谦辞,敬语等,适用于讲座、报告、演出、庆典等一些正规而隆重场合	1.根据具体情景采用不同的方式; 2.在介绍之前,要向对方打招呼,使双方有所准备 3.短暂的相遇可不必介绍; 4.为他人做介绍,必须在对被介绍人情况比较了解或对双方是否有结识的愿望有实在的把握的前提下才进行; 5.介绍时,目光视线不能移向别处;语言应清晰、准确;手势应文雅
他人介绍	1.不便直接作自我介绍,可以找一个既认识自己又认识对方的人做介绍; 2.由他人作介绍,如果你是身份高者或是年长者,听他人介绍后,应立即与对方握手,表示很高兴认识对方; 3.由他人介绍,如果你为身份低者或年轻者,当将自己介绍给对方时,应根据对方的反应做出相应的反应	
	1.介绍顺序:先把男士介绍给女士、年轻者介绍给年长者、地位低者介绍给地位高者、未婚者介绍给已婚者; 2.重大的活动中,把身份高者、年长者和特邀嘉宾介绍给大家; 3.将众人介绍给一个人,须按身份高低顺序进行介绍	

四 汽车商务人员文明礼貌用语自我检查训练

1 实训目的

熟练地掌握文明礼貌语言和称谓,使之成为生活习惯。

单元四 商务沟通交际礼仪

❷ 实训要求
严格按照检查表项目,逐一自我检查。

❸ 实训准备
场景、录像设备、正装、写字台、办公室(模拟)。

❹ 实训方法
(1)将学生分组.每组6人左右;
(2)由学生分组练习,教师指导;
(3)学生自我评价,并说说自己的感受和改进措施。

❺ 操作规范
请接待人员按照表4-7逐项检测自己对招呼语的使用情况,并提出修改方案。

礼 仪 自 检 表　　　　　　　　　　　　　　　　表 4-7

序号	检验项目	自我评估	改进方案
1	使用顾客易懂的话语	尚未做到 □ 基本做到 □ 做得很好 □	
2	简单明了的礼貌用语	尚未做到 □ 基本做到 □ 做得很好 □	
3	生动得体的问候语	尚未做到 □ 基本做到 □ 做得很好 □	
4	顺应顾客做适度的交谈	尚未做到 □ 基本做到 □ 做得很好 □	
5	充满温馨关怀的说话方式	尚未做到 □ 基本做到 □ 做得很好 □	
6	避免双关语、忌讳语、不当言词	尚未做到 □ 基本做到 □ 做得很好 □	
7	合理使用公关润滑剂——赞美用语	尚未做到 □ 基本做到 □ 做得很好 □	

五 汽车商务人员综合情境模拟训练

1 实训目的
(1)熟悉所学各项适用于汽车商务人员的礼仪规范;
(2)提高社交活动中礼貌待人的能力;
(3)加强学生灵活运用所学知识的能力,并提高学生的兴趣及检验教学成果。

2 实训要求
自编、自导、自演情景剧。严格按照实训规范,并能掌握相关礼仪基本知识。综合情境模拟内容包括:表情、服饰、站姿、坐姿、走姿、握手、介绍、递名片、递送物品、电话礼仪、语言礼仪等。

3 实训准备
场景、录像设备、正装、写字台、办公室(模拟)。

4 实训方法
(1)每6人为一组,如需要可另请同学客串,但客串同学不记分。
(2)自己设定一情景,内容包括:表情、服饰、站姿、坐姿、走姿、握手、介绍、递名片、递送物品、电话礼仪、语言礼仪等内容。少一项扣10分。
(3)出场后先由一名同学负责介绍时间,剧情,人物。
(4)项目评分:先分小组进行表演,然后由老师,学生点评,最后进行评分。
(5)实训总结:对同学表演中所出现的问题进行归纳。

5 操作规范
请接待人员按照表4-8逐项检测自己对言行举止礼仪使用情况,并提出修改方案。

项目评分表　　　　　　　　　　　　　　　　　　　　　　　　　表4-8

小组 \ 内容 \ 分数	介绍 (10分)	握手 (10分)	递名片、物品 (10分)	走姿 (10分)	站姿 坐姿 (10分)	电话 礼仪 (10分)	服饰 (10分)	语言 礼仪 (10分)	编排 (10分)	总体 印象 (10分)	总分 (100分)
1											
2											
…											

思考与练习

(一)填空题
1.日常问候是亲友间互致的问候,大体有:＿＿＿＿＿、＿＿＿＿＿、＿＿＿＿＿等。
2.介绍按其介绍对象和方式可以分为＿＿＿＿＿、＿＿＿＿＿、＿＿＿＿＿三种。
3.＿＿＿＿＿的握手方式是握手时,两人伸出的手心都不约而同地向着对方。这样的握手多见于双方社会地位都不相上下时,也是一种单纯的、礼节性的表达友好的方式。

4.施鞠躬礼时,应立正站好上体前倾_____(其具体前倾角度视行礼者对受礼者尊敬程度而定),脖颈挺直,目光_____,鞠躬后视线落在对方_____部位。

(二)判断题

1.前姓后名的姓名结构,多出现在许多亚洲日本、韩国、朝鲜、越南、柬埔寨、新加坡等。（　　）

2.泛称,即指适合于各种社交场合的称呼,一般都适用于正式社交场合,主要有先生、小姐、夫人、太太、女士等。（　　）

3.介绍的次序是,首先将职位高或者受人尊敬的人介绍给职位低的人。（　　）

4.在社交场合,当介绍陌生男女相识时,介绍人通常是把男士领到女士面前,把男士介绍给女士。（　　）

(三)简答题

1.为什么接听电话,要先报出自己所在的单位?

2.为什么要带着笑容通话?

3.被介绍的原则是什么?

4.握手的场合和方法是什么?

5.根据施礼的角度说说鞠躬的种类,分别适用于哪些场合?

6.上下楼梯和出入电梯的位次是什么?

7.会客的位次是什么?

8.指出通话案例中的错误:

电话铃响一阵,接电话人拿起听筒,一声不吭。

"喂!"打电话人呼叫。

"喂。"

"你是谁?"

"我找老张。"打电话的人想了一下说。

"找哪个老张?"

"张……。"

"没有张……"

"你是哪里?"

"你要哪里?"

"我要……旅行社。"

"不是……旅行社。"电话被啪的一声挂断。

单元五 汽车商务来往礼仪

 学习目标

1. 掌握作为一优秀的汽车商务工作人员,通过迎接礼仪、接待礼仪、入座奉茶礼仪、引导礼仪、欢送礼仪等,接待访客,让来访者有宾至礼仪如归的感觉,为公司树立标准规范的利益形象;
2. 掌握名片礼仪、交谈礼仪、拜访礼仪,尤其拜访前后注意预约礼仪、准时赴约和正式拜访的细节;
3. 懂得汽车商务人员在进行会务安排时,做好会前准备、会中服务、会后总结的工作,尤其是会前涉及到拟定会议主题与议题、确定会议规模与规格、明确会议所需设备和工具、确定与会者名单安排会议议程和日程等 12 个步骤,只有做好详细充分的准备,才能将工作做好。

 建议课时

16 课时。

 案例导入

某公司新建的办公大楼需要添置一系列的办公家具,价值数百万元。公司的总经理已做了决定,向 A 公司购买这批办公家具。

这天,A 公司的销售部负责人打来电话,要上门拜访这位总经理。总经理打算等对方来了,就在订单上盖章,定下这笔生意。

不料 A 公司销售负责人比预定的时间提前了 2 个小时来到。原来 A 公司听说这家公司的员工宿舍也要在近期内落成,希望员工宿舍需要的家具也能向他们购买。为了谈成这件事,销售部负责人因此提前来了,还带来了一大堆的资料,摆满了台面。总经理没料到对方会提前到访,刚好手边又有事,便请秘书让对方等一会。没想到这位销售负责人等了不到半小时,就开始不耐烦了,一边收拾起资料一边说:"我还是改天再来拜访吧。"

这时,总经理发现对方在收拾资料准备离开时,将自己刚才递上的名片不小心掉在了地上,对方却并没发觉,走时还无意中从名片上踩了过去。但这个不小心的失误,却令总经理改变了初衷,A 公司不仅没有机会与对方商谈员工宿舍的设备购买,连几乎已经到手的数百万元办公家具的生意也告吹了。

A 公司销售部负责人的失误,看似很小,其实是巨大而不可原谅的失误。名片在商业交际中是一个人的化身,是名片主人"自我的延伸"。弄丢了对方的名片已经是对他人的不尊重,更何况还踩上一脚,顿时让这位总经理产生反感。再加上对方没有按预约的时间到访,不曾提前通知,又没有等待的耐心和诚意,丢失了这笔生意也就不是偶然的了。

【分析】名片是一个人向别人介绍自己时使用的介绍信,自己是什么身份,有什么头衔,用嘴说似乎不太好意思,因此,名片就充当了介绍的功能。所以说名片就是一个人的脸面,是一个人身份、地位的延伸。A 公司销售部的这位负责人,接受了别人的名片没能妥善地保管好,随意放在了桌上,临走时在匆忙之间又掉在了地上,甚至无意中还踩了一脚。这看似不经意的行为,从轻处说是对别人的不尊重,从重处说是对别人人格的侮辱。名片如人,这等于是当面给了人一嘴巴。难怪一笔即将到手的大买卖就被这小小的纸片给断送了。

一 汽车商务接待礼仪

俗话说"良言一句三冬暖,恶语伤人六月寒",语言是连接人与人之间的纽带,纽带质量的好坏,直接决定了人际关系的和谐与否,进而会影响到事业的发展以及人生的幸福。语言的艺术渗透到工作生活的方方面面,一句动听的语言,会给公司带来很多回头客;但也可能由于一句不得体的话,公司会失去很多曾经忠实的客户,所以说服务语言对工作人员来说就显得格外重要。

(一)迎接礼仪

迎来送往,是社会交往接待活动中最基本的形式和重要环节,是表达主人情谊、体现礼貌素养的重要方面。尤其是迎接,是给客人良好第一印象的最重要工作。给对方留下好的第一印象,就为下一步深入接触打下了基础。迎接客人要有周密的部署,应注意以下事项。

❶ 迎接准备

对前来访问、洽谈业务、参加会议的外国、外地客人,应首先了解对方到达的车次、航班,安排与客人身份、职务相当的人员前去迎接。若因某种原因,相应身份的人员不能前去迎接的,主人应向客人作出礼貌的解释。

❷ 准时迎接,不可迟到

相关人员到车站、机场去迎接客人,应提前到达,恭候客人的到来,绝不能迟到,让客人等待。当客人看到有人来迎接,内心必定感到非常高兴,若迎接来迟,必会给客人心里留下阴影,事后无论怎样解释,都很难消除这种失职和不守信誉的印象。

❸ 迎接问候

接到客人后,应首先问候"一路辛苦了"、"欢迎您来到我们这个美丽的城市"、"欢迎您来到我们公司"等。然后向对方作自我介绍,如果有名片,可及时奉上。

❹ 交通工具的准备

迎接客人应提前为客人准备好交通工具,不要等到客人到了才匆匆忙忙准备交通工具,那样会因让客人久等而误事。

❺ 住宿日程的准备

主人应提前为客人准备好住宿,帮客人办理好一切手续并将客人领进房间,同时向客人介绍住处的服务、设施,将活动的计划、日程安排交给客人,并把准备好的地图或旅游图、名胜古迹等介绍材料送给客人。

❻ 相关情况介绍

将客人送到住地后,主人不要立即离去,应陪客人稍作停留,热情交谈,谈话内容要让客人感到满意。比如客人参与活动的背景材料、当地风土人情、有特点的自然景观、特产、物价等。考虑到客人一路旅途劳累,主人不宜久留,让客人早些休息。分手时将下次联系的时间、地点、方式等告诉客人。

(二)接待礼仪

接待处的工作要点是正确的姿态、整理来宾的名单、电话应对、柜台保持清洁整齐、注意服务仪容。接待访客时要注意访客的心理,顺应访客的要求进行服务。

❶ 接待礼仪要求

1)接待人员要求

接待人员要品貌端正,举止大方,口齿清楚,具有一定的文化素养,受过专门的礼仪、形体、语言、服饰等方面的训练。接待人员着装要整洁、端庄、得体、高雅;女性应避免佩戴过于夸张或有碍工作的饰物,化妆应尽量淡雅。

2)同等级的接待规格

如果来访者是预约定好的重要客人,则应根据来访者的地位、身份等确定相应接待规格和程序。

在办公室接待一般的来访者,谈话时应注意少说多听,最好不要隔着办公桌与来人说话。对来访者反映的问题,应作简短的记录。

❷ 接待流程

1）主动招呼

当客人到达时，接待人员应立即停下手上的工作，主动向客人问好，并帮助客人提拿重物。主动与客人交流，回答客人问题应热情耐心，用词准确。

打招呼时，必须站起来向到访者的人说声："欢迎光临！"。如果是中午11点前可以说声："早安"；午后可以说一声："您好！"。

一定要准备饮用水，并随时给客人续满。

2）填写访客名册

询问对方是否事前已预约，并礼貌地请他们签名，并请他们佩挂宾客名牌。

3）迅速传达

当你清楚对方的公司名称及姓名后，便向宾客说一声："请稍等一下，我立刻通知×××先生（或女士）。"迅速与有关人员联络。

接待多个访客时的注意事项：

（1）应该依访客的先后顺序进行处理。

①请访客按顺序在沙发上候坐，以等待登记；

②如令他们等候，要向访客说声："对不起，令您久等了。"

（2）联络会晤人员。

①联络后，引领访客到会客地点并向访客说："已联络了×××，他现在正在前来接待处，请您先坐一下"

②如需等待或会晤人员没有时间时，询问访客可否由其他人作代表来与他会晤。

（3）会晤人员不在时。

①首先你要向宾客致歉。礼貌地说声："对不起，×××有事外出了"。

②当访客询问会晤人员去向时，委婉的告知访客实情。继而询问是否需要留言或找别的人员，有没有什么物件需要转交给会晤人等。

（4）当访客没有指定的会晤人员时。

问清其来访的用意，然后联络有关部门的负责人。

（5）当访客指定的人员不方便接见时。

客人到来时，我方负责人由于种种原因不能马上接见，要向客人说明等待理由与等待时间。若客人愿意等待，应该向客人提供饮料、杂志。如果可能，应为客人提供茶水、饮料。

遇到不速之客前来拜访，应态度和蔼地请对方报上姓名、单位、来访目的等基本资料后请示领导，由领导决定是否会见。如领导不在，可以委婉地让他们把材料留下，回头请领导过目。领导如果感兴趣，你再及时、主动地和他们联系。

❸ 入座奉茶礼仪

我国作为茶叶的原产地，茶叶产量堪称世界之最。饮茶在我国，不仅是一种生活习惯，更是一种源远流长的文化传统。"以茶待客"历来是有数千年文明史的礼仪之邦——中国，最普及、最具平民性的日常生活礼仪。客来宾至，清茶一杯，可以表敬意、洗风尘、叙友情、示情爱、重俭朴、弃虚华,成为人们日常生活中的一种高尚礼节和纯洁美德。茶与礼仪已紧紧相连,密不可分。现代社会,以茶待客更成为人们日常社交和家庭生活中普遍的往来礼仪。了解掌握好茶礼仪,不仅是对客人、朋友的尊重,也能体现自己的修养。入座奉茶礼仪包括:会客室检查、入座、奉茶这几个环节。

1) 会客室的检查

会客室做好以下准备工作的检查:

(1) 窗户是否通风;

(2) 地上是否有烟灰、纸屑;

(3) 会客桌是否已抹干净;

(4) 沙发是否整齐清洁;

(5) 墙上挂钟的时间是否正确。

2) 入座

开门后接待人员站在门的侧面,说:"请进。"请客人进去。进门后随手关门。请客人进入接待室后,便请他坐上座,并说声:"请稍等一会儿"。

一般来说座位安排是这样的:

(1) 接近入口处为下座,对面是上座。

(2) 有椅子与沙发两种座位沙发是上座。

(3) 如果有一边是窗,能看见窗外景色为上座。

(4) 西洋式的房间,有暖炉或装饰物在前的是上座。

3) 奉茶

当客人在接待室入座后,你要立即准备奉茶。

端茶的步骤如下:

(1) 事前的准备。

①先洗手;

②检视茶具的清洁。茶具可以用精美独特的,也可以用简单质朴的。

(2) 倒茶的方法。

①检查每个茶杯的杯身花样是否相同;

②茶水的温度以80℃为宜;

③注意水量大约为茶杯容量的6~7成;

④注意每一杯茶水的浓度要一样;

⑤检查杯数与人数是否相同。

(3) 端茶的方法。

①注意在叩门后,向客人微笑点头后才进入;在离开时,于门口向客人点头施礼才离去。

②双手将茶逐一送给客人,或者用左手托着茶盘,以右手端茶,从客人的右方奉上,并面带微笑,眼睛注视对方;一般要从客人的右后方将茶递给客人,说声:"请喝茶"。

③端茶给客人时,要先给坐在上座的重要宾客,然后顺序给其他宾客;

④有两位以上的访客时,用茶盘端出的茶色要均匀,并要左手捧着茶盘底部,右手扶

着茶盘的边缘,如有茶点心,应放在客人的右前方,茶杯应摆在点心右边。

⑤以咖啡或红茶待客时,杯耳和茶匙的握柄要朝着客人的右边,此外要替每位客人准备一包砂糖和奶精,将其放在杯子旁或小碟上,方便客人自行取用。

⑥喝茶的环境应该静谧、幽雅、洁净、舒适,让人有随遇而安的感觉。

⑦选茶也要因人而异,如北方人喜欢饮香味茶,江浙人喜欢饮清芬的绿茶,闽粤人则喜欢酽郁的乌龙茶、普洱茶等。

⑧喝茶的客人也要以礼还礼,双手接过,点头致谢。品茶时,讲究小口品饮,一苦二甘三回味,其妙趣在于意会而不可言传。另外,可适当称赞主人茶好。壶中茶叶可反复浸泡3~4次,客人杯中茶饮尽,主人可为其续茶,客人散去后,方可收茶具。

4 其他接待注意事项

1) 对待吸烟的客人

即使公司内禁烟,如果有吸烟的客人到访,也要将烟灰碟送给客人,同时别忘记送上打火机。当客人离去后,应该立即将窗打开,让新鲜的空气进来,将烟味吹走,清理烟灰碟时,注意火种是否已熄灭,有没有易燃的文件在附近?小心检查是否有烟灰或烟头在地毯上。

2) 接待人员吸烟的注意事项

如果你负责接待工作,请勿吸烟。因为接待处是客人第一眼便会看见的地方。吸烟应该是在休息的时间,在休息室或吸烟室内做的事情。如果你很想吸烟,待吸完烟再回来。小心烟味留在衣服或头发上,检查牙齿或手指甲是否呈黄色等。

3) 替访客保管物品

(1) 通常接待处不保管访客的物品,如果有特殊的访客提出要求时,你首先要问访客一句:"请问将贵重物品随身携带了吗?"切记要问清此点,以避免事后出现麻烦。

(2) 当访客离去,忘记从接待处取回放置的物品或拖付保管的东西时。你有责任通知访客。找个适当的时间打电话给访客,如果不是访客接电话,切勿将访客遗留物品的事告知对方这是基本的常识。

(3) 为了避免出现访客遗留物品的情况,当访客要离去时,立即检查预放在接待处的物品或即时检查会客室,看是否有物品遗留下来。

4) 帮助客人叫外卖时

有客人到访时,有时会要求叫外卖。此时,接待人员要听清楚上司的指示,记录好人数、地点、时间、食品的种类等。尤其是时间的掌握,不能太早,否则食品会变凉,但也不能太迟,令客人久等。平时向几家熟识的外卖店叫外卖较好,既方便又可靠。当收到外卖的食品时,你负责派送给客人。特别注意准备筷子,汤勺给客人。客人用餐完毕,把握时机收拾干净。

5) 避免不恰当的服务表现

另外,要避免影响你接待水准的事情发生,诸如冷漠的接待态度、不整洁的服装打扮、缺少礼仪礼貌、不恰当的说话技巧等。以下十种表现是会令访客不悦的服务态度(表5-1),作为接待人员,你一定要避免使用这些不良的方式去对待访客。

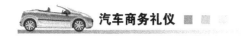

令人不悦的服务表现　　　　　　　　　　　　表 5-1

序号	服务表现
1	当顾客进来时,假装没看见继续忙于自己工作
2	一副爱理不理甚至厌烦的应对态度
3	以貌取人,依客人外表而改变态度
4	言谈措辞语调过快,缺乏耐心
5	身体背对着客户,只有脸向着顾客
6	未停止与同事聊天或嬉闹的动作
7	看报纸杂志,无精打采打哈欠
8	继续电话聊天
9	双手抱胸迎宾
10	长时间打量客户

(三) 引导礼仪

首先要注意的是,引领开始时向访客说一声:"对不起,让您久等了。"场所的不同,引领访客时的要点也不同。我们从以下几个方面来解释引导礼仪的要点。

① 引导手势要优雅

接待人员在引导访客的时候要注意引导的手势。

男性引导人员的正确手势应该是:当访客进来的时候,需要行个礼,鞠个躬,当你的手伸出的时候,眼睛要随着手动,手的位置在哪里眼睛就跟到哪里。如果访客问你"对不起,请问经理室怎么走",千万不要口中说着"往那里走",手却指着不同的方向。

女性接待人员在做指引时,手要从腰边顺上来,视线随之过去,很明确地告诉访客正确的方位;当开始走动时,手就要放下来,否则会碰到其他过路的人,等到必须转弯的时候,需要再次打个手势告诉访客"对不起,我们这边要右转"。打手势时切忌五指张开或表现出软绵绵的无力感。

② 注意危机提醒

在引导过程中要注意对访客进行危机提醒。比如,在引导访客转弯的时候,熟悉地形的你知道在转弯处有一根柱子,这时就要提前对访客进行危机提醒;如果拐弯处有斜坡,你就要提前对访客说"请您注意,拐弯处有个斜坡"。

对访客进行危机提醒,让其高高兴兴地进来、平平安安地离开,这是每一位接待人员的职责。

③ 行进中与客户擦身而过该如何打招呼

在行进中,如果跟客户即将擦身而过的时候,你应该往旁边靠一下,并轻松有礼地向他鞠个躬,同时说声"您好"。千万不要无视客户的存在,装作没看到客户,头一扬就高傲地走开。

如果你能够在行进中向与你擦身而过的客户打个亲切招呼,客户会带着良好的心情去与你所在的公司进行交易,那么你就给公司间接地带来了利益。

4 不同场所的引导

1）走廊上

走在访客侧前方两至三步。当访客走在走廊的正中央时,你要走在走廊上的一旁。偶尔向后望,确认访客跟上;当转弯拐角时,要招呼一声说:"请往这边走"。

2）楼梯上

先说一声:"在×楼",然后开始引领访客到楼上。爬楼梯引导客户时,假设你是女性,穿的是短裙,那么你千万不要在引导客人上楼时自告奋勇"请跟我来",因为差两个阶梯客户视线就会投射在你的臀部跟大腿之间,此时,你要尽量真心诚意跟对方讲"对不起,我今天服装比较不方便,麻烦您先上楼,上了楼右转",很明确地将正确方位告诉客户就可以了。上楼时应该让访客先走,因为一般以为高的位置代表尊贵。在上下楼梯时,不应并排行走,而应当右侧上行,左侧下行(图5-1)。

引导者(限女性)走面后面,客人走在楼梯里侧,引领者走在中央,配合客人的步伐速度引领

引导者走面客人的前面,客人走在里侧,而引领者该走在中间,边注意客人动静边下楼

a）上楼的引导　　　　　　　　b）下楼的引导

图5-1　上下楼的引导

3）电梯内

首先,你要按动电梯的按钮,同时告诉访客目的地是在第几层。如果访客不止一个人,或者有很多公司内部的职员也要进入电梯并站在一角,按着开启的按钮,引领访客进入,然后再让公司内部职员进入。即是说访客先进入,以示尊重。离开电梯,则刚好相反,按着开启的按钮,让宾客先出。如果你的上司也在时,让你的上司先出,然后你才步出。

(四) 名片礼仪

1 名片的使用场合

名片通常在三种情况下使用:

1）交际时使用

在社交场合交换名片,用名片作自我介绍,以结交朋友或保持联系。这是名片最为通行、广泛采用的使用方法。

2）拜访时使用

前往他人家庭或工作单位拜访时,可以将名片递上代为通报;赠送礼品、鲜花时,可将名片附上,表明谁送的;还可以用名片代为引荐他人,或在拜访对方未遇时留下名片并附简短留言。

3)感谢祝贺时使用

收到朋友的礼品和书信,可用名片作为收条或谢帖,还可以使用名片代替短信,向朋友表示祝贺、感谢和慰问。

❷ 名片的使用礼仪

1)取名片

要养成检查名片夹内是否还有名片的习惯。名片应事先准备好,放在易取的地方,不要现从包、名片夹里取。

2)递名片

(1)各个手指并拢,大拇指轻夹着名片的右下方,使对方好接拿。起身站立,面含笑意走向对方,双手递给客户,将名片的文字方向朝客户,以齐胸的高度不紧不慢的递送过去。与此同时,应说"请多关照"、"请多指教"、"希望今后保持联络"等。

(2)同时向多人递送名片时,应由尊而卑或由近而远。

(3)如果是中英文双面的,应将对方熟悉的语言那面向上。

(4)上司在旁时不要先递交名片,要等上司递上名片后才能递上自己的名片。

3)接名片

起身站立,迎上前去,说"谢谢",然后,务必要用双手郑重的接过来。

4)看名片

拿到名片时,应认真阅读对方的姓名、职务、机构,再注视一下对方,以示尊重,也能将名片与人联系起来,更快认识对方。然后,轻轻念出对方的名字,以让对方确认无误;如果念错了,要记着说对不起。看名片时需要注意四个要点:

(1)名片是否经过涂改。名片宁可不送别人也不要涂改。名片如同脸面,不能随便涂改。

(2)是否印有住宅电话。人在社交场合会有自我保护意识,私宅电话是不给的,甚至手机号码也不给。西方人讲公私有别,特别在乎这一点,如果与他初次见面进行商务洽谈,你把你家的电话号码给他,他理解为让你到他家的意思,觉得你有受贿索贿之嫌。

(3)是否头衔林立。名片上往往只提供一个头衔,最多两个。如果你身兼数职,或者办了好多子公司,那么你应该印几种名片,面对不同交往对象,使用不同的名片。

(4)座机号是否有国家和地区代码。如你要进行国际贸易,座机号码前面应有86这一我国的国际长途区号,如果没有,那么说明你没有国际客户关系,如果没有地区代码,说明你只在本区域内活动。

5)交换名片

同时交换名片时,可以右手提交名片,左手接拿对方名片。

6)放名片

如同时收到多张名片,应将名片依次叠放在桌上,名片顶端冲着相应的人,字冲着自己。

7）收名片

如没有桌子,可将名片收起,要放置自己名片夹或上衣兜里(提包里)。

(五) 交谈礼仪

1 交谈言语的基本要求

具体要求大致可以用六个字概括:信、达、雅、清、柔、亮。

(1)"信"是诚实性原则的具体体现。要求讲真语,不讲假话,表达诚实,态度诚恳,不夸夸其谈,不虚言妄语,不无中生有,不虚情假意。所谓"言必信,行必果",遵守诺言,实践诺言。

(2)"达"是目的性原则和对象性原则的具体体现。主要指用词准确,词达意致,表意清楚、明白、顺畅、完整,切忌啰嗦繁杂,冗长烦琐,词不达意。

(3)"雅"是礼貌性原则和灵活性原则的具体体现。首先要求用词文明,多用谦辞敬语,给人以谦恭敬人、教养有素的感觉,杜绝粗话、脏话、黑话、怪话。其次要求用词文雅,尽量使用文雅的词语。

(4)"清"、"柔"、"亮"是对有声语言声音色彩上的要求。"清"是要求咬字准确,吐词清楚,语音标准,清晰入耳;"柔"是要求语调语气柔和亲切;"亮"是要求语音欢快活泼,抑扬顿挫分明,明亮动听。

2 交谈的礼貌用语

1）问候语

问候语:是用来打招呼或问好的用语,是旅游工作者与客人相见之时向对方表示欢迎、致以敬意、询问安好、表示关切的形式。

(1)标准式问候语。一般在称呼语后加"好",如:您好、各位好、诸位女士好等。

(2)时效式问候语。结合时间时令进行问候,如:早上好、晚安等。

2）迎送语

是欢迎或送别客人时的用语,分欢迎语和送别语。

(1)欢迎语。欢迎语是用来迎客的,当客人进入自己的服务区时必须要有欢迎语。

(2)送别语。送别客人时必须使用的语言。

3）请托语

是向客人提出要求或求助于他人时使用的语言。

(1)标准式请托语。主要用"请",如:请大家记住车牌号、请跟我来、请稍候、请让一让等。

(2)求助式请托语。常用的有:劳驾、拜托、打扰、帮帮忙、请多关照等。

(3)组合式请托语。

如:"麻烦您让一让"、"打扰了,劳驾您帮我照看一下"等。

4）征询语

是向他人了解需要和想法的语言。常用的征询语有三种类型。

(1)主动式。适用于主动向客人提供服务时。如:"您需要什么?""我能为您做点儿

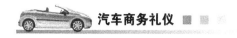

什么吗?"

(2)封闭式。多用来询问他人的意见,一般提供一种选择方案,以便对方及时决定是否采纳。如:"您觉得这种形式可以吗?""您要不先试试?""您不介意我来帮帮您吧?"

(3)开放式。开放式是提供选择的征询,提出多种方案,让对方有多种选择的余地,能够显示对对方的尊重和体贴。如:"您是喜欢浅色的还是深色的?""您是想住单人间还是双人间?""您打算预定豪华包间、雅座还是散座?""这里有……您愿意要哪一种?"

5)应答语

(1)肯定式。用来答复别人的请求。常用的有:好、好的、是的、一定照办、很高兴能为您服务、我一定尽力满足您的要求等。对于客人的请求要注意迅速及时地回复。

(2)谦恭式。用来回复他人的认同、满意、欣赏、赞扬、感谢。常用的有:"请不必客气、这是我们应该做的"、"您过奖了"、"谢谢您的夸奖,我一定更加努力"、"您能够满意,这是我的荣幸"等。

(3)谅解式。用于回应别人因故对自己表达歉意。常用的有:没关系、不要紧、您不必放在心上等。

6)致谢语

致谢语是表达谢意、感激的用语。

(1)标准式。通常用"谢谢",或者在后加称呼语或表敬代词,如:谢谢您、太好了,谢谢您等。

(2)加强式。为了强化谢意,可以在"谢谢"前加程度副词,如:多谢、非常感谢、十分感谢、万分感谢等。

(3)具体式。就某一具体事情道谢,致谢原因通常一并提及,如:给您添麻烦了、这次让您费心了、我们的事儿有劳您了等。

7)赞赏语

赞赏语适用于称道或肯定他人时,运用恰当,常常能够改善关系、融洽感情,促进进一步交往。要注意恰到好处。

(1)回应式。用于回应客人的表扬、赞赏,常用的有:"哪里,我做得还很不够"、"承蒙您的夸奖,真是不敢当"、"得到您的夸奖,我真开心"、"您把我说得太好了,谢谢您"等。

(2)认可式。用于回应客人的意见、建议或见解,常用的如:是的、对的、您的观点非常正确、您真是行家、您真不愧是这方面的专家等。

(3)评价式。用于对客人予以正面评价,如:您真好、太好了、太棒了、您真有眼光、您真是高品位等。

8)祝贺语

祝贺语常用来表达对对方的善良、美好的心愿,常用的主要有应酬式和节庆式两种。

(1)应酬式。如:祝您健康快乐、祝您万事如意、祝您一帆风顺、祝您马到成功、祝您心想事成、祝您吉星高照、恭喜您、祝贺您、真替您高兴等等。应酬式祝贺语的使用要注意切合情境,适合对方当时的情绪情形。

(2) 节庆式。常用的有：节日快乐、生日快乐、新婚快乐、新年好、恭喜发财、祝您开张大吉、祝您福如东海，寿比南山等。

9) 推脱语

推脱语适用于无法满足对方的要求或暂时不能马上满足对方的要求的情况，用推脱的形式来拒绝，要注意语言得体、语气委婉、态度友好。常用的方式有：

(1) 道歉式。如："真的很抱歉，我们条件还不够完善"、"实在对不起，我们能力有限"。

(2) 转移式。如："对不起，您需要点别的吗？"、"我们这里最著名（最好）的是……，您要不要试试？"、"这个与您要的看上去差不多，您看看行吗"。

(3) 解释式。如："公司有明文规定，很抱歉，我无能为力"、"请原谅，我们有规定，不能满足您的要求"。

10) 致歉语

常用的有：对不起、抱歉、打扰了、不好意思、请原谅、失礼了、失陪了、失言了、失敬了、有失远迎、真对不起、很对不起、请多多包涵、非常过意不去等。

3 交谈时言语表达艺术

1) 幽默法

(1) 自我调侃法。是以反常的方式、态度来嘲弄、评说自己的长短。

① 用夸张、嘲弄的方式自我揭短。自我调侃法的妙处在于把对自己的珍爱和对自己的贬抑结合起来，以主动贬抑来体现自己心灵的纯净和豁达。

② 以反语、幽默来嘲弄自己的长处。

(2) 荒诞逻辑法。看似荒诞，又好像合乎逻辑，看似逻辑，实则荒诞。

① 反常思维法。就是借助片面的、偶然的因素，违反常规地进行推理，看似荒诞不经，却又有着荒诞的逻辑性，出其不意，内含幽默的智慧，常收到奇特的效果。

② 歪打正着法。就是使歪因和正果之间有一种貌似紧密的联系。

(3) 一语双关法。就是利用一个词的语音或语义同时关联两种不同的意义并进行曲解的方法。

2) 委婉法

委婉语就是通过婉转曲折的措辞方式把原本可能令人不悦或比较粗俗的事情比较得体、文雅、巧妙地表达出来。

3) 模糊法

模糊是语言表达的需要，也是语言的基本特征之一。语言中的词有相当部分是模糊词。

(1) 宽泛式模糊法。用含义宽泛、富有弹性的语言传递主要信息的方法。

(2) 回避式模糊法。是根据某种场合的需要，巧妙地避开确指性内容的方法。

(3) 选择式模糊法。是根据不同的目的，用具有选择性的语言来表达的方法。

4) 暗示法

暗示法是通过语言、语音色彩和表情、手势等身体动作以及视觉、声响等表达方式把自己的意向或不便言明的意思传达给对方,以引起相应的反应。

（1）点化式。

（2）引发式。

（3）象征式。

4 交谈的话题

交谈是人与人之间表达思想、交流信息、抒发情感的基本方式,在商务交往中,我们要与不同年龄、不同背景、不同身份、不同性别的人打交道,能不能有效地组织和运用语言进行交谈,直接影响着人与人之间的理解与沟通。俗话说:"会说话的令人笑,不会说话的令人跳"如果说话不讲究艺术,有时会带来不良或严重后果。在商务交往中,人与人进行交谈时,首先遇到的问题就是谈话的内容。有下列两个问题需要注意:一是有所不为,也就是我们首先要知道什么话题是不能谈的;二是有所为,就是在明确什么话题不能谈的基础上,哪些话题应该考虑。

1) 避谈的话题

（1）避谈政治、宗教等可能人人立场不同的话题。有些人虽基于礼貌并不会当场与你争论,但在心中一定十分不舒服,可能你无意中得罪了人而不自知,这自然也失去了社交的意义了。

（2）避谈国家秘密及行业秘密。我国有国家安全法、国家保密法,违法的内容及泄密的内容是不能谈论的。此外,各行各业、各个企业也都有各自的商业秘密,在商务谈话中不应涉及这些内容,以免造成不必要的损失。

（3）避谈格调不高的话题。包括家长里短、小道消息、男女关系、黄色段子等。说出来会使对方觉得我们素质不高,有失教养。更不能在外人面前议论领导、同行、同事的不是,会让人对自己个人的人格、信誉产生怀疑,也会令别人对你的公司、企业的团结合作及信用产生怀疑。

（4）避谈个人隐私。与外人交谈时,尤其是与外国人交谈时,更应回避个人隐私,应做到关心应有度,尊重隐私。具体包括五不问:不问收入,不问年龄,不问婚否,不问健康,不问个人经历。

2) 宜选择的话题

（1）拟谈的话题也就是双方约定要谈论的话题,或应该和对方谈论的话题。例如,双方约定今天谈论办公用品采购的问题,就不要谈论其他话题。

（2）格调尚雅的话题。作为一个现代人,特别是一个有见识有教养的商务人员,应在交谈中体现自己的风格、教养和品位。

（3）轻松愉快的话题。如电影、电视、旅游、休闲、烹饪、小吃等。

（4）时尚流行的话题。可以针对对方感兴趣的时尚话题进行选择,如足球、演唱会、热播电视剧。

（5）对方擅长的话题。谈论交往对象所擅长的话题,让交往对象获得一个展示自己的机会,从而营造一个良好的商谈氛围,何乐而不为?

5 交谈礼仪其他注意事项

(1)恰当地称呼他人。

①要区别称呼对象;

②称呼要区分场合;

③要注意对方的身份和文化背景,顾及其地位、国别等;

④注意尊重不同民族、不同国家的称呼习惯。

(2)掌握说话的分寸。

①要明确个人在说话的场合中的身份,说好自己分内的话,体现自己的身份。

②要考虑措辞,力求准确、恰当、委婉、平和,避免带伤害、刺激、激怒、挑衅的语言。

③注意说话立场客观公正,态度温和,与人为善,尽量善意表达。

(3)谈吐文雅得体。要真诚和善,多用文雅的语言,要特别注意避免口头禅。

(4)把握好说话的语气语调。语音要求清晰标准、明亮动听;语调要求柔和,音量适中,注意抑扬顿挫的变化;语气要求热情和婉,多用询问语气,少用、慎用祈使命令语气;语速要求用中速,快慢有致,避免过快或过慢。

(5)力争语言幽默、诙谐。幽默、诙谐能使我们旅游工作者的语言锦上添花,要力求发挥个人的聪明才智,巧妙地运用语言技巧,给人以机智、幽默、诙谐的愉悦感受。

(6)交谈神情专注。与人交谈要时刻表示关注,始终保持微笑,肯定处微微点头。

(7)保持适当距离。交谈时,一般保持同他人0.8~1m的距离。

(8)视线经常交流。说话、交谈与对方视线应经常交流(每次3~5s),其余时候应将视线保持在对方眼下方到嘴上方之间的任一位置,重要的时刻眼神尤其要与对方有交流。

(六)欢送礼仪

俗话说:"迎人迎三步,送人送七步"作为商务人员,必须认识到送客比接待更为重要。遵守送客礼仪,可以给对方留下美好印象,千万不要因为送客这一环节造成虎头蛇尾、前功尽弃的局面。因此,送客时应注意以下几点。

1 欢送来访客户

欢送是整个接待过程最后服务,要认真对待,给客户留下难忘的美好印象。核实客户离去所乘航班或车次抵达时间、地点有无变化,以及飞机(火车)停靠的情况。按照接待方针和接待方案,设计和实施欢送礼仪。为了表示隆重,参加接待服务的人员在客户住地列队欢送。欢送人员目送客户所乘飞机、火车启动后再返回。

(1)客人提出告辞时。

当客人提出告辞时,要等客人起身后再站起来相送,切忌没等客人起身,自先于客人起立相送。更不能嘴里说再见,而手中却还忙着自己的事,甚至连眼神也没有转到客人身上。"出迎三步,身送七步"是迎送宾客最基本的礼仪。因此,每次见面结束,都要以将再次见面的心情来恭送对方回去。

(2)及时起身,帮忙取物。

当客人起身告辞时,应马上站起来,主动为客人取下衣帽,帮他穿上,与客人握手告别,同时选择最合适的言辞送别,如"谢谢您的来临!"、"希望下次再来!"等礼貌用语。尤其对初次来访的客人更应热情、周到、细致。

若客人带有较多或较重的物品,送客时应帮客人代提重物。

(3)门口、电梯、车旁告别。

①与客人在门口、电梯口或汽车旁告别时,要与客人握手,目送客人上车或离开。要以恭敬真诚的态度,笑容可掬地送客,不要急于返回。

②需特别的送客,则带领客人到电梯前,替客人按钮,当客人进入电梯后,在门未关闭前,向客人告别。

③应鞠躬挥手致意,待客人移出视线后,才可结束告别仪式。否则,当客人走完一段再回头致意时,发现主人已经不在,心里会很不是滋味。

❷ **安排车辆送客**

(1)如果客人需要你帮助叫出租车。

你应先将客人带至门前等候。你将车截停后,替客人打开车门,然后一手固定车门,一手示意他们进入,说:"请"客人入座后,指把车门关上。这时,最好不要立即离去,应站在原地,与客人挥手告别,直到汽车远去。

(2)如果需要你亲自送客时。

同样乘车也有座位的次序。驾驶员后面的座位为上座。驾驶员旁边为次上座位。三人同时乘坐时,后面两个为上座位,驾驶员旁边为次上座位,是助手座位。为安全起见,法律规定,坐在驾驶员旁边座位上的人,必须系上安全带。

❸ **扫尾工作**

主要包括清理房间、接待费用结算和资料汇总、归档等。

❹ **总结经验**

每次接待任务完成后,要及时、认真地进行总结。肯定成绩,找出差距,对有突出贡献的单位和个人进行表彰。通过进行总结经验教训,深化对接待工作规律的认识,促进接待工作水平不断提高。

❺ **欢送礼仪中其他注意**

在客人来访时看表,总会给人以下"逐客令"的感觉,所以,应该在会客的时候即使要知道时间,也应回避客人。同时,送客返身进屋后,应将房门轻轻关上,不要使其发出声响。那种在客人刚出门的时候就"砰"地关门的做法是极不礼貌的,并且很有可能因此而"砰"的一声,甩掉客人来访期间培养起来的所有情感。

二 汽车商务拜访礼仪

不论因公还是因私而访,都要事前与被访者电话联系。联系的内容主要有四点:自报家门(姓名、单位、职务);询问被访者是否在单位(家),是否有时间或何时有时间;提出访问的内容(有事相访或礼节性拜访)使对方有所准备;在对方同意的情况下定下具体拜访的时间、地点;注意要避开吃饭和休息、特别是午睡的时间。一般说来,下午4~5点或晚上7~8点是最恰当的拜访时间。最后,对对方表示感谢,要守时守约。在国外,遵守时间是人们交往中极为重要的礼貌。失约是很失礼的行为。参加各种活动都应按约定的时间到达。如果太早到就会使主人因为没有准备好而感到难堪;迟迟不到则又会让主人和其他客人等候过久而不安。如因故迟到,要向主人和其他客人表示歉意。万一因故不能赴约,要有礼貌地尽早通知主人,并以适当的方式表示抱歉。

(一)预约礼仪

商务人员为了交流信息,沟通感情,增进友谊,必须经常进行商务拜访。商务拜访通常有三种类型:一是为工作而进行的事务性拜访;二是因礼尚往来而进行的礼节性拜访;三是为沟通感情而进行的私人拜访。在拜访过程中,必须注意以下几点。

❶ 有效预约是成功拜访的前提

(1)一定要在到访前先联络妥当,让对方有思想准备,提前安排,以免扑空或扰乱主人的计划。不告而访非常失礼。

(2)拜访应该选择恰当的时机。如果是进行事务性拜访,应选择上班时间,但不宜在星期一的一大早前去拜访,因为这是大家最忙的时候。进行礼节性拜访,则应选择对方上班比较空闲的时间,但不宜逗留时间过长。进行私人拜访,应该选择对方休息时间,但不宜在对方用餐、午休、晚休时间进行拜访。

(3)预约拜访行程及作较完善的拜访计划,以减少时间的浪费。

(4)预约是为了确定客户能找到你。

❷ 拜访前准备工作

一定要保持制定预约计划的习惯,每天花点时间作计划能让销售过程事半功倍(表5-2)。

拜访前的准备工作　　　　　　　　表5-2

步骤	项目	准备内容	自我检查(合格/不合格)
1	预定面谈	事先约定拜访时间	
2	面谈对象	约好面谈对象	
3	谈判计划	参考上一次的访后分析,决定这一次的访前计划	
4	服装	检查仪容仪表	
5	营销工具	准备好所需的营销工具及资料	
6	话题	从客户的兴趣或商业界中,事先选好话题	
7	礼仪用语	事先准备适合客户的礼仪、礼貌、称赞用语	
8	下次拜访	事先想好如何制造下一次拜访机会	
9	下一次的问题内容	整理出想要知道的事情并且准备好问题	
10	决定事项	解决上次未定的事项	
11	检查携带	检查一下营销员必备物品的随身物品	

(二)准时赴约

准时赴约,最好留出几分钟时间检查衣着、发型,如有可能,可到洗手间检查整理。

我们要注意的首要规则是准时守约。让别人无故干等无论如何都是严重失礼的事情。重要约会应提前 5min 到达。如果有紧急的事情,不得不晚,必须通知你要见的人。如果打不了电话,别人为你打电话通知一下。如果遇到交通阻塞,应通知对方要晚一点到。

(三) 正式拜访

在工作中,因为出于各种原因,你可能要去拜访别人,这时就更需要讲究礼仪,才能使你尽量顺利地完成工作任务、拜访目的。约好去拜访对方,无论是有求于人还是人求于己,都要从礼节上多多注意,不可失礼于人,而有损自己和单位的形象。

(1) 到客户办公室前,最好先稍事整理服装仪容。如果是重要客户,记得先关掉手机。

(2) 名片与所需的资料要先准备好,在客户面前遍寻不着,非常不专业。

当你到达时,告诉接待员或助理你的名字和约见的时间,递上你的名片以便于助理能通知(到)对方。冬天穿着外套的话,如果助理没有主动帮你脱下外套或告诉你外套可以放在哪里,你就要主动问一下。

(3) 在等待时要安静,不要通过谈话来消磨时间,这样会打扰别人工作。尽管你已经等了 20min,也不要不耐烦地总看手表,你可以问接待/助理约见者什么时候有时间。如果你等不及那个时间,可以向助理解释一下并另约一个时间。不管你对要见的人有多么不满,也一定要对接待/助理有礼貌。

(4) 讲究敲门的艺术。要用食指敲门,力度适中,间隔有序敲三下,等待回音。如无应声,可再稍加力度,再敲三下。如有应声,再侧身隐立于右门框一侧,待门开时再向前迈半步,与主人相对。当你被引到约见者办公室时,如果是第一次见面,就要先做自我介绍,如果已经认识了,只要互相问候并握手就行了。

(5) 主人不让座,不能随便坐下。主人让座之后,要口称"谢谢",然后采用规矩的礼仪坐姿坐下。主人递上烟茶,要双手接过并表示谢意。如果主人没有吸烟的习惯,要克制自己的烟瘾,尽量不吸,以示对主人习惯的尊重。主人献上果品,要等年长者或其他客人动手后,自己再取用。即使在最熟悉的朋友家里,也不要过于随便。

(6) 一般情况下对方都很忙,所以你要尽可能快地将谈话进入正题,而不要尽闲扯个没完。清楚直接地表达你要说的事情,不要讲无关紧要的事情。说完后,让对方发表意见,并要认真地听,不要辩解或不停地打断对方讲话。你有其他意见的话,可以在他讲完之后再说。应对主人的举动十分敏锐,当主人有结束会见的意欲时应立即起身告辞,切忌死赖不走。

(7) 起身告辞时,要向主人表示"打扰"之歉意。出门后,回身主动伸手与主人握别,说"请留步"。待主人留步后,走几步,再回首挥手致意说"再见"。

(8) 控制时间,最好在约定时间内完成访谈。如果客户表现出有其他要事的样子,千万不要再拖延,如未完成工作,可约定下次时间。若是重要约会,拜访之后给对方一只谢函,会加深对方的好感。

三 汽车商务会议礼仪

  案例导入

案例1：一个多变的通知

有一次，某地级市准备以市委、市政府名义召开一次全地区性会议。为了给有关单位有充分时间准备会议材料和安排好工作，决定由市政府办公室先用电话通知各县和有关部门，然后再发书面通知。电话通知发出不久，某领导即指示：这次会议很重要，应该让参会单位负责某项工作的领导人也来参加，以便更好地完成这次会议贯彻落实的任务。于是，发出补充通知过后不久，另一领导同志又指示：要增加另一项工作的负责人参加会议。如此再三，在三天内，一个会议的电话通知，通知了补充，补充了再补充，前后共发了三次，搞得下边无所适从，怨声载道。

案例2：请柬发出之后

某机关定于某月某日在单位礼堂召开总结表彰大会，发了请柬邀请有关部门的领导光临，在请柬上把开会的时间、地点写得一清二楚。

接到请柬的几位部门领导很积极，提前来到礼堂开会。一看会场布置不像是开表彰会的样子，经询问礼堂负责人才知道，今天上午礼堂开报告会，某机关的总结表彰会改换地点了。几位领导同志感到莫名其妙，个个都很生气，改地点了为什么不重新通知？一气之下，都回家去了。

事后，会议主办机关的领导才解释说，因秘书人员工作粗心，在发请柬之前还没有与礼堂负责人取得联系，一厢情愿地认为不会有问题，便把会议地点写在请柬上，等开会的前一天下午去联系，才知得礼堂早已租给别的单位用了，只好临时改换会议地点。

但由于邀请单位和人员较多，来不及一一通知，结果造成了上述失误。尽管领导登门道歉，但造成的不良影响也难以消除。

问题讨论：这个案例告诉秘书在会议准备时应注意什么问题呢？

案例3：发放资料

××石化股份有限公司董事会召开会议，讨论从国外引进化工生产设备的问题。秘书小李负责为与会董事准备会议所需文件资料。因有多家国外公司竞标，所以材料很多。小李由于时间仓促就为每位董事准备了一个文件夹，将所有材料放入文件夹。有三位董事在会前回复说将有事不能参加会议，于是小李就未准备他们的资料。不想，正式开会时其中的二位又赶了回来，结果会上有的董事因没有资料可看而无法发表意见，有的董事面对一大摞资料不知如何找到想看的资料，从而影响了会议的进度。

所谓会议,是指将人们组织起来,在一起研究、讨论有关问题的一种社会活动方式。通过会议解决问题、做好工作、发扬民主、联系群众。举行会议可以做到上传下达、部署任务、协调咨询、宣传鼓动、调解矛盾。组织、召集会议是秘书人员常务工作之一。

(一) 会前准备阶段

要进行的组织准备工作,具体的流程包括:

拟定会议主题与议题→确定会议名称→确定会议规模与规格→确定会议时间与会期→明确会议所需设备和工具→明确会议组织机构→确定与会者名单→选择会议地点→安排会议议程和日程→制发会议通知→制作会议证件→准备会议文件材料→安排接待及食宿→制定会议经费预算方案→布置会场→会场检查。

❶ 拟定会议主题

会议的主题,即会议的指导思想。会议的形式、内容、任务、议程、期限、出席人员等,都只有在会议的主题确定下来之后,才可以据此一一加以确定。这需要做到有切实的依据、必须要结合本单位的实际以及要有明确的目的。

❷ 确定会议名称

会议名称一般由"单位+内容+类型"构成,应根据会议的议题或主题来确定。

❸ 确定会议规模与规格

(1)会议规模。本着精简效能的原则,会议的规模有大型、中型、小型。

(2)会议规格。会议的规格有高档次、中档次和低档次。

❹ 确定会议时间、会期

(1)会议时间。会议的最佳时间,要考虑主要领导是否能出席。

(2)会议会期。确定会期的长短应与会议内容紧密联系。

❺ 确定会议所需用品和设备

(1)必备物品。必备用品是指各类会议都需要的用品和设备,包括文具、桌椅、茶具、音响设备、照明设备、空调设备、投影和音像设备等。

(2)特殊用品。特殊用品是指一些特殊类型的会议,例如谈判会议、庆典会议、展览会议等所需的特殊用品和设备。

❻ 建立会议组织机构

包括会务组、宣传组、秘书组、文件组、接待组、保卫组等。

❼ 确定与会人员名单

出席会议和列席会议的有关人员,应根据会议的性质、议题、任务来确定与会人员。

❽ 确定会议地点

要根据会议的规模、规格和内容等要求来确定。有时也考虑政治、经济、环境等因素。

❾ 安排会议议程与日程

会议日程是指会议在一定时间内的具体安排,对会议所要通过的文件、所要解决的问题的概略安排,并冠以序号将其清晰地表达出来。

⑩ 制发会议通知

(1)会议通知内容。会议通知的内容包括标题、主题与内容、会期、报到时间及地点、出席对象和会议要求等。

一是标题,它重点交待会议名称。二是主题与内容,这是对会议宗旨的介绍。三是会期,应明确会议的起止时间。四是报到的时间与地点,对交通路线,特别要交待清楚。五是会议的出席对象,如对象可选派,则应规定具体条件。六是会议要求,它指的是与会者材料的准备与生活用品的准备,以及差旅费报销和其他费用问题。

(2)会议通知的种类。会议通知的种类有书信式和柬帖式。

(3)会议通知的发送形式。会议通知的发送形式有正式通知和非正式通知。

(4)会议通知的方式。会议通知的方式有书面、口头、电话、邮件。

⑪ 制作会议证件

(1)会议证件种类。

①会议正式证件(代表证、出席证、列席证、来宾证)。

②旁听证。

③会议工作证件(工作证、记者证、出入证)。

(2)会议证件的内容。会议证件的内容有会议名称、与会者单位、姓名、职务、证件号码等。有些重要证件还贴上本人照片,加盖印章。

⑫ 准备会议文件资料

会议所用的各项文件材料,均应于会前准备完成。主要有议程表和日程表、会场座位分区表和主席台及会场座次表、主题报告、领导讲话稿、其他发言材料、开幕词和闭幕词、其他会议材料等。

⑬ 安排接待及食宿

要安排好与会者的招待工作。对于交通、膳宿、医疗、保卫等方面的具体工作,应精心、妥当地做好准备。要布置好会场,不应使其过大,显得空旷无人,还造成浪费;也不可使之过小,会场拥挤不堪。对必用的音响、照明、空调、投影、摄像设备,事先要认真调试。需用的文具、饮料,亦应预备齐全。

⑭ 制定会议经费预算方案

根据主办方和会议目的,制定好相应的经费预算方案,控制支出,节约资源,避免浪费。

⑮ 布置会场

布置会场的工作重点是座次安排。

(1)排列主席台上的座次,我国目前的惯例是:前排高于后排,中央高于两侧,左座高于右座。凡属重要会议,在主席台上每位就座者身前的桌子上,应先摆放好写有其本人姓名的桌签。

(2)排列听众席的座次,目前主要有两种方法:一是按指定区域统一就座;二是自由就座。

16 会场检查

进行会场检查的目的是为了能够圆满完成接待工作,顺利召开汽车商务会议,确保参会人员的人身、财产安全。会场检查主要由安保中心负责,进行会场的展品展具安全、维护票务中心售票秩序以及门禁安全顺畅的检查,确保消除安全隐患。主要的工作内容有:

(1)检查消防报警系统、消防广播、防火栓、灭火器、安全出口、消防通道、消防卷帘门、烟感系统、喷淋系统、应急照明系统,如发现问题及时解决,确保所有功能处于正常使用状态,消防通道畅通无阻,防止发生火灾,确保宾客人身、财产安全。

(2)会议场所进行严格管理,禁止在场内吸烟、动用明火,如必须动用明火须到保卫部办理动火使用证。由保卫人员在会场出入口协助管理,没有参加会议证件的人员一律禁止入场,由保卫部派专人负责监督预留消防栓的工作。

(3)会议期间各岗位密切注意可疑人员混入会场进行不法活动。如有发现张贴、散发非法宣传品及对国家安全有危害言论的人员,及时制止并通知公安部门。

(4)严格控制非法营运车辆进入会场区域。由专人负责指挥参会车辆,按指定路线行驶,指挥车辆停放整齐,确保车辆安全。

(5)监控中心认真做好安全监控工作,随时观察各监控点动态。发现异常情况及时通知,确保在发生突发事件时能够及时准确发出警报,有效发挥其应有的作用。

(二)会中工作阶段

会议期间的工作,具体的流程包括:

报到及接待工作→组织签到→做好会议记录→会议信息工作→编写会议简报或快报→做好会议值班保卫工作 →做好会议保密工作 →做好后勤保障工作。

1 报到及接待工作细节

主办方,作为东道主一方出面安排各项谈判事宜时,一定要在迎送、款待、场地布置、座次安排等各方面精心周密准备,尽量做到主随客便,主应客求,以获得客方的理解、信赖和尊重。

1)成立接待小组

成员由后勤保障(食宿方面)、交通、通信、医疗等各环节的负责人员组成,涉外谈判还应备有翻译。

2)了解客方基本情况,收集有关信息

可向客方索要谈判代表团成员的名单,了解其性别、职务、级别及一行人数,以作食宿安排的依据;掌握客方抵离的具体时间、地点、交通方式,以安排迎送的车辆和人员及预订、预购返程车船票或飞机票。应备有翻译。

3)拟订接待方案

(1)根据客方的意图、情况和主方的实际,拟订出接待计划和日程安排表。

(2)日程安排要注意时间上紧凑。

(3) 日程安排表拟出后,可传真给客方征询意见。

(4) 待客方无异议确定以后,即可打印。

(5) 如涉外谈判,则要将日程安排表译成客方文字,日程安排表可在客方抵达后交由客方副领队分发,亦可将其放在客方成员住房的桌上。

(6) 主座谈判时,东道主可根据实际情况举行接风、送行、庆祝签约的宴会或招待会,客方谈判代表在谈判期间的费用通常都是由其自理的。

❷ 参会纪律和要求

1) 参会礼仪和要求

(1) 规范着装。

参加会议应当着正装,以示庄重和严肃。

(2) 严守时间。

对于会议主办方来说,应严守会议时间,不要随意推后,也不要超时;对与会人员来说,准时参加会议,通常应在约定时间的5min之前到达约定地点,表现出守时的文明素养。

(3) 维护秩序。

会场要井然有序,不随意走来走去,干扰会场气氛。

(4) 专心听讲。

手机一般应该关机或调到振动,更不应该在会场中大声打电话。

2) 会场礼仪中应避免的表现

会场礼仪中,以相互尊重为核心,但是会场上,时常有一些不合礼仪的事情发生,这些都要予以避免。

(1) 发言离题。

每个人的表达能力好坏不一,但是要针对议题发言。与议题无关的事情,不要花费过多时间说明,以免引起其他与会者反感。

(2) 交头接耳。

在会议进行中,无视其他与会者存在,自顾自地交头接耳,不但产生噪音,而且显得非常无礼。

(3) 心有旁骛。

会议开始后,不要一边开会一边处理其他事务,造成议事效率低下。

(4) 发生争论。

发表言论应做善意表达,对事不对人,不可指名道姓,言辞犀利地批评他人。如果发生争执,也应适可而止,顾全大局,不可扩大事端。

(5) 垄断会议。

有些人发言次数过多,或针对某项议题结党操作,垄断会议,使得会议无法有效发挥功能。这实在是无法令人欣赏的失礼行为。

(6) 急于离席。

与会者有时因为时间压力,或有其他待办事项需要处理,因此急着离开。这会影响发

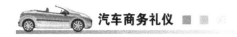

言人的情绪,降低与会者对会议的投入程度。

(7) 服装不整。

"人要衣装、佛要金装",会场是展现个人涵养的绝佳场合,与会者应该替自己塑造良好正面形象,先从服装整齐,仪容端正做起。

(8) 毫无准备。

收到会议通知后即开始准备相关资料,不可抱着草率心态,毫无准备,一问三不知是最失礼的会议表现。

(9) 迟到缺席。

出席会议要按时到达,延误一秒钟都可能与商机擦身而过,因此,最好利用"会议管理规定",明确制定处罚条例,严格执行,以纠正与会者迟到的失礼行为。

(10) 接听电话。

进入会场应该主动将手机关机,并在自己的分机或手机中留下语音信息,让来电者知道你在参加会议。

❸ 会议结束合影留念

合影位置排列,通常主方居中,其右侧是客方,客方其余代表依次排列,主方其余代表一般站在两端。

❹ 会务礼仪"三周到"

会务礼仪最基本的要求就是"三周",即:周全的考虑、周密的安排、周到的服务。在会场之内,则应当对与会者应有求必应,闻过即改,尽可能地满足其一切正当要求。

(三) 会后总结阶段

会议结束阶段的工作,具体的流程包括:

安排与会人员离会→撰写会议总结报告→会议的宣传报道→会议总结→催办与反馈工作→会议文书的立卷归档。

凡重要会议,不论是全体大会,还是分组讨论,都要进行必要的会议记录。在会议结束之后,应形成会议总结报告,根据会议记录等书面材料进行整理,除了会议名称、时间、地点、人员、主持者、记录之外,还有会议决定,会议后续问题等。在会议结束阶段,会议总结的完成具有以下意义:

(1) 形成可供传达的会议文件;

(2) 处理有关会议的文件材料;

(3) 为与会者的下一步工作开展提供方便。

四 汽车商务馈赠礼仪

 案例导入

2005年4月29日,当时的中国国民党主席连战到北京大学发表演讲,因连战的母亲赵兰坤女士毕业于北大的前身燕京大学,北京大学特别复制了赵兰坤女士在这里就读时的学籍档案和照片,在演讲结束后送给连战,并请他转达北大人对赵兰坤校友的诚挚问候。在这份特殊的礼物面前,连战难掩内心的激动。他高举起母亲年轻时的照片,然后捧在面前细细端详,满脸都是幸福的微笑,满眼都是动情的感念。

成功的礼品馈赠能增进彼此之间的情感和友谊,应该选择什么样的礼品馈赠他?

在现代人际交往中,礼物是人们礼尚往来的有效媒介之一,它像桥梁和纽带一样直接明显地传递着情感和信息,深深地寄托着人们的情意,无言地表达着人与人之间的真诚关爱,久远地记载着人间的温暖。

(一)选择礼品

在经济日益发达的今天,人与人之间的距离逐渐缩短,接触面越来越广,一些迎来送往及喜庆宴贺的活动越来越多,彼此送礼的机会也随之增加。但如何挑选适宜的礼品,对每一个人都是费神的问题。懂得送礼技巧,不仅能达到大方得体的效果,还可增进彼此的感情。欧美国家人在商务交往中,社交场合喜欢送小礼物,注意"小礼物"这个词,因为在国际社会,尤其市场经济的国家,在接受礼物方面有比较严格的规定,收受礼品超过一定价格就有贪污受贿之嫌,例如在美国送礼价格超过100美金,收礼人就必须上交,否则一旦被举报,就会被撤职。此外,西方人很重视礼物的包装,并且必须当面打开礼物。有国际经验的人都知道包装意味着郑重其事,当面打开包装表示欣赏和喜欢。如果西方人送给你的礼品带着包装,而你没有当面打开,就等于不重视别人,会让对方感到非常不愉快。

1 宜选的礼品

在馈赠之前,要对礼品进行认真选择,既要考虑受礼一方的性别、年龄、文化、宗教、爱好,又要切合商务交往的具体情境,最好能够既为受礼者所喜爱,又具有商业价值。

(1)礼品应具有宣传性。

在商务活动中,选择礼品往往是为了推广宣传企业形象,既注重实用价值,也注重宣传价值。在考虑受礼者的喜好前提下,所馈赠的礼品应能达到使对方记住自己,记住自己的单位、产品和服务的目的。

(2)礼品要具备独特性。

礼品一定要有特点,应对受礼者有充分的了解,有针对性地进行选择,否则不但不会给对方带来惊喜,反而会弄巧成拙。

(3)礼品应具有文化性。

选择礼品不一定要昂贵,但一定要具有独特的地域性、文化性,才能给受礼者以深刻的印象。

(4)礼品应具备时尚性。

选择礼品应与时俱进,不能太落伍,更不能太廉价。粗制滥造之物或过季商品有敷衍对方之嫌。

❷ 忌选的礼品

(1) 大额现金或金银珠宝,有收买对方之嫌,会加重对方的心理负担,往往会被拒绝。

(2) 有违交往对象民族习俗、宗教信仰和生活习惯的礼品。送礼前一定要了解受礼者的文化与宗教背景,否则会有不尊重对方之嫌,造成双方不欢而散,严重时会影响到双方的合作。

(3) 自己不喜欢的礼品。选择的礼物,首先自己要喜欢,你自己都不喜欢,别人怎么会喜欢。

(4) 带有明显广告标志和宣传用语的物品。虽说送礼往往与企业宣传相结合,但礼品过分注重宣传有利用对方之嫌,会令受礼者心情不快。

(5) 重复送同样的礼品。为避免几年选同样的礼物给同一个人的尴尬情况发生,最好每年送礼时做一下记录。

(二) 赠送时机、地点和方式

❶ 具体时机

(1) 重要日期。例如对方重要的纪念日(喜庆日、生日、结婚纪念日)、法定节日、公司周年纪念日、特报周刊出版日、公司大型活动日等。

(2) 重要时刻。例如新产品推出时、国家重大政策出台时、客户家遇有重大事件时、客户情绪悲观失望时、客户不满指责时、自己职级晋升时、得奖取得荣誉时、客户需要帮助时等。

❷ 具体时间

作为客人,应在双方见面之初送上礼品;作为主人,则应在客人离去的前夜或告别宴会上送上礼品。

❸ 赠送地点

(1) 公务交往在公务场合赠送,比如办公室、写字楼、会见厅。

(2) 私人交往在私人居所、饭店。

❹ 赠送方式

(1) 应加以包装。

包装意味着重视,否则给人敷衍了事的感觉。外国人对包装格外重视,包装成本一般不低于礼物价值的三分之一,否则会降低礼物的档次,失礼于对方。

(2) 应适当说明。

当把所选择的礼物在正式商务交往中赠送给他人时,要进行必要的说明。比如说明礼品的含义、具体用途、与众不同之处等,使交往对象加深对礼品的印象,同时接受礼品赠送人的善意。

(3) 应由在场地位最高者出面。

由位高者向客人赠送礼品,体现出礼轻情意重之意,否则会给客人不受重视的感觉。

(三) 馈赠习俗

❶ 美国

与美国人交往,有两种场合可通过赠礼来自然地表达祝贺和友情:一是逢年过节如圣诞节期间;二是当你抵达和离开美国的时候。如是工作关系可赠送办公用品,也可选择一些具有民族特色的精美工艺品。去美国人家中做客一般不必备厚礼,带些小礼品,如鲜花、美酒、工艺品即可。如果空手赴宴,则表示你将回请。

❷ 欧洲国家

送礼在欧洲不太盛行,即使是重大节日和喜庆场合,这种馈赠也仅限于家人或亲密朋友之间。来访者不必为送礼而劳神,主人绝不会因为对方未送礼或礼品太少而感到不快。但欧洲人对礼品的包装特别注重,送礼时应特别注意礼品的外包装。

德国人接受礼品超过一定金额就必须纳税,所以不能送重礼。因此,给德国人送礼不必注重礼品价格,只要送其喜欢的礼品就行,包装则要尽善尽美。

法国人将香槟酒、白兰地、糖果、香水等视为好礼品;体现文化修养的书籍、画册等也深受欢迎。

英国人喜欢鲜花、名酒、小工艺品和巧克力,但对装饰有客人所属公司标记的礼品不大欣赏。

在荷兰,人们大多习惯吃生、冷食品,送礼忌送食品,且礼物要用纸制品包好。到荷兰人家里做客,切勿对女主人过于殷勤。在男女同上楼梯时,其礼节恰好与大多数国家的习俗相反:男士在前,女士在后。

俄罗斯人送礼和收礼都极有讲究。俄罗斯人忌讳别人送钱,认为送钱是一种对人格的侮辱。但他们很爱外国货,外国的糖果、烟、酒、服饰都是很好的礼物。如果送花,要送单不送双,双数是不吉利的。

❸ 阿拉伯国家

中国的工艺品在这一地区很受欢迎,造型生动的木雕或石雕动物,古香古色的瓷瓶、织锦或香木扇,绘有山水花鸟的中国画和唐三彩,都是馈赠的佳品。向阿拉伯人送礼要注重其民族和宗教习俗,不要送古代仕女图,因为阿拉伯人不愿让女子的形象在厅堂高悬;不要送酒,因为多数阿拉伯国家明令禁酒;向女士赠礼,一定要通过她们的丈夫或父亲,赠饰品予女士更是大忌。

❹ 拉美国家

在拉丁美洲不能送刀剪,否则认为是友情的完结,手帕也不能作为礼品,因为它是和眼泪相联系的。拉丁美洲人喜欢美国生产的小型家用产品,比如厨房用具等。在拉美国家,征税很高的物品极受欢迎,最好不送奢侈品。

❺ 亚洲国家

日本人将送礼看作是向对方表示心意的物质体现。礼不在厚,赠送得当便会给对方留下深刻印象。送日本人礼品要选择适当,中国的文房四宝、名人字画、工艺品等最受欢

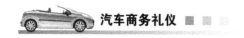

迎,但字画的尺寸不宜过大。所送礼品的包装不能草率,哪怕是一盒茶叶也要精心打理。但日本人对有狐狸和獾做包装图案的礼品是比较反感的。狐狸贪婪,獾则狡诈,是不受欢迎的动物。

韩国的商人对初次来访的客人常常会送他当地出产的手工艺品,但要等客人先拿出礼物来,然后再回赠他们本国产的礼品。

在和泰国人的交往中,可以送些小的纪念品,送的礼物事先应包装好,送鲜花也很合适。

到新加坡人家里吃饭,可以带一束鲜花或一盒巧克力作为礼物。但新加坡是一个重礼仪、讲廉政的国家,对公务员收礼有严格规定:"公务员不准收受礼品,但可以接受没有商品价值的纪念品。有商品价值又推辞不掉的礼品,收下后必须向本单位常任秘书报告,或交国家或由财政部对该礼品估价,由本人付款购下。"

(四)接收礼仪

❶ 受赠

(1)态度大方诚恳。

态度大方如果准备接受别人礼品,就没有必要再三推辞,心口不一,否则反而会让对方觉得你不够诚恳。

(2)拆启包装因习俗而异。

拆启包装在外国人看来,礼品如果带有包装而受礼者不打开看,就等于怠慢送礼者,不重视对方赠送的礼品。但中国人正好相反,拆看礼品是不礼貌的行为。

(3)欣赏礼品。

欣赏礼品接受礼品不仅要打开看一看,而且要加以欣赏,如果是可以穿戴的礼品,应立刻使用、穿戴,否则别人的热情就会有被冷漠拒绝之嫌。

(4)表示谢意。

表示谢意接受礼品时,要表示感谢。接受贵重礼品后,回到家中还要再次打电话或写感谢信表示感谢。

❷ 拒绝

(1)说明原因。

说明拒绝原因。比如身份不允许、单位规定不允许等,否则会令人感到非常尴尬。

(2)表示谢意。

要表达谢意。即便拒绝了对方的礼品,也要感谢对方的好意。

(3)态度要友善。

拒收礼品时,务必要讲究方式方法,不要让对方难堪。更不能态度生硬地质问、斥责、教训对方。如当时在场人多,应将礼品收下,过后再交还对方。

(五)鲜花礼仪

鲜花已成为人们表情达意的最受欢迎的礼物。说明"花自无言最有情",大自然的鲜花千姿百态,每一种鲜花都有其独特而丰富的语言。

1 鲜花寓意

（1）玫瑰——爱情的象征。

传说古希腊主宰万物生死的阿顿尼,是爱情维纳斯的恋人。有一天,他外出打猎,嫉恨他的战神变成野猪把他咬伤,维纳斯得知后急忙跑向自己的恋人,不小心踩在一丛白玫瑰花上,鲜血将白玫瑰染得血红,维纳斯流血走过的地方也就长出这种鲜红欲滴的红色玫瑰花,异常娇美迷人。红玫瑰从此成为人们心中的爱情之花。

（2）白百合花——圣洁、永远的爱。

西方一直把百合花作为圣洁的象征。而在我国百合更多地被视为美满长久的婚姻的象征。在新婚典礼及结婚纪念日,百合花是非常受欢迎的花,不同颜色百合花含义也略有区别:红色百合花表示浓烈爱情之火;黄色百合花则为默默的爱恋。

（3）水仙花——雍容大雅、品洁风清。

在我国民间传说中,水仙是司泉女神变的。相传司泉女神性格刚毅,东海龙王为了降服她而把她囚禁于莲花石中,只留一泓清水。司泉女神却变成了一株水仙,亭亭玉立地顽强生活着,散发出幽远的清香。

（4）兰花——友谊之花。

我国古代将相处和睦的好友称为"兰友",寓示兰花是友好的象征,象征亲密无间的友情。

（5）剑兰——步步高升。

因为剑兰的花序呈穗状,花 12～24 朵成两排,侧向一边,而且花朵是自下而上依次开放,所以人们把剑兰视为步步高升的象征。

（6）康乃馨——温馨、慈爱。

献给母亲和老师的花朵。

（7）郁金香——友爱。

花形酷似酒杯,寓示"酒逢知己千杯少"。

（8）牡丹——繁荣昌盛。

牡丹是我国国花,其雍容华贵姿态寓示祖国的繁荣富强。

（9）桂花——欢迎。

桂花表达了对客人竭诚欢迎之意,我们古人将桂花称为"仙友"。

（10）瑞香——高洁、无暇。

在古希腊的神话传说中,瑞香花是河神女儿的化身,她因为躲避太阳神的百般追求而变成了一株瑞香花。因此瑞香花在人们心目中成为一种独立人格的象征。

2 送花的讲究

（1）一定要选择新鲜的花朵。要求花朵、花叶的形状新鲜、完好。

（2）要考虑鲜花本身的忌讳。如白菊是哀伤之花,不可随便送人。

（3）要考虑不同民族,不同国家的人关于花的习俗。如荷花在我国是纯洁高雅的象征,在印度代表美丽、力量、吉祥、光明等一切美好事物,而在日本,却被认为不吉祥征兆,属于墓地的花。

（4）如果你在送花的时候选择合适的花卡,写上你的祝福语和慰问词,效果更好。

3 不同场合送花礼仪

（1）男女之间表示爱意的花,最好选用红色的玫瑰、百合、郁金香、香雪兰等,这些都是表示爱、思念的信物。

（2）祝贺新婚可选用:红掌,表示天长地久;鹤望兰,意味比翼齐飞;勿忘我表示永恒;山茶意味着真爱。

（3）祝贺节日,属喜庆的花都可相赠。对于长辈可选用万寿菊、龟背竹、百合花、万能青、报春花等具有延年益寿含草的花草为好。如赠送国兰或松柏、银杏、古榕等盆景则更能表达尊敬的心意。

（4）儿女降生是人生一大喜事。赠花、贺礼具有祝贺平安、幸运、喜悦的含义,花材的种类除了依照花语含义外,宜可用生日花、十二星座、十二生肖、幸运花相赠。对婴儿满月最好送各种鲜艳的淡雅的时花,香花。

（5）新店开张,公司开业。选择喜气洋洋、兴旺发达、四季常青、好运将至等含义的花材。如百合、月季、万年青、桃花、银柳,这类花期长,花朵繁茂,寓意"兴旺发达,财源茂盛"。

（6）新居落成。常用盆栽植物作为贺礼,以祝贺主人"飞黄腾达,金玉满堂"之意。花材颜色选用红色为主,黄花色系可作为陪衬,纯白色绝对避免。观叶植物如巴西铁、橡皮树、彩叶芋、一品红等都是合适选择。

（7）给病人送花有很多禁忌,探望病人时不要送整盆的花,以免病人误会为久病成根。香味过浓、颜色过艳都不适合送给病人,以免给病人带来刺激,看望病人宜送兰花、水仙、马蹄莲等,根据病人喜好而选送,以利病人怡情养性,早日康复。

（8）迎接贵宾。迎接贵宾的鲜花以红花色系与紫花色系最受欢迎,可将鲜花装饰成花环,饰花或花束,表示热烈欢迎,给宾客惊喜,留下难忘的印象。

4 节日送花礼仪

（1）母亲节。

每年 5 月的第二个星期是母亲节。母亲节最常用的花是康乃馨,它象征慈祥、真挚、母爱。红色、桃红色康乃馨可用来表示祝福母亲健康,热爱着母亲;白色康乃馨可用于追悼已故的母亲。除了康乃馨之外,还有一种花——萱草,也可比喻伟大母爱,象征"妈妈,您真伟大"。

（2）情人节。

情人节是 2 月 14 日,除送表示真诚相爱的玫瑰外,还可选送红郁金香,表示爱的宣言;黄色郁金香,表示渴望之爱;蝴蝶兰、紫丁香,表示初恋;勿忘我表示永恒的爱等花材。

（3）教师节。

教师节可选送象征灵魂高尚,桃李满天下,才华横溢寓意的花材,如木兰花、桃花、悬铃木等表示对老师感恩,怀念之意。

(4)中秋节。

中秋节是中国传统的三大节日之一,中秋花礼大多以兰花为主、各种观叶植物为次。兰花可选用花篮,古瓷或特殊的容器,组合盆栽,花期长,姿色高贵典雅,颇受欢迎。

(5)春节。

农历春节,时值年春,也刚好是花卉生产的旺季,各种琳琅满目,争艳斗奇,选择赠以贺新年、庆吉祥、添富贵的盆栽植物为佳,例如报春花、富贵菊、仙客来、荷包花、紫罗兰、报岁兰等,再装饰些鲜艳别致的缎带、贺卡饰物等增添欢乐吉祥气氛。

五 汽车商务宴请礼仪

 案例导入

场景一:应聘工作先过"饭局"关

"大家都别走,等会我们一起吃个饭,增进一下了解。"几天前,小林和其他4名求职者参加某公司招聘面试,正当4人面试完准备离开时,人事部经理发出了饭局邀请。饭局开始,菜不错,公司领导也很热情。5位同学望着偌大的包间有些不知所措。小林挑了靠门的位置坐下:"这里是上菜位,今天我给大家服务啊!"上菜了,5位同学胃口似乎都很小,大都闷头吃菜,也不愿意喝酒,唯恐自己吃多了喝多了,留下不好的印象,工作没有了希望。小林却有些外向,他先跟在座的每位打了个招呼,接着向大家介绍了自己。看见大家吃得很沉闷,他还提议给大家说了个笑话。在小林看来,这个饭局并不是那么简单,他听说有些单位招聘公关人员,会让他们参加饭局,趁机考察他们的交际能力。他想今天这场饭局大概也是一场"考验"。饭后,招聘单位负责人告诉大家,刚才设的饭局也是招聘面试的一部分。惊讶写在了每个人的脸上。人事经理表示,小林被录取了。据一位姓金的负责人透露:"第一轮面试5位同学水平不相上下,难以取舍。刚好临近吃饭时间了,于是就有了通过饭局进一步考查的想法,找到我们需要的人。小林在饭桌上的表现虽然稚嫩,但他正努力地调动气氛,希望打破沉闷。我们需要的正是这种意识。"

应聘者小蒋说:"没想到吃个饭,还有这么大的礼数。"

现代社会需要复合型人才,包括与人沟通交际的能力。企业在招聘面试中加入交际能力的考察,或许能更加全面地了解自己未来员工到底能适应怎样的工作。

场景二:痛苦的客人

现代待人接物的礼节中,有一个重要的条件,那就是使对方感到轻松愉快。如果违背了这一前提,即便你的出发点是好意的,也可能让对方觉得勉强、拘束、甚至受罪。某公司的业务员小陈有一次去北方的一个城市出差。事情谈完后,对方在城内一家有名的餐厅请小陈吃饭。小陈一进餐厅,主人便殷勤地将他带到"上座"坐。保守的主人认为将客人安排在"上座"是他义不容辞的最大礼貌与义务。然而时值炎热的夏季,此"上座"是离冷气最远的座位,小陈为了满足主人招待周到的愿望,不得不坐在"上座"忍受着热的煎熬,虽难受也不好说。很快酒菜上来了,这里的人招呼客人有劝酒的习惯。像北方很多地方一样,只要主人敬酒,你就不能不接受,不管客人的酒量如何,凡是有敬就必须喝,才算是符合传统的礼节。酒量是因人而异的,过量人就受不了。小陈一再解释自己不会喝酒,却敌不过热情的主人,不得不一杯又一杯,忍受痛苦喝下去。足足半斤"五粮液"下肚,刚一出餐厅的门口,就趴在路边的栏杆上"喷涌而出",回去后痔疮发作,休息了好几天才缓过劲来。之后再回想起这次作客,小陈只觉得是一场活受罪,丝毫谈不上什么愉快的享受。

作为主人,光有热情好客的心还不够,要能让客人在感受到你的情意的同时,觉得轻松舒服,不受拘束,才是真正尽到主人的责任和义务。

(一) 常见宴请方式

宴会通常指的是以用餐为形式的社交聚会。根据宴请的目的、邀请的对象、人数、时间、地点以及经费开支等各种因素,可以分为多种类型。

❶ 正式宴会

正式宴会是一种隆重而正规的宴请。西方的习惯,隆重的晚宴也是正式宴会,基本上都安排在晚上8点以后举行,中国一般在晚上6~7点开始。举行这种宴会,说明主人对宴会的主题很重视,它往往是为宴请专人而精心安排的,在比较高档的饭店或是其他特定的地点举行的,讲究排场、气氛的大型聚餐活动。一般要排好座次,并在请柬上注明对着装的要求;对于到场人数、穿着打扮、席位排列、菜肴数目、音乐演奏、宾主致辞等,往往都有十分严谨的要求和讲究。西方的习惯,晚宴一般邀请夫妇同时出席。如果你受到邀请,要仔细阅读你的邀请函,上面会说明是一个人还是携带配偶。在回复邀请时,你最好能告诉主人他们的名字。

❷ 非正式宴会

非正式宴会又称为便宴,也适用于正式的人际交往,但多见于日常交往。一般来说,非正式宴会不邀请配偶,对参加者的穿着打扮、席位排列、菜肴数目往往不作过高要求,而且也不安排音乐演奏和宾主致辞,但仍然有别于一般家庭晚餐。

❸ 家宴

家宴也就是在家里举行的宴会。相对于正式宴会而言,家宴最重要的是要制造亲切、友好、自然的气氛,使赴宴的宾主双方轻松、自然、随意,彼此增进交流,加深了解,促进信任。

通常,家宴在礼仪上往往不作特殊要求。为了使来宾感受到主人的重视和友好,基本上要由女主人亲自下厨烹饪,男主人充当服务员,或男主人下厨,女主人充当服务员,来共同招待客人,使客人产生宾至如归的感觉。

❹ 便餐

便餐也就是家常便饭。用便餐的地点往往不同,礼仪讲究也最少。只要用餐者讲究公德,注意卫生、环境和秩序,在其他方面就不用介意过多。

5 工作餐

工作餐是在商务交往中具有业务关系的合作伙伴,为进行接触、保持联系、交换信息或洽谈生意而以用餐的形式进行的商务聚会。它不同于正式的晚餐、正式宴会和亲友们的会餐。它重在一种氛围,意在以餐会友,创造出有利于进一步进行接触的轻松、愉快、和睦、融洽的氛围,是借用餐的形式继续进行的商务活动,把餐桌充当会议桌或谈判桌。工作餐一般规模较小,通常在中午举行,主人不用发正式请柬,客人不用提前向主人正式进行答复,时间、地点可以临时选择。出于卫生方面的考虑,最好采取分餐制或公筷制的方式。

在用工作餐的时候,还会继续商务上的交谈。但这时候需要注意的是,这种情况下,不要像在会议室一样,进行录音、录像,或是安排专人进行记录。如有必要进行记录的时候,应先获得对方首肯,千万不要随意自行其是,好像对对方不信任似的。发现对方对此表示不满的时候,更不可以坚持这么做。

工作餐是主客双方"商务洽谈餐",所以不适合有主题之外的人加入。如果正好遇到熟人,可以打个招呼,或是将其与同桌的人互作一下简略的介绍,但不要擅作主张,将朋友留下。万一有不识相的人"赖着"不走,可以委婉地下逐客令"您很忙,我就不再占用您宝贵的时间了"或是"我们明天再联系,我会主动打电话给您"。

6 自助餐

自助餐是近年来借鉴西方的现代用餐方式,可以是早餐、中餐、晚餐,甚至是茶点,有冷菜也有热菜,连同餐具放在菜桌上,供客人用。它不排席位,也不安排统一的菜单,是把能提供的全部主食、菜肴、酒水陈列在一起,根据用餐者的个人爱好,自己选择、加工、享用。如果场地太小或是没有服务人员,招待比较多的客人,自助餐就是最好的选择。可以在室内或院子、花园里举行,来宴请不同人数的宾客。采取这种方式,可以节省费用,而且礼仪讲究不多,宾主都方便;用餐的时候每个人都可以悉听尊便。在举行大型活动,招待为数众多的来宾时,这样安排用餐,也是最明智的选择。

7 鸡尾酒会

鸡尾酒会的形式活泼、简便,便于人们交谈。招待品以酒水为重,略备一些小食品,如点心、面包、香肠等,放在桌子、茶几上,或者由服务生拿着托盘,把饮料和点心端给客人,客人可以随意走动。举办的时间一般是17~19点。近年来,国际上各种大型活动前后往往都要举办鸡尾酒会。

这种场合下,最好手里拿一张餐巾,以便随时擦手。用左手拿着杯子,好随时准备伸出右手和别人握手。吃完后不要忘了用纸巾擦嘴、擦手。用完了的纸巾丢到指定位置。

(二)宴请中主人的礼仪

1 宴席邀请

向客人发出邀请的形式有很多种,如请柬、邀请信、电话等。宴请大都要发出请柬,这既是礼节、礼貌上的需要,也是起提醒、备忘的作用。除了宴请临时来访人员,或时间紧促来不及提前准备之外,宴会请柬一般应至少提前一周发出,以便客人安排好时间。需要安排座位的宴会,可要求被邀请人收到请柬后给予答复。

❷ 宴席迎宾

主人在宴会开始之前,便该准备妥当,并随即站在门外迎接宾客。照例是:作为晚宴的主人站在最前面,长辈居后。

对每一个来宾,主人都得分别依次招呼,不可疏忽。在客人大部分到齐时,主人就要回到会场中来(但仍要留一两个人在门前招待)分头跟客人招呼、应酬。同时在这时候,场内也要有几个主方的人负责招待众多宾客,做介绍、招待、照顾等项工作。

❸ 宴席招待

主人对各宾客的态度,必须热诚恳切,一视同仁,不可只顾应酬一两个上宾或主要客人。当你正和某一个客人应酬着,不时有另一些客人进来,不能分身时,可先对原来的客人道歉,再前去接待。为客人布菜时应使用公用筷子,不可用自己的筷子为别人夹菜。

主人是比较忙碌的,但不可因为忙乱,怠慢了若干来客,一旦发觉有些来宾孤单无伴,就要找朋友为他们介绍认识,以免使来客冷落。

客人入座之后,主人应首先起立,举杯向客人敬酒。碰杯先后以座次顺序为序,由主到次进行。如安排有正式讲话,一般应在热菜上完之后,先由主人发言,然后请客人讲话。

❹ 宴席结束

宴会结束后,主宾告辞,主人迎送至门口,热情话别,并与其他客人一一握手话别,表示欢送之意。

(三)宴请中客人的礼仪

❶ 应邀

接到宴会邀请,能否出席应尽早答复对方,以便主人做出安排。接受邀请以后不要随意改动,万一遇到不得已的特殊情况不能出席时,尤其是作为主宾,要尽早向主人解释、道歉,甚至亲自登门表示歉意。应邀出席一项活动之前,要核实宴请的主人,活动举办的时间、地点,是否邀请配偶以及主人对服装的要求。

❷ 出席

如果要参加宴会,那么你就需要注意,首先必须把自己打扮得整齐大方,这是对别人也是对自己的尊重。掌握出席时间、出席宴请活动、抵达时间的迟早、逗留时间的长短,在一定程度上反映对主人的尊重,应根据活动的性质和当地的习惯掌握。迟到、早退、逗留时间过短被视为失礼或有意冷落。身份高者可略晚些到达,一般客人宜略早些到达。主宾退席后,其他人可陆续告辞。出席宴会根据各地的习惯,我国则是正点或提前 3~5min 到达。出席酒会可在请柬上注明的时间内到达。

❸ 问候

当走进主人家或宴会厅时,应首先跟主人打招呼。同时,对其他客人,不管认不认识,都要微笑点头示意或握手问好;对长者要主动起立,让座问安;对女宾举止庄重,彬彬有礼。如果是庆祝活动,应表示祝贺。参加庆祝活动,还可以按当地习惯以及两个单位的关系,赠送花束或花篮。参加家庭宴会可酌情给女主人赠送少量鲜花。

❹ 入席

入席时,自己的座位应听从主人或招待人员的安排,因为有的宴会主人早就安排好了。如果座位没定,应注意正对门口的座位是上座,背对门的座位是下座。应让身份高者、年长者以及女士先入座,自己再找适当的座位坐下。男士为女士摆好椅子,等待女士坐下后自己再坐。

入座后坐姿端正,脚踏在本人座位下,不要任意伸直或两腿不停摇晃,手肘不得靠桌沿,或将手放在邻座椅背上。入座后,不要旁若无人,也不要眼睛直盯盘中菜肴,显出迫不及待的样子,可以和同席客人简单交谈。

❺ 用餐

用餐时应该正装,不要脱外衣,更不要中途脱外衣。一般是主人示意开始后再进行。就餐的动作要文雅,夹菜动作要轻。而且要把菜先放到自己的小盘里,然后再用筷子夹起放进嘴里。送食物进嘴时,要小口进食,两肘不要向两边张得很开,以免碰到邻座。不要在吃饭、喝饮料、喝汤时发出声响。用餐时,如要用摆在同桌其他客人面前的调味品,先向别人打个招呼再拿;如果太远,要客气地请人代劳。如在用餐时一定要剔牙,需用左手或手帕遮掩,右手用牙签轻轻剔牙。

❻ 饮酒

喝酒的时候,一味地给别人劝酒、灌酒、吆五喝六,特别是给不胜酒力的人劝酒、灌酒,都是失礼的表现。宴会中,主人应向来宾敬酒,客人也应回敬主人。敬酒时,不一定个个都碰杯,离得较远时,可举杯用眼睛示意,不要交叉碰杯。

在不了解席间礼仪的情况下,不可贸然行事。比如,服务员送上的第一条湿毛巾,你不可用来洗脸,它的用途是擦手。又如,入席后何时开动餐巾,要看主人何时打开餐巾。主人打开餐巾,其他人方可拿起餐巾,铺在膝头上。虽说"不知者不怪",但在隆重的场合,你应模仿别人的做法,或者老老实实地请教旁人,沉着应对一切。

❼ 离席

如果宴会没有结束,但你已用好餐,不要随意离席,要等主人和主宾餐毕先起身离席,其他客人才能依次离席。席间,确实有事需提前退席,应向主人说明后悄悄离去,也可以事先打招呼,届时离席。宴会结束退席时,应向主人致谢,对宴会的组织及菜肴的丰盛精美表示称赞。

(四)中餐礼仪

中餐礼仪,是中华饮食文化的重要组成部分。中国的饮宴礼仪号称始于周公,经千百年的演进,形成今天大家普遍接受的一套饮食进餐礼仪。同食共餐,这是增进友情的捷径,而吃中国菜就是这条捷径。中国是一个讲究吃的国家,有"民以食为天"的说法。一道菜大家吃,我为你盛菜,你劝我喝酒,大家其乐融融。根据我国的饮食习惯,与其说是"请吃饭",还不如说成"请吃菜"。所以对菜单安排马虎不得。它主要涉及点菜和准备菜单两方面的问题。

❶ 点菜

在宴请前,主人需要事先对菜单进行再三斟酌。在准备菜单的时候,主人要着重考虑哪些菜可以选用、哪些菜不能用。点菜时,不仅要吃饱、吃好,而且必须量力而行。如果为了讲排场、装门面,而在点菜时大点、特点,甚至乱点一通,不仅对自己没好处,而且还会招人笑话。这时,一定要心中有数,力求做到不超支、不乱花、不铺张浪费。可以点套餐或包桌,这样费用固定,菜肴的档次和数量相对固定,省事。也可以根据"个人预算",在用餐时现场临时点菜,这样不但自由度较大,而且可以兼顾个人的财力和口味。

被请者在点菜时,一是告诉做东者,自己没有特殊要求,请随便点,这实际上正是对方欢迎的。或是认真点上一个不太贵,又不是大家忌口的菜,再请别人点。别人点的菜,无论如何都不要挑三拣四。

❷ 备菜

优先考虑的菜肴有四类:

第一类,有中餐特色的菜肴。宴请外宾的时候,这一条更要重视。像炸春卷、煮元宵、蒸饺子、狮子头、宫保鸡丁等,这些并不是佳肴美味,但因为具有鲜明的中国特色,所以受到很多外国人的推崇。

第二类,有本地特色的菜肴。比如西安的羊肉泡馍、湖南的毛家红烧肉、上海的红烧狮子头、北京的涮羊肉,在那里宴请外地客人时,上这些特色菜,恐怕要比千篇一律的生猛海鲜更受欢迎。

第三类,本餐馆的特色菜。很多餐馆都有自己的特色菜。上一份本餐馆的特色菜,能说明主人的细心和对被请者的尊重。

第四类,主人的拿手菜。举办家宴时,主人一定要当众露上一手,多做几个自己的拿手菜。其实,所谓的拿手菜不一定十全十美。只要主人亲自动手,单凭这一条,足以让对方感觉到你的尊重和友好。

❸ 饮食禁忌

在安排菜单时,还必须考虑来宾的饮食禁忌,特别是要对主宾的饮食禁忌高度重视。这些饮食方面的禁忌主要有以下四条。

(1)宗教的饮食禁忌。

例如,穆斯林通常不吃猪肉,并且不喝酒;国内的佛教徒不吃荤腥食品,它不仅指的是不吃肉食,而且包括葱、蒜、韭菜、芥末等气味刺鼻的食物。

(2)出于健康考虑的饮食禁忌。

比如心脏病、动脉硬化、高血压和中风后遗症的人,不适合吃狗肉;肝炎病人忌吃羊肉和甲鱼;胃肠炎、胃溃疡等消化系统疾病的人也不适合吃甲鱼;高血压、高胆固醇患者,要少喝鸡汤等。

(3) 不同地区饮食禁忌。

对于这一点，在安排菜单时要兼顾。比如，湖南省的人普遍喜欢吃辛辣食物，少吃甜食。英美国家的人通常不吃宠物、稀有动物、动物内脏、动物的头部和脚爪。

(4) 职业的特殊禁忌。

例如，国家公务员在执行公务时不准吃请，在公务宴请时不准大吃大喝，不准超过国家规定的标准用餐，不准喝烈性酒。又如，驾驶员工作期间不得喝酒。要是忽略了这一点，还有可能使对方犯错误。

4 上菜

一顿标准的中餐大菜，不管什么风味，上菜的次序都相同。通常，首先是冷盘，接下来是热炒，随后是主菜，然后上点心和汤，最后上果盘。如果上咸点心的话，讲究上咸汤；如果上甜点心的话，就要上甜汤。不管是不是吃大菜，了解中餐标准的上菜次序，不仅有助于在点菜时巧作搭配，而且还可以避免因为不懂而出洋相、闹笑话。

5 中餐餐具的使用

和西餐相比较，中餐的一大特色就是就餐餐具有所不同。我们主要介绍一下经常出现问题的一些餐具的使用。

1) 筷子

筷子是中餐最主要的餐具。使用筷子，通常必须成双使用。用筷子取菜、用餐的时候，要注意下面几个"小"问题。

(1) 不论筷子上是否残留着食物，都不要去舔。用舔过的筷子去夹菜，倒人胃口。

(2) 和人交谈时，要暂时放下筷子，不能一边说话，一边像指挥棒似地舞着筷子。

(3) 不要把筷子竖插放在食物上面。因为这种插法，只在祭奠死者的时候才用。

(4) 严格筷子的职能。筷子只是用来夹取食物的，用来剔牙、挠痒或是用来夹取食物之外的东西都是失礼的。

2) 勺子

勺子的主要作用是喝汤、舀取食物。有时，用筷子取食时，也可以用勺子来辅助。尽量不要单用勺子去取菜。用勺子取食物时，不要过满，免得溢出来弄脏餐桌或自己的衣服。在舀取食物后，可以在原处暂停片刻，汤汁不会再往下流时，再移回来享用。

暂时不用勺子时，应放在自己的碗上，不要把它直接放在餐桌上，或是让它在食物中"立正"。用勺子取食物后，要立即食用或放在自己的碗里，不要再把它倒回原处。而如果取用的食物太烫，不可用勺子舀来舀去，也不要用嘴对着吹，可以先放到自己的碗里等凉了再吃。不要把勺子塞到嘴里，或者反复吮吸、舔食。

3) 盘子

食碟的主要作用，是用来暂放从公用的菜盘里取来享用的菜肴的。用食碟时，一次不要取放过多的菜肴，看起来既繁乱不堪，又显得没有素养。不要把多种菜肴堆放在一起，弄不好它们会相互"窜味"，不好看，也不好吃。不吃的残渣、骨、刺不要吐在地上、桌上，而应轻轻取放在骨碟里，如果骨碟放满了，可以让服务员换。

4）水杯

主要用来盛放清水、汽水、果汁、可乐等软饮料时使用，不要倒扣杯子。另外，喝进嘴里的东西不能再吐回杯中。

(五) 西餐礼仪

1 西餐定义

西餐，顾名思义是西方国家的餐食。西方国家，是相对于东亚而言的欧洲白人世界文化圈，西餐的准确称呼应为欧洲美食，或欧式餐饮。其菜式料理与中国菜不同，一般使用橄榄油、黄油、亨氏番茄酱、沙拉酱等调味料。不同的主食相同的都是搭配上一些蔬菜，如番茄、西兰花等。西餐这个词是由于其特定的地理位置所决定的。"西"是西方的意思。一般指欧洲各国。"餐"就是饮食菜肴。

2 西餐特点

西餐是饮食形式的一个类型，西餐不仅以它健康、合理的食品搭配而受到欢迎，它那追求严谨、富于审美情趣的进餐氛围更受到美食家们的赞赏。

中餐讲究的是菜式丰富，而西餐讲究的是环境与气氛，追求环境幽雅、卫生方便、服务优良、管理规范的饭店。

3 西餐礼仪要点

（1）从椅子左边入座。最得体的入座方式是从左侧入座。当椅子被拉开后，身体在几乎要碰到桌子的距离站直，领位者会把椅子推进来，腿弯碰到后面的椅子时，就可以坐下来了。就座时，身体要端正，手肘不要放在桌面上，不可跷足，与餐桌的距离以便于使用餐具为佳。餐台上已摆好的餐具不要随意摆弄。将餐巾对折轻轻放在膝上。

（2）入座后做自我介绍。

（3）餐巾开始使用后将不在接触餐桌。

（4）刀叉等餐具从外往里使用。使用刀叉进餐时，从外侧往内侧取用刀叉，要左手持叉，右手持刀；切东西时左手拿叉按住食物，右手执刀将其切成小块，用叉子送入口中。使用刀时，刀刃不可向外。

进餐中放下刀叉时应摆成"八"字型（图5-2），分别放在餐盘边上。刀刃朝向自身，表示还要继续吃。刀叉一旦开始使用，不再放回餐桌。每吃完一道菜，将刀叉并拢放在盘中（图5-3）。

图5-2 进餐中，刀叉摆成"八"字型　　　图5-3 进餐后，刀叉并拢放在盘中

如果是谈话,可以拿着刀叉,无需放下。不用刀时,可用右手持叉,但若需要作手势时,就应放下刀叉,千万不可手执刀叉在空中挥舞摇晃,也不要一手拿刀或叉,而另一只手拿餐巾擦嘴,也不可一手拿酒杯,另一只手拿叉取菜。要记住,任何时候,都不可将刀叉的一端放在盘上,另一端放在桌上(图5-4)。

图5-4　不可将刀叉的一端放在盘上,另一端放在桌上

(5)吃鱼肉等菜肴的注意事项。吃鱼、肉等带刺或骨的菜肴时,不要直接外吐,可用餐巾捂嘴轻轻吐在叉上放入盘内。如盘内剩余少量菜肴时,不要用叉子刮盘底,更不要用手指相助食用,应以小块面包或叉子相助食用。吃面条时要用叉子先将面条卷起,然后送入口中。

吃鸡时,欧美人多以鸡胸脯肉为贵。吃鸡腿时应先用力将骨去掉,不要用手拿着吃。吃鱼时不要将鱼翻身,要吃完上层后用刀叉将鱼骨剔掉后再吃下层。吃肉时,要切一块吃一块,不能切得过大,或一次将肉都切成块。

(6)吃饭喝汤时不发出声音。喝汤时不要啜,吃东西时要闭嘴咀嚼。不要舔嘴唇或咂嘴发出声音。如汤菜过热,可待稍凉后再吃,不要用嘴吹。喝汤时,用汤勺从里向外舀,汤盘中的汤快喝完时,用左手将汤盘的外侧稍稍翘起,用汤勺舀净即可。吃完汤菜后,将汤匙留在汤盘(碗)中,匙把指向自己。

(7)咖啡勺、茶勺放在托盘里。喝咖啡时如愿意添加牛奶或糖,添加后要用小勺搅拌均匀,将小勺放在咖啡的垫碟上。喝时应右手拿杯把,左手端垫碟,直接用嘴喝,不要用小勺一勺一勺地舀着喝。吃水果时,不要拿着水果整个去咬,应先用水果刀切成四瓣再用刀去掉皮、核,用叉子叉着吃。

(8)在品尝食品前不撒盐或添加调料。

(9)用餐速度和其他人保持一致。

(10)配合女主人的指令语。

4 西餐七道菜

(1)头盘/开胃菜。

西餐的第一道菜是头盘,也称为开胃菜。开胃菜的内容一般有冷头盘或热头盘之分,常见的品种有鱼子酱、鹅肝酱、熏鲑鱼、鸡尾杯、奶油鸡酥盒、焗蜗牛等。因为是要开胃,所以开胃菜一般都具有特色风味,味道以咸和酸为主,而且数量较少,质量较高。

(2)汤。

与中餐有极大不同的是,西餐的第二道菜就是汤。西餐的汤大致可分为清汤、奶油汤、蔬菜汤和冷汤等4类。品种有牛尾清汤、各式奶油汤、海鲜汤、美式蛤蜊周打汤、意式蔬菜汤、俄式罗宋汤、法式焗葱头汤。冷汤的品种较少,有德式冷汤、俄式冷汤等。

(3)副菜。

鱼类菜肴一般作为西餐的第三道菜,也称为副菜。品种包括各种淡水、深海鱼类、贝类及软体动物类。通常水产类菜肴与蛋类、面包类、酥盒菜肴品均称为副菜。因为鱼类等菜肴的肉质鲜嫩,比较容易消化,所以放在肉类菜肴的前面,叫法上也和肉类菜肴主菜有区别。西餐吃鱼菜肴讲究使用专用的调味汁,品种有鞑靼汁、荷兰汁、白奶油汁、大主教汁、美国汁和水手鱼汁等。

(4)主菜。

肉、禽类菜肴是西餐的第四道菜,也称为主菜。肉类菜肴的原料取自牛、羊、猪、小牛仔等各个部位的肉,其中最有代表性的是牛肉或牛排。牛排按其部位又可分为沙朗牛排(也称西冷牛排)、菲利牛排、T骨型牛排、薄牛排等。其烹调方法常用烤、煎、铁扒等。肉类菜肴配用的调味汁主要有西班牙汁、浓烧汁精、蘑菇汁、白尼斯汁等。食类菜肴的原料取自鸡、鸭、鹅,通常将兔肉和鹿肉等野味也归入禽类菜肴。禽类菜肴品种最多的是鸡,有山鸡、火鸡、竹鸡、可煮、可炸、可烤、可焖,主要的调味汁有黄肉汁、咖喱汁、奶油汁等。

(5)蔬菜类菜肴/沙拉。

蔬菜类菜肴可以安排在肉类菜肴之后,也可以与肉类菜肴同时上桌,所以可以算为一道菜,或称之为一种配菜。蔬菜类菜肴在西餐中称为沙拉。与主菜同时配用的沙拉,称为生蔬菜沙拉,一般用生菜、西红柿、黄瓜、芦笋等制作。沙拉的主要调味汁有醋油汁、法国汁、千岛汁、奶酪沙拉汁等。沙拉除了蔬菜之外,还有一类是用鱼、肉、蛋类制作的,这类沙拉一般不加味汁,在进餐顺序上可以作为头盘食用。还有一些蔬菜是熟食的,如花椰菜、煮菠菜、炸土豆条等。熟食的蔬菜通常是与主菜的肉食类菜肴一同摆放在餐盘中上桌,称之为配菜。

(6)甜品。

西餐的甜品是主菜后食用的,可以算做是第六道菜。从真正意义上讲,它包括所有主菜后的食物,如布丁、煎饼、冰淇淋、奶酪、水果等。

(7)咖啡、茶。

西餐的最后一道是上饮料,咖啡或茶。饮咖啡一般要加糖和淡奶油。茶一般要加香桃片和糖。

(六) 自助餐礼仪

1 自助餐的定义

自助餐,有时亦称冷餐会,它是目前国际上所通行的一种非正式的西式宴会,在大型的商务活动中尤为多见。它的具体做法是,不预备正餐,而由就餐者自作主张地在用餐时自行选择食物、饮料,然后或立或坐,自由地与他人在一起或是独自一人地用餐。自助餐之所以称为自助餐,主要是因其可以在用餐时调动用餐者的主观能动性,而由其自己动手,自己帮助自己,自己在既定的范围之内安排选用菜肴。至于它又被叫作冷餐会,则主要是因其提供的食物以冷食为主。当然,适量地提供一些热菜,或者提供一些半成品由用餐者自己进行加工,也是允许的。

2 自助餐的特点

一般而言,自助餐具有如下特点:

（1）免排座次。

正规的自助餐，往往不固定用餐者的座次，甚至不为其提供座椅。这样一来，既可免除座次排列之劳，而且还可以便于用餐者自由地进行交际。

（2）节省费用。

因为自助餐多以冷食为主，不提正餐，不上高档的菜肴、酒水，故可大大地节约主办者的开支，并避免了浪费。

（3）各取所需。

参加自助餐时，用餐者碰上自己偏爱的菜肴。只管自行取用就是了，完全不必担心他人会为此而嘲笑自己。

（4）招待多人。

每逢需要为众多的人士提供饮食时，自助餐不失为一种首选。它不仅可用以款待数量较多的来宾，而且还可以较好地处理众口难调的问题。

❸ 安排自助餐的礼仪

安排自助餐的礼仪，指的是自助餐的主办者在筹办自助餐时规范性作法，一般而言，它又包括备餐的时间、就餐的地点、食物的准备、客人的招待等四个方面的问题。

1）备餐的时间

在商务交往之中，依照惯例，自助餐大都被安排在各种正式的商务活动之后，作为其附属的环节之一，而极少独立出来，单独成为一项活动。也就是说，商界的自助餐多见于各种正式活动之后，用招待来宾的项目之一，而不宜以此作为一种正规的商务活动的形式。

因为自助餐多在正式的商务活动之后举行，故而其举行的具体时间受到正式的商务活动的限制。不过，它很少被安排在晚间举行，而且每次用餐的时间不宜长于一个小时。

根据惯例，自助餐的用餐时间不必进行正式的限定。只要主人宣布用餐开始，大家既可动手就餐。在整个用餐期间，用餐者可以随到随吃，大可不必非要在主人宣布用餐开始之前到场恭候。在用自助餐时，也不像正式的宴会那样，必须统一退场，不允许"半途而废"。用餐者只要自己觉得吃好了，在与主人打过招呼之后，随时都可以离去。通常，自助餐是无人出面正式宣告其结束的。

一般来讲，主办单位假如预备以自助餐对来宾进行招待，最好事先以适当的方式对其进行通报。同时，必须注意一视同仁，即不要安排一部分来宾用自助餐，而安排另外一部分来宾去参加正式的宴请。

2）就餐的地点

选择自助餐的就餐地点，大可不必如同宴会那般较真。重要的是，它既能容纳下全部就餐之人，又能为其提供足够的交际空间。按照正常的情况，自助餐安排在室内外进行皆可。通常，它大多选择在主办单位所拥有的大型餐厅、露天花园之内进行。有时，亦可外租、外借与此相类似的场地。

在选择、布置自助餐的就餐地点时，有下列三点事项应予注意。

（1）要为用餐者提供一定的活动空间。除了摆放菜肴的区域之外,在自助餐的就餐地点还应划出一块明显的用餐区域。这一区域,不要显得过于狭小。考虑到实际就餐的人数往往具有一定的弹性,实际就餐的人数难以确定,所以用餐区域的面积宁肯划得大一些。

（2）要提供数量足够使用的餐桌与座椅。尽管真正的自助餐所提倡的,是就餐者自由走动,立而不坐。但是在实际上,有不少的就餐者,尤其是其中的年老体弱者,还是期望在其就餐期间,能有一个暂时的歇脚之处。因此,在就餐地点应当预先摆放好一定数量的桌椅。供就餐者自由使用。在室外就餐时,提供适量的遮阳伞,往往也是必要的。

（3）要使就餐者感觉到就餐地点环境宜人。在选定就餐地点,不只要注意面积、费用问题,还须兼顾安全、卫生、温湿度诸问题。要是用餐期间就餐者感到异味扑鼻、过冷过热、空气不畅,或者过于拥挤,显然都会影响到对方对此次自助餐的整体评价。

3）食物的准备

在自助餐上,为就餐者所提供的食物,既有其共性,又有其个性。它的共性在于,为了便于就餐,以提供冷食为主;为了满足就餐者的不同口味,应当尽可能地使食物在品种上丰富而多彩;为了方便就餐者进行选择,同一类型的食物应被集中在一处摆放。

它的个性则在于,在不同的时间或是款待不同的客人时,食物可在具体品种上有所侧重。有时,它以冷菜为主;有时,它以甜品为主;有时,它以茶点为主;有时,它还可以酒水为主。除此之外,还可酌情安排一些时令菜肴或特色菜肴。

一般而言,自助餐上所备的食物在品种上应当多多益善。具体来讲,一般的自助餐上所供应的菜肴大致应当包括冷菜、汤、热菜、点心、甜品、水果以及酒水等几大类型。通常,常上的冷菜有沙拉、泥子、冻子、香肠、火腿、牛肉、猪舌、虾松、鱼子、鸭蛋等。常上的汤类有红菜汤、牛尾汤、玉米汤、酸辣汤、三鲜汤等。常上的热菜有炸鸡、炸鱼、烤肉、烧肉、烧鱼、土豆片等。常上的点心有面包、菜包、热狗、炒饭、蛋糕、曲奇饼、克力架、三明治、汉堡包、比萨饼等。常上的甜品有布丁、果排、冰淇淋等。常上的水果有香蕉、菠萝、西瓜、木瓜、柑橘、樱桃、葡萄、苹果等。常上的酒水则有牛奶、咖啡、红茶、可乐、果汁、矿泉水、鸡尾酒。在准备食物时,务必要注意保证供应。同时,还须注意食物的卫生以及热菜、热饮的保温问题。

4）客人的招待

招待好客人,是自助餐主办者的责任和义务。要做到这一点,必须特别注意下列环节。

（1）照顾好主宾。

不论在任何情况下,主宾都是主人照顾的重要。在自助餐上,也并不例外。主人在自助餐上对主宾所提供的照顾,主要表现在陪同其就餐,与其进行适当的交谈,为其引见其他客人等。只是要注意给主宾留下一点供其自由活动的时间,不要始终伴随其左右。

（2）充当引见者。

作为一种社交活动的具体形式。自助餐自然要求其参加者主动进行适度的交际。在自助餐时行期间,主人一定要尽可能地为彼此互不相识的客人多创造一些相识的机会,并且积极为其牵线搭桥,充当引见者,即介绍人。应当注意的是,介绍他人相识,必须了解彼此双方是否有此心愿,而切勿一厢情愿。

(3)安排服务者。

小型的自助餐,主人往往可以一身而二任,同时充当服务者。但是,在大规模的自助餐上,显然是不能缺少专人服务的。在自助餐上,直接与就餐者进行正面接触的,主要是侍者。根据常规,自助餐上的侍者须由健康而敏捷的男性担任。它的主要职责是:为了不使来宾因频频取食而妨碍了同他人所进行的交谈,而主动向其提供一些辅助性的服务。比如,推着装有各类食物的餐车,或是托着装有多种酒水的托盘,在来宾之间巡回走动,而听凭宾客各取所需。再者,他还可以负责补充供不应求的食物、饮料、餐具等。

❹ 享用自助餐的礼仪

所谓享用自助餐的礼仪,在此主要是指在以就餐者的身份参加自助餐时,所需要具体遵循的礼仪规范。一般来讲,在自助餐礼仪之中,享用自助餐的礼仪对绝大多数人而言,往往显得更为重要。通常,它主要涉及下述八点。

1)要排队取菜

在享用自助餐时,尽管需要就餐者自己照顾自己,但这并不意味着他可以因此而不择手段。实际上,在就餐取样时,由于用餐者往往成群结队而来的缘故,大家都必须自觉地维护公共秩序,讲究先来后到,排队选用食物。不允许乱挤、乱抢、乱加队,更不允许不排队。在取菜之前,先要准备好一只食盘,轮到自己取菜时,应以公用的餐具将食物装入自己的食盘之内,然后即应迅速离去。切勿在众多的食物面前犹豫再三。让身后之人久等,更不应该在取菜时挑挑拣拣,甚至直接下手或以自己的餐具取菜。

2)要循序取菜

在自助餐上,如果想要吃饱吃好,那么在具体取用菜肴时,就一定要首先了解合理的取菜顺序,然后循序取菜。按照常识,参加一般的自助餐时,取菜时的标准的先后顺序,依次应当是:冷菜、汤、热菜、点心、甜品和水果。因此在取菜时,最好先在全场转上一圈,了解一下情况,然后再去取菜。如果不了解这一合理的取菜的先后顺序,而在取菜时完完全全地自行其是,乱装乱吃一通,难免会使本末倒置,咸甜相克,令自己吃得既不畅快又不舒服。例如,在自助餐上,甜品、水果本应作为"压轴戏",最后吃。可要是不守此规,为图新鲜,而先来大吃一通甜品、水果,那么立即就会饱了,等到后来才见到自己想吃的好东西,很可能就会心有余而力不足,只好"望洋兴叹"了。

3)要量力而行

参加自助餐时,遇上了自己喜欢吃的东西,只要不会撑坏自己,完全可以放开肚量,尽管去吃。不限数量,保证供应,其实这正是使自助餐大受欢迎的地方。因此,商务人员在参加自助餐时,大可不必担心别人笑话自己,爱吃什么,只管去吃就是了。不过,应当注意的是,在根据本人的口味选取食物时,必须要量力而行。切勿为了吃得过瘾,而将食物狂取一通,结果是自己"眼高手低",力不从心,从而导致了食物的浪费。严格地说,在享用自助餐时,多吃是允许的,而浪费食物则绝对不允许。这一条,被世人称为自助餐就餐时的"少取"原则。有时,有人亦称之为"每次少取"原则。

4）要多次取菜

在自助餐上遵守"少取"原则的同时，还必须遵守"多次"的原则。"多次"的原则，是"多次取菜"的原则的简称。它的具体含义是：用餐者在自助餐上选取某一种类的菜肴，允许其再三再四地反复去取。每次应当只取一小点，待品尝之后，觉得它适合自己的话，那么还可以再次去取，直至自己感到吃好了为止。换而言之，这一原则其实是说，在自助餐选取某菜肴时，取多少次都无所谓，一添再添都是允许的。相反，要是为了省事而一次取用过量，装得太多，则是失礼之举，必定会令其他人瞠目结舌。"多次"的原则，与"少取"的原则其实是同一个问题的两个不同侧面。"多次"是为了量力而行，"少取"也是为了避免造成浪费。所以，二者往往也被合称为"多次少取"的原则。会吃自助餐的人都知道，在选取菜肴时，最好每次只为自己选取一种。待吃好后，再去取用其他的品种。要是不谙此道，在取菜时乱装一气，将多种菜肴盛在一起，导致其五味杂陈，相互窜味，则难免会暴殄天物。

5）要避免外带

所有的自助餐，不分是以之待客的由主人亲自操办的自助餐，还是对外营业的正式餐馆里所经营的自助餐，都有一条不成文的规定，即自助餐只许可就餐者在用餐现场里面自行享用，而绝对不许可在用餐完毕之后携带回家。商界人士在参加自助餐时，一定要牢牢记住这一点。在用餐时不论吃多少东西都不碍事，但是千万不要偷偷往自己的口袋、皮包里装一些自己的"心爱之物"，更不要要求侍者替自己"打包"。那样的表现，必定会使自己见笑于人。

6）要送回餐具

在自助餐上，既然强调的用餐者以自助为主，那么用餐者在就餐的整个过程之中，就必须将这一点牢记在心，并且认真地付诸行动。在自助餐上强调自助，不但要求就餐者取用菜肴时以自助为主，而且还要求其善始善终，在用餐结束之后，自觉地将餐具送至指定之处。在一般情况下，自助餐大都要求就餐者在用餐完毕之后、离开用餐现场之前，自行将餐具整理到一起，然后一并将其送回指定的位置。在庭院、花园里享用自助餐时，尤其应当这么作。不允许将餐具随手乱丢，甚全任意毁损餐具。在餐厅里就座用自助餐，有时可以在离去时将餐具留在餐桌之上，而由侍者负责收拾。虽则如此，亦应在离去前对其稍加整理为好。不要弄得自己的餐桌上杯盘狼藉，不堪入目。自己取用的食物，以吃完为宜，万一有少许食物剩了下来，也不要私下里乱丢、乱倒、乱藏，而应将其放在适当之处。

7）要照顾他人

商界人士在参加自助餐时，除了对自己用餐时的举止表现要严加约束之外，还须对于他人和睦相处，多加照顾。对于自己的同伴，特别需要加以关心，若对方不熟悉自助餐，不妨向其扼要地进行介绍。在对方乐意的前提下，还可向其具体提出一些有关选取菜肴的建议。对于在自助餐上碰见的熟人，亦应如此加以体谅。不过，不可以自作主张地为对方直接代取食物，更不允许将自己不喜欢或吃不了的食物"处理"给对方吃。在用餐的过程中，对于其他不相识的用餐者，应当以礼相待。在排队、取菜、寻位以及用餐期间，对于其他用餐者要主动加以谦让，不要目中无人，蛮横无理。

8）要积极交际

一般来说，参加自助餐时，商务人员必须明确，吃东西往往属于次要之事，而与其他人进行适当的交际活动才是自己最重要的任务。在参加由商界单位所主办的自助餐时，情况就更是如此。所以，不应当以不善交际为由，只顾自己躲在僻静之处一心一意地埋头大吃，或者来了就吃，吃了就走，而不同其他在场者进行任何形式的正面接触。在参加自助餐时，一定要主动寻找机会，积极地进行交际活动。首先，应当找机会与主人攀谈一番，其次，应当与老朋友好好叙一叙。最后，还应当争取多结识几位新朋友。

在自助餐上，交际的主要形式是几个人聚在一起进行交谈。为了扩大自己的交际面，在此期间不妨多换几个类似的交际圈。只是在每个交际圈，多少总要待上一段儿时间，不能只待上一两分钟马上就走，好似蜻蜓点水一般。介入陌生的交际圈，大体上有三种方法。其一，是请求主人或圈内之人引见。其二，是寻找机会，借机加入。其三，是毛遂自荐。

（1）汽车商务接待中，应对最多的地方是接待处。你的接待技巧要圆熟而且要诚意地对待顾客。你的一举一动都影响客人对公司的印象。学习接待礼仪有利于：提高服务人员的个人素质；更好地对服务对象表示尊重；塑造并维护公司的整体形象；使公司创造出更好的经济效益和社会效益；

（2）迎来送往，拜访会晤，是商务活动中常见的情景。随着经济的发展，对外交往的扩大，企业接待及拜访工作越来越频繁，正确的礼仪运用，对企业间建立联系、发展友谊、沟通合作有着极其重要的作用。

（3）"客户至上、服务至上"作为汽车商务企业的服务宗旨，它充分地反映了公司对每位员工的期望。作为一名汽车商务人员，我们的一言一行都代表着企业形象，对客户能否进行优质服务直接影响到企业声誉，即使我们有再好的商品，而对客户服务不周，态度不佳，恐怕也会导致公司的信誉下降，业绩不振。总之，讲求礼仪是公司对每位汽车商务人员的基本要求，也是公司服务宗旨的具体表现。

一 汽车商务人员拜访礼仪训练

❶ 实训目的
学习商务拜访中应注意的有关礼仪方面的知识。

❷ 实训要求
征集2位志愿者，进行商务拜访礼仪示范，其余学员做观察者，给予反馈。

❸ 实训准备
办公室场景（模拟）。

❹ 实训方法

(1) 进场。包括敲门、等待。
(2) 问候。
(3) 交谈。注意开场白。
(4) 资料,礼品,样品等使用。征求对方建议和意见,询问是否接受商品。
(5) 离场。道谢,放好座椅,收好水杯杂物,询问其他事项和需求,告别,关好门离开。

❺ 操作规范

(1) 交谈距离

一般为 0.75～1.5 m,根据并排对面站坐姿势不同而不同。

注意配合音量大小。

(2) 说话要领

①清楚、正确的发音;
②根据情况,保持适当的音量和音调;
③有节奏感;
④柔和的嗓音;
⑤站在听话人的立场上说话;
⑥迎合客户说话的速度和音量的大小。
⑦适当的语速(每分钟 210 个音节)。

(3) 手机通信

①关闭所有通信器材或放在振动挡。
②如要接听电话中断拜访,必须向客户慎重道歉。
③接手机时要避开客户。

二 汽车商务人员商务社交礼仪训练

❶ 实训目的

熟练地掌握递交名片、馈赠礼品礼仪。

❷ 实训要求

严格按照实训步骤练习,并能掌握相关礼仪基本知识。

❸ 实训准备

各种商务场景、录像设备、名片、各式"礼品"模仿品。

❹ 实训方法

(1) 每 6 人左右为一组,如需要可另请同学客串,但客串同学不记分。
(2) 自己设定一情景,内容包括:名片递接、馈赠收受礼品。
(3) 出场后先由一名同学负责介绍时间、剧情、人物。
(4) 项目评分:先分小组进行表演,然后由老师,学生点评,最后进行评分。

(5)实训总结:对同学表演中所出现的问题进行归纳。

5 操作规范

参考商务社交场合递交名片礼仪表5-3和馈赠礼品礼仪表5-4操作规。

使用名片操作标准 表5-3

序号	操 作 标 准	注意事项
1	递送名片时,要把名片正面朝向上方	切勿以左手递接名片
2	递送名片时,应有所表示,可说"请多指教"之类的客气话	递换时,不要将名片背面朝向对方或颠倒着给对方
3	接受名片应双手或用右手接,并点头致谢,说几句客气话,接受后要认真地看一遍	递名片时要注意分寸,不可滥发
4	看完后,把名片放进上衣口袋里或放入名片包中,也可暂摆在桌面上显眼的位置,注意不要在名片上放任何物品	切忌接过名片一眼不看就随手放一边

馈赠和接收礼品操作标准 表5-4

内容	操 作 标 准
馈赠礼品选择	1.选择的馈赠礼品要适应,要考虑对方的爱好、兴趣和禁忌; 2.要有纪念意义,无须过分强调其价值、价格; 3.独创性:富有创意,力争使之新、奇、特; 4.时尚性:注意符合时尚,礼品尚未过时或落伍; 5.针对性:要明白为何而送礼,送礼想表达怎样的心情,如祝贺、关心、感谢等
馈赠时机的选择	1.纪念日:我国传统的节日,如春节、中秋节、端午节等; 2.临别远行:为表示自己的惜别之情,也可适当赠送一些礼品,留作纪念,以示友谊天长地久; 3.探视病人:到医院或病人家里去探望病人时,可送些礼物,并祝早日康复; 4.酬谢他人:当自己在工作、生活中遇到困难或挫折时,曾受过别人的帮助,事后可送些礼品酬谢意; 5.赴私人家宴:可为女主人带些小礼品
送礼之规	1.精心包装:送给他人的礼品,尤其是在正式场合,要用礼品纸进行包装或把礼品装入特制的盒子、瓶子内;包装礼品,既要量力而行,反对华而不实,又要尽量争取做得好一些; 2.表现大方:当面赠送礼品,神态自然、举止大方、表现适当,若同时向多人赠送礼品,最好是先长辈后晚辈、先女士后男士、先上司后下级; 3.认真说明:赠送礼品时,要辅以适当的、认真的说明,因何送礼,说明自己的态度
接收礼品	1.在接收之前应表示谦让,在对方诚意相送下,方可接收; 2.接收后应表感谢,不要诚恳请求对方不要这样客气; 3.接收他人礼品时,要把握好退或不退的分寸,要充分考虑:是否是违法物品,是否是犯规物品,是否是有害物品,是否是禁忌物品,这四个问题,只要其中一个答案是肯定的,就不应该接收物品; 4.在我国不能当着客人的面打开物品,而美国和西欧一些国家则要当即打开,以示对礼物的重视
回赠	1.回赠的时间:可在客人临走时回赠以示感谢,可在接收礼物之后过一段时间登门回拜,也可在对方及其家人的某一喜庆节日回赠; 2.回赠的形式:其方式很多,可选择一些小礼物或请赠礼人旅游、娱乐等

思考与练习

(一) 填空题

1. 进行私人拜访,应该选择对方休息时间,但不宜在对方_____、_____、_____等时间进行拜访。
2. 建立会议组织机构包括_____、_____、_____、_____、_____、_____等。
3. 常用的征询语有三种类型,分别是:_____、_____、_____。
4. 要做好会前组织准备工作,具体的流程包括:_____→确定会议名称→_____→确定会议时间与会期→明确会议所需设备和工具→明确会议组织机构→_____→选择会议地点→_____→制发会议通知→制作会议证件→_____→安排接待及食宿→制定会议经费预算方案→_____→会场检查等。

(二) 判断题

1. 接待人员要品貌端正,举止大方,口齿清楚,具有一定的文化素养,受过专门的礼仪、形体、语言、服饰等方面的训练。(　　)
2. 男性引导人员的正确手势应该是:当访客进来的时候,需要行个礼,鞠个躬,当你的手伸出的时候,身体要随着手动,手的位置在哪里身体就跟着转向哪里。(　　)
3. 欧美国家人在商务交往中,喜欢送点儿礼物,由于是经济发达国家,注意礼品赠送的要上档次较昂贵为宜。(　　)
4. 正式宴会是一种隆重而正规的宴请。西方的习惯,隆重的晚宴也是正式宴会,基本上都安排在20点以后举行,中国一般在18-19点开始。(　　)

(三) 简答题

1. 迎接礼仪的操作步骤和要求是什么?
2. 应该避免的不恰当的服务表现有哪些?
3. 查看名片时需要注意哪些要点?
4. 交谈时言语表达艺术有哪些?
5. 避谈的话题和宜选择的话题有哪些?
6. 正式拜访包括哪些礼仪规范的要求是什么?
7. 举例说明参会纪律和要求。
8. 说说商务场合中的工作餐和自助餐的礼仪规范。

单元六　汽车会展礼仪

 学习目标

1. 学习和了解各种类型组织举办的车辆展览会、车辆巡展等基本概念、工作内容和程序，掌握汽车会展相关知识及礼仪；
2. 熟悉掌握汽车会展礼仪应遵循的基本规律和主要原则，具备组织者、参与者及其他相关人员的基本修养。

 建议课时

16 课时。

 案例导入

北京国际汽车展览会，简称"北京车展"，自 1990 年创办以来，两年一届，已经连续举办过 13 届。该展览会每逢双年在北京中国国际展览中心和全国农业展览馆举行，是在国际汽车展览会中著名的品牌展会之一，对促进中外汽车界的交流与合作、加快中国汽车工业的发展起到了积极的推动作用。2014 年 4 月 20 日，2014（第十三届）北京国际汽车展览会拉开帷幕，于 21 日对公众开放。

一　会展礼仪概述

（一）会展礼仪的概念

会展礼仪，有广义和狭义之分。

① 广义的会展礼仪

广义的会展礼仪是指会展企业和与会展活动相关的企业向会展活动的主办者、承办

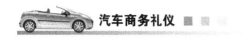

者、与会者、参展者、客商以及观众所提供的全方位服务。

❷ 狭义的会展礼仪

狭义的会展礼仪是指在会展过程中,由主办者、承办者向与会者、参展者、客商以及观众所提供的各类服务。

这与广义的会展礼仪的主要区别是服务的主体和形式不同。从主体上看,广义的会展礼仪主体是会展活动的外部机构,如会展场馆、广告公司、工程搭建公司等;而狭义的会展服务主体是会展活动的主办方或承办方,是会展活动的内部机构。从形式上看,广义的会展服务主体是提供直接的服务项目,如宣传物品印刷、展台搭建、展品运输等等;而狭义的会展礼仪主要是提供咨询、推介和沟通等间接的服务,会展活动的举办方或承办方一般都是委托相关的公司或部门,如会展场馆或其他公司,提供具体的服务内容和项目,或者会展活动的举办方或承办方提供一些比较简单的直接服务,如贵宾的接待服务等。

我们在此讨论的是狭义的会展礼仪,也就是从会展人员(主办者或承办者)的角度,向受众群体(与会者、参展者、客商以及观众)在整个会展过程中遵循的商业服务行为规范,提供的一种美好自身、尊重他人、互利互惠的服务系统。会展人员可以规范组展人员、参展人员和观展群众的言行,减少他们之间的矛盾与冲突,促使听他们更好地协作,提高工作效率,圆满完成会展活动。

总的来说,我们所说的会展是指在特定的空间、时间内多人集聚,围绕特定主题进行交流的活动。会展礼仪服务是主办方或者承办方在会展期间的策划和准备、会展期间的实施以及会展后续服务过程中出现的一种行业规范。会展礼仪服务渗透于会展的各个环节如会展报名,会展的议题,会展的选择,会展的筹备、策划、日程安排,与会者的膳宿,会展布置,现场服务以及会后的后续工作等。

❸ 会展礼仪的特点

会展礼仪服务具有以下特点:

(1)人文性。

人文性贯穿于会展服务的全过程,可谓无处不在。专业性会展的专业性很强,它需要参与人员掌握足够多的会展知识。只有明确会展的业务性质、范围、职责要求、工作流程、服务标准,才能有的放矢。

(2)时尚性。

会展服务是与时俱进的,今天的会展服务充满了现代气息。

(3)综合性。

会展服务不仅要求服务人员了解政治、文化、服务心里、营销、礼仪等方面的知识,还必须掌握接待礼仪,会话艺术、餐饮文化、现代设施及设备的使用等服务技能。

(4)协调性。

会展服务涉及的部门和环节很多,哪一方面都不能疏漏。只有各部门相互协调、共同配合,才能做好工作。

(二)会展礼仪的作用和原则

无论是会议的召开还是展览的举办,会展礼仪贯穿其间。会展礼仪能展示企业的文明程度,管理风格和道德水准,也可塑造良好的企业形象。良好的企业形象是企业的无形财产,可以为企业带来直接的经济效益。一个人讲究礼仪,就会在众人面前树立良好的个人形象;一个组织的成员讲究礼仪,就会为自己的组织树立良好的形象,赢得公众的赞誉。现代市场竞争除了产品竞争外,还有形象竞争。一个具有良好信誉和形象的组织,必定能获得社会各方的信任和支持,推动事业的发展,在激烈的市场竞争中立于不败之地。所以,会展工作人员时刻注重礼仪,既是个人和组织良好素质的体现,也是树立和巩固良好形象以保持竞争力的需要。

会展礼仪已经成为建立企业文化和现代企业制度的一个重要方面,它具有以下功能。

❶ 规范作用

礼仪最基本的功能就是规范各种行为会展礼仪可强化企业的道德要求,树立企业遵纪守法、遵守社会公德的良好形象。会展礼仪是会展人员在整个会展过程中应遵循的行为规范,是约定俗称的一种美好自身、尊重他人的惯用形式。会展人员可以规范组展人员、参展人员和观展群众的言行,减少他们之间的矛盾与冲突,促使他们更好地协作,提高工作效率,圆满完成会展活动。

❷ 宣传作用

良好的礼仪可以更好地向对方展示自己的长处和优势,甚至决定了机会的降临。在会展活动中,会展礼仪不仅能体现会展人员的良好素质与精神面貌,也能展示出会展企业的管理水平和文化氛围。会展企业和参展企业可以通过工作人员良好的仪表、优雅的言行举止,以及企业的礼仪活动向公众宣传企业的信誉与形象,以感召公众,使公众认同企业,产生信任与好感,提高企业在社会上的低位与声誉。

❸ 协调沟通

从某种程度上说,会展礼仪是会展交往和谐发展的调节器,遵循它有助于巩固人们相互尊重、友好合作的新型关系,也可缓解进而消除那些不必要的障碍。

会展礼仪服务是主办方或承办方在会展期间的策划和准备、会展期间的实施以及会展后续服务过程中出现的一种行业规范。会展礼仪服务渗透于会展的各个环节如会展报名,会展的议题,会展的选择,会展的筹备、策划、日程安排、与会者的膳宿、会展布置、现场服务以及会后的后续工作等。

(三)会展礼仪服务的种类

❶ 会展咨询服务

提供最新行业动态,随时把握市场商机。

❷ 会展文秘服务

指在会议和展览期间提供会议记录、资料整理、签到引导、现场咨询、会展调研、提供酒店信息、协助预订酒店、预订机票、办理会展相关证件等的服务

❸ 会展设计安装服务

指对会展活动现场展位展台、开幕式现场等进行设计和施工安装的服务。

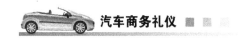

④ 会展广告服务

提供会刊广告版面和展会现场广告宣传点位,宣传推广企业及产品;同时为会展活动的参展商提供企业或产品宣传,扩大活动期间企业或产品知名度的服务。

⑤ 会展安全保卫服务

为保证会展活动正常开展,防止出现人员或物质安全事故所做的工作称之为安全保卫类服务。

⑥ 会展运输仓储服务

为参展商提供展品场内运输以及展品包装、物品储存的仓储服务。

⑦ 会展后勤保障服务

为保证活动正常进行所需的服务,如紧急医务救治服务、餐饮服务、保管箱服务、电信服务、银行汇兑服务等。

⑧ 会展物品租赁类服务

指为参展商或与会者提供展柜、衣架、桌椅、电脑、电视、花木等各种设备或物品租赁的服务。

(四)会展人员礼仪

在展会举办前,会展工作人员必要与参展商、专业观众、展会嘉宾等进行相关的商业交谈活动,例如:招商招展活动、新闻发布会、展会前期广告的宣传工作、处理公关事务等。作为展会举办方要怎样处理好这些工作呢,除了要具备过硬的专业技能外。适当地运用公关礼仪的知识是非常有必要的。

❶ 会展前筹备

在会展前的准备工作中,需要注意以下几个方面:

(1)When——时间

需要事先了解会展主办方、承展商,会展的开始的时间和要进行多长时间,并通知所有的参会人员、参观人员等。

(2)Where——地点

是指会展在什么地点进行,要注意展厅的布局是不是适合整个会展的主题和施展。

(3)Who——人物

确定会展的主办方、参展商、受众群体、参观者,及本公司的高管由谁来出席,是不是已经邀请了合适的嘉宾或担当嘉宾来出席这个会议。

(4)What——主题

会展要处理、解决、讨论展示哪些问题。

(5)Others——物品的准备

就是根据这次会展的类型、目的,需要哪些物品。比如纸、笔、笔记本、投影仪,是不是需要用咖啡、小点心等。

❷ 会议主持人准备

各种会议的主持人,一般由具有一定职位的人来担任,其礼仪表现对会议能否圆满成功有着重要的影响。

(1)主持人应衣着整洁、大方庄重、精神饱满,切忌不修边幅、邋里邋遢。

(2)走上主席台应步伐稳健有力,行走的速度根据会议的性质而定。

(3)入席后,如果是站立主持,应双腿并拢,腰背挺直。持稿时,右手持稿的底中部,左手五指并拢自然下垂。双手持稿时,应与胸齐高。坐姿主持时,应身体挺直,双臂前伸。两手轻按于桌沿,主持过程中,切忌出现搔头、揉眼、拦腿等不雅动作。主持人言谈应口齿清楚,思维敏捷,简明扼要。主持人应根据会议性质调节会议气氛。主持人对会场上的熟人不能打招呼,更不能寒暄闲谈,会议开始前可点头、微笑致意。

❸ 会议发言人准备

会议发言有正式发言和自由发言两种,前者一般是领导报告,后者一般是讨论发言。正式发言者,应衣冠整齐,走上主席台应步态自然,刚劲有力,体现一种成竹在胸、自信自强的风度与气质。发言时应口齿清晰,讲究逻辑,简明扼要。如果是书面发言,要时常抬头扫视一下会场,不能低头读稿,旁若无人。发言完毕,应对听众的倾听表示谢意。自由发言则较随意,应要注意,发言应讲究顺序和秩序,不能争抢发言;发言应简短,观点应明确;与他人有分歧,应以理服人,态度平和,听从主持人的指挥,不能只顾自己。如果有会议参加者对发言人提问,应礼貌作答,对不能回答的问题,应机智而礼貌地说明理由,对提问人的批评和意见应认真听取,即使提问者的批评是错误的,也不应失态。

(五)参展单位礼仪

❶ 要努力维护整体形象

在参与展览时,参展单位的整体形象直接映入观众的眼里,因而对自己参展的成败影响极大。参展单位的整体形象,主要由展示物的形象与工作人员的形象两个部分所构成。对于二者要给予同等的重视,不可偏废其一。工作人员的形象,则主要是指在展览会上直接代表参展单位露面的人员的穿着打扮问题。在一般情况下,要求在展位上的工作人员应当统一着装。最佳的选择,是身穿本单位的制服,或者是穿深色的西装、套裙。

❷ 要时时注意待人礼貌

在展览会上,不管它是宣传型展览会还是销售型展览会,参展单位的工作人员都必须真正地意识到观众是自己的上帝,为其热情而竭诚地服务则是自己的天职。为此,全体工作人员都要将礼貌待人放在心坎上,并且落实在行动上。展览一旦正式开始,全体参展单位的工作人员即应各就各位,站立迎宾。不允许迟到、早退、无故脱岗、东游西逛,更不允许观众到来之时坐、卧不起,怠慢对方。

❸ 撤展次序有条不紊

撤展是指展览闭幕后的展品、展具的处理工作,主要包括还展品处理、展架拆除、道具退等环节。

1)充分准备

参展企业对撤展工作事先要有具体安排,包括工作步骤、负责人员等,即便事先设计妥当,到撤展现场还可能会有不同程度的变化,须根据实际情况及时调整。展台人员在展会后期闲暇时间可对撤展做一些必要的准备工作,比如先撤什么、后撤什么,哪些物品要归还、哪些物品在当地处理,撤展包装和衬垫物的准备,废弃物的处理,展品接收、回运外协单位的联络、租用推车、打包机等工具,有人甚至事先观察好大型展品移出展馆的路线和出口,把样样事情都考虑周全,以保证撤展的顺利进行。

2)按时撤展

展会主办者对展会闭幕的时间有严格规定,参展企业应令行禁止,不得随意提早撤展,如果包装箱提前拿进展馆,切忌放在过道当中。在观众清场之前,可安排办理归还租赁器材、退还押金等手续,但不宜撤下展品,以免造成不良影响甚至遭到处罚。有个别参展企业或为节省费用,或因归心似箭,把回程机票订在展期最后一天,于是在展会尚未结束时就早早收拾打包,准备打道回府,这种"胜利大逃亡"式的撤展不仅耽误观众参观,还易发生安全事故。

3)有序撤展

展会现场无序撤展不仅会大大降低撤展工作效率,还会出现展品丢失、破损,其他文件、物品寻找不到的现象。为避免类似情况发生,展台负责人撤展前要将操作程序、人员分工进行明确交代。撤下的展架、展具,要分门别类、码放整齐,根据不同情况装箱打包,并即时做好各种必要的标志。在撤展现场还要与外协作单位保持联系,让他们按实际需要进场,有序完成各种物品的交接工作。

二 汽车展览会礼仪

案例导入

作为国内车展中当之无愧的"老大哥",北京在1990年举办了第一次大型的汽车展览,政府部门对汽车行业的大力扶持也使历届北京车展在规模和质量上大幅提高。1994年,北京车展开始每两年定期举行,当年就吸引了世界20家规模最大的汽车公司参展,每天的观众超过5万人。2004年6月9日至17日,第八届北京国际车展在北京国际展览中心举行,再度成为国内外汽车厂商新车斗靓的舞台。世界超级豪华车奔驰迈巴赫、宝马劳斯莱斯和大众宾利首次在北京车展三雄争辉。福特租下了本届车展5000m^2的最大展台,旗下福特(Ford)、林肯(Lincoln)、马自达(Mazda)、沃尔沃(Volvo)、路虎(1andRover)、捷豹(Jaguar)、阿斯顿.马丁(AstonMartin)等各款经典名车悉数出席。2004年北京车展,被称为中国汽车市场的一个"拐点"。

车展,全称为"汽车展览"(Auto show),是由政府机构、专业协会或主流媒体组织,在专业展馆或会场中心进行的汽车产品展示展销会、汽车行业经贸交易会及博览会等。

> 车展是对于汽车工艺的呈现与汽车产品的广告,消费者可经由汽车展览会场所展示的汽车或汽车相关产品,端详汽车制造工业的发展动向与时代脉动。汽车厂商则可以通过展对外宣传产品的设计理念,发布产品信息,了解世界汽车的发展方向。
>
> 从1889年汽车首次亮相于巴黎世界博览会以来,车展文化已经从形成、正规化过渡到了成熟化阶段。各类汽车展示活动,凭借其盛大的规模和成功的组织,将汽车文化的触角深入到世界各个角落。它将小小车轮上的无穷变化呈现在人们眼前,让人们不禁感叹汽车工业技术的脚步之快。

(一)各国车展特色介绍

❶ 法兰克福车展——博大

创办于1897年,是世界最早办国际车展的地方,也是世界规模最大的车展,有世界汽车工业"奥运会"之称。展览时间一般在9月中旬,每2年举办一次,展出的车辆主要有轿车、跑车、商务车、特种车、改装车及汽车零部件等,此外为配合车展,德国还举行不同规模的老爷车展览。这个车展的地域色彩很强,可能因为是名车发源的老家,靠近各大车商总部,看法兰克福车展的欧洲老百姓不但拖家带口、人山人海,而且消费心理非常成熟,汽车知识了解得很全面。车展上,各种品牌新车很多,参观者挑选车型重视的是:科技状态的发展、汽配零部件质量,甚至是DIY维修问题、售后市场产品,理性实用的成分居多。

❷ 巴黎车展——优雅

享誉全球的巴黎国际汽车展,自1898年创办以来,直至1976年每年一届,以后每两年一届。是世界第二大汽车展;巴黎车展的展览时间一般在9~10月间,每2年举办一次,展览时间与德国法兰克福车展交替举办,展览地点位于巴黎市区,共有8个展馆,展出的车辆主要有轿车、跑车、商用车、特种车、改装车、古董车、电动车及汽车零部件等。巴黎是个浪漫之都,车展也不例外,文化味道比较浓,每次车展的时候都会专门拿出一个展馆来展出老爷车那些汽车厂商不仅时兴玩"新品",对"老古董"也饶有兴致,这自然就便宜了那些远道而来的看客们。当然,法国人浪漫之余,是不会忘记发财的。去巴黎车展你就会发现,关于车展的资料居然是以价格表居多,每届车展上还会举行二手车拍卖,难怪有人说巴黎车展是五大车展中商业味最浓的车展。

❸ 北美车展——妖娆

创办于1907年,起先叫作"底特律车展",是世界最早的汽车展览之一,1989年更名为"北美国际汽车展"。拉开每年车展序幕的是北美车展,时间固定在1月5日左右开始,举办地在美国的汽车之城底特律。展览面积约8万平方米左右,会议室、会谈室近百个。车展每年为底特律带来了可观的经济收益,年平均在4亿美元以上。北美车展"作秀"的味道很浓,看上去更像一个汽车的狂欢派对,吃喝玩乐加音乐灯光,热闹非凡。

❹ 东京车展——细腻

东京车展是世界五大车展中历史最短的,创办于1954年,逢单数年秋季举办轿车展,双数年为商用车展,是亚洲最大的国际车展,历来是日本本土生产的各种千姿百态的小型汽车唱主角的舞台。展馆位于东京附近的千叶县幕张展览中心,是目前世界最新、条件最好的展示中心。展出的展品主要有整车及零部件。本车展的特点之一是车型极多,多得让人无法记住,几乎什么稀奇古怪的车型都有,但又不是概念车,而且以小车型居多。车型种类的繁多,恰恰体现了日本人的细腻所在。比如,在日本有很多专为残疾人设计的汽车,这类汽车在打开车门后,驾驶座会自动转90度,以方便乘坐,还有可用手控制的刹车等等,这是为了让残疾人也享受到汽车文明带来的好处和便利。

5 日内瓦车展——奢华

瑞士这个国家很特殊,虽然它没有自己的汽车制造公司,但它却是一个庞大的汽车消费市场。在瑞士的大街小巷,你常常可以看到本特利、保时捷等名车,名车就跟名表一样,成了某种标志。日内瓦车展上的展品不仅是各汽车厂家最新、最前沿的产品,而且参展的车型也极为奢华。由于各大公司纷纷选择日内瓦车展作为自己最新最靓的车型首次推出的场所,这就为日内瓦车展博得了"国际汽车潮流风向标"的美誉。日内瓦车展不仅档次高、水准高,更重要的是车展很公平,没有任何歧视。无论是汽车巨头还是小制造商,都可以在日内瓦车展上找到一席之地,就连各类车展的资料,也被"一视同仁"地印成了英语、法语、德语等几种版本。

(二)汽车展览会参展筹备规划

汽车展览会,简称车展(Auto show)是由政府机构、专业协会或主流媒体等组织,在专业展馆或会场,中心进行的汽车产品展示展销会或汽车行业经贸交易会、博览会等。

不同汽车企业在不同时间参加展览会的目的不尽相同,一般有五个目的:一是宣传品牌;二是宣传车型;三是通过展会平台,获得更多客户;四是借机会向其他企业学习;五是通过展览会研究开发市场。

作为汽车参展商,在参展前要对展会活动有详细的调查了解,以参会目的为依据,制定周密的策划,做好详细的参展筹备准备工作。以下就某汽车用品公司参展的策划方案对此进行详细阐述。

1 展会介绍

第X届中国(XX市)汽车用品展览会立足于"构筑平台,缜密运作"的筹备目标,将展出面积扩大到35000m^2(室内面积:34000m^2;室外面积:1000m^2),预计邀请60000名专业观众,同时加强对展区的科学规划和制定了全方位的媒介宣传计划,力争把本届展会办成规模最大、创意最新、影响最广、效益极佳、服务最优的展会,继续巩固其在汽车用品行业的品牌展会地位。作为国际化夏季采购平台,行业内2000家品牌企业将在XX年8月8号到10号在XX市会展中心展出美容护理、汽车内外饰、汽车影音娱乐、车载通讯导航、汽车安全用品、汽车电子电器、节能用品、环保用品、户外用品、汽车轮胎、油品等3000余种全新产品,全面展示XX年行业动态和产品走势。

2 展会时间

(1)布展时间:××××年8月1~7日(8:30—16:30);

(2)展览时间：×××年8月8日(9:00—17:00)、×××年8月9日(9:00—17:00)、×××年8月10日(9:00—16:00)

(3)撤展时间：×××年8月10日下午16:00；

(4)开幕典礼：×××年8月8日上午9:30。

❸ 展会地点

略。

❹ 主办单位

××汽车配件流通行业协会

××市工商联汽车配件及用品业商会

××省汽车用品行业协会

❺ 展会规模

本届展会预计，展出面积将达到35000m^2，参展企业1500家，专业观众60000名；4大展区,5大现场活动，各大名牌汽车用品都将登陆上海，还会推陈出新，引进各种新兴用品，力图将中国汽车用品产业打入全球。

❻ 展会展品

(1)美容护理用品

车蜡、车釉、清洁剂、玻璃防雾剂、玻璃修补剂、汽车漆、漆面保护膜、积碳净、冷媒、雪种、润滑油、添加剂、润滑剂、防锈剂、抗磨剂、防腐剂、制动液、水箱补漏剂、低温补漏剂、黏合剂、密封胶。

(2)汽车内饰及外饰。

汽车地毯、空中放电、桃木饰件、转向盘套、防爆膜、纸巾盒、手机架、眼镜架、保温壶、钥匙扣、点烟器、温度计、遮阳挡、气压表、靠垫、靠枕、座套、窗帘、晴雨挡、备胎罩、看位灯、刮水器、冷光灯、轮眉。

(3)汽车环保产品。

氧吧、空气净化器、除臭剂、空气净化剂、祛味剂、光触媒、香水、香熏器、熏香油、防眩镜。

(4)汽车电器。

车载冰箱、逆变电器、车用吸尘器、车载洗车机、充气泵、蓄电池、按摩器。

(5)安全防盗。

防盗器、安全防盗、摄像头、中控锁方向盘锁、车轮锁、雷达测速器、车锁、胎压监视系统、后视系统、汽车缓冲器、车载导航仪。

(6)影音设备。

汽车音响、车载电视、车载DVD、车载VCD、车载CD、车载MP3、车载卡带机、汽车低音炮、汽车功放、显示器、解码器、均衡器、扬声器、GPS汽车航仪。

(7)汽车电子。

汽车半导体、电子元器件、汽车传感器、智能式传感器、模拟器件、汽车行驶记录仪、电控制动助力、电控悬架。

(8) 汽车通信。

车载免提、GPS、车载电脑、车载电话、车载对讲机、车载台。

(9) 改装部件。

玻璃升降器、轮胎、轮毂、安全带、风标、座椅、儿童安全座椅、按摩椅、大包围、保险杠、定风翼、开窗、排气管、行李架、消声器、消音减振器、隔音材料、脚踏板、喇叭、刮水片门腕、车灯、燃油催化器、氙气灯、吸顶灯、防雾灯、刹车灯、转向灯、应急灯、引擎壳、不锈钢饰条、行驶记录仪。

❼ 展会主题

本届展会的主题是"驾绿色车，享时尚生活"。打造"华东汽车用品第一展"，旨在成为华东地区最大、影响力最强的汽车用品行业的专业盛会，既成为国内外企业开拓海外市场的一个对接平台。

❽ 展会目的

为国内外汽车用品企业开拓国内和国际市场，为买方和卖方市场增进沟通和交流起到了积极的推动作用。

(三) 汽车展览会参展礼仪规划

企业做好展会筹备之后，要安排的参展礼仪和工作实施步骤，以下从参展礼仪规划角度予以介绍。

❶ 进行有针对性的市场调研

收集有关本项目的各种资料，包括文字、图片以及录像等活动资料。对收集的资料要分类编排、结集归档。

❷ 制定详细完整的会展礼仪策划方案

确定会展的目标市场，会展的规模，展品的选择，展台效果、影视效果、解说效果及参展的费用预算。

❸ 挑选人员，进行培训

根据活动策划和创意，选择礼仪人员，并且进行相应工作和职责的分工，例如主持人、解说员、演员、展示员、接待员、模特等，并对其进行培训。

❹ 印刷材料、服装道具的设计制作

利用会展的会刊、展前快讯、媒体报道等手段来进行前期宣传，扩大企业的影响力，吸引更多的目标客户。

❺ 展台的布置及展示

根据汽车品牌、参展车型、展示风格，选择车模、搭建和布置展台，进行灯光、音响、设备的调试安装，力求充分体现一个品牌或车型的特色。

❻ 会展前宣传、邀请服务、餐饮酒店安排等服务

根据参加会议者的具体情况以及人数多少安排相应的车辆；根据参会人员的喜好，预

定各种形式的餐会,推荐不同的用餐地点;根据参会人员的喜好,为客户设计不同的休闲方式,设计专门的旅游线路,介绍下榻酒店附近的娱乐设施。

7 做好对礼仪活动的评估

随时监督和管理礼仪活动全程,开好总结会,做好善后公关工作。

(四)汽车参展企业工作人员形象礼仪

在参与展览时,参展单位的整体形象直接映入观众的眼中,因而对自己参展的成败影响极大。参展单位的整体形象,由展品的形象与工作人员的形象两部分构成,我们主要讨论工作人员的形象礼仪。参展工作人员分工明细,主要的参展人员有:解说员、演员、展示员、接待员、模特等。

1 解说员工作礼仪

1)对一般观众

(1)各展位解说员按各自分工站立于展台周围,手中随时持有文件夹,夹内装有此次展会有关的资料和数据,供解说员随时查阅,各解说员事先了解说明资料的内容。

(2)应随时注意参观者动态,可伺机主动上前介绍,对感兴趣的参观者更应周到详实地解说。但不得牵强附会。

(3)说话语气应平和舒缓,对一般参观者不宜用过多的专业词汇,讲解应通俗易懂,言简意赅。

(4)讲解时的态度始终应保持恭敬谦和,遇有不同见解的参观者时,应尊重对方意见。

(5)各展位的车钥匙由现场负责人掌管。展车为开启状态(特殊展车除外)。

2)对重要来宾

(1)领导人到现场时由委员会统一接待。

(2)有意购买的参观者来场时,为其提供"销售服务店"的通信录和有关的产品样本。

3)对媒体

(1)有关接受媒体的采访,由专门人员或公关公司人员负责。其他人不得随意向媒体发表言论(受上述人员委托除外)。在条件允许的情况下,应尽量在安静不受干扰的场所接受采访。

(2)对展车的拍摄应事先安排在无表演时间段,并尽量为记者提供便利。

(3)为媒体提供的资料由专门人员或公关公司人员负责。

2 其他工作人员的工作礼仪

(1)休息时间之外,不得擅离岗位。

(2)如有紧急情况必须离开时,请一定与相关负责人征得同意。

(3)如在工作中窃窃私语,会给客人留下恶劣的印象。

(4)站在岗位上,请带着认真和诚意与客人应答。

(5)遇到自己无法回答的问题时,请恭恭敬敬地将客人带到解说员那里。

(6)随手拾起眼前的垃圾,为自己周围环境的美化做出努力。

(7)工作中,遇到疑问或不明之处,不要擅自判断,请立即与负责人取得联系并听从其指示。

(8)承担好自己的本职工作。

三 汽车巡展礼仪

车辆展示活动在日常销售方法中已经被广泛应用,建立车辆展示操作规范是增强市场竞争力的需要,使车辆展示活动更加专业化、规范化、品味化,真正起到提升产品竞争力和宣传公司形象的作用。

(一)汽车巡展的概念

1 汽车巡展的定义

汽车巡展是指通过深入目标市场,开展汽车展品现场宣传达到广告促销效果的一种宣传活动。它具有针对性强、精细化、覆盖广、信息到达率高等优点。

2 汽车巡展的分类

汽车巡展分为社区巡展、商业中心巡展和城市文化中心巡展等。

(二)汽车社区巡展礼仪

1 汽车社区巡展活动目的

(1)增加品牌曝光度,吸引目标人群关注;

(2)通过动感时尚的表演突显时尚的品牌形象;

(3)通过线下展示配合总部以及区域产品投放,使得新产品在市场上的影响力得以持续;

(4)帮助区域经销商搜集潜在客户信息、提升展厅集客量,促进销售。

2 汽车社区巡展活动准备

(1)根据推广计划,事先与小区的物业公司联系好车辆展示场地并签订好场地租赁合同(包括场地面积、费用以及小区可使用的公共设施,如:小区内的布告栏、电、水等)。

(2)提前4~5天,在小区的布告栏发布车辆展示广告和详细信息。这一条最好在租赁合同中予以体现,告诫物业保证其广告的完整性,不得提前擅自撕毁。

(3)提前2~3天,通过电话、短信及电子邮件等方式通知所在小区的潜在用户以及已购车的用户,告知我们展示的时间、地点以及展示的主题。

3 汽车社区巡展活动内容

(1)销售顾问现场接待;

(2)销售顾问产品咨询;

(3)表演穿插,吸引关注;

(4)市场专员收集潜在客户信息。

4 汽车社区巡展活动人员分工及工作礼仪

1)人员分工

(1)活动总控:若干名;

(2)销售顾问:若干名;
(3)市场专员:若干名;
(4)前台接待:若干名。

2)社区巡展工作礼仪

在社区展示一定要特别注意文明礼貌(包括:语言美、行为美、思想美等)。

(1)现场礼仪。

①现场销售人员规范必须仪表整洁,统一穿着并遵守品牌着装规范;

②销售人员须做到态度和蔼、主动、热情、耐心;

③保持各自工作区域内清洁,及时清理有垃圾,随时保持展台整洁;

④产品手册等印刷品不得随处乱丢;

⑤活动区域内禁烟,吸烟请至会场外;

⑥不允许销售人员坐在展示车辆内休息。

(2)休息及用餐礼仪。

①午餐由各经销商自行解决,轮流安排午餐时间,在活动区域外用餐;

②休息时间由值班人员自行调整;

③轮岗休息时,请务必与接替的工作人员联络,交代业务。

(3)其他工作礼仪。

①工作状态中,请把手机切换到振动状态;

②活动期间,一定要注意不得破坏小区的任何公共设施并不得乱丢垃圾。活动结束以后,一定要打扫活动场地,恢复场地原来的状态。并在布告栏张贴感谢信以表达我们对打扰的歉意及对工作支持的谢意。

③注意维持展台秩序,维护嘉宾,尤其是儿童的安全。

④活动结束后的1~2天,让文员给物业公司的负责人寄去一封感谢信,表达真诚的谢意。为以后活动创造良好的环境。

⑤可与物业公司签订:在小区布告栏开辟"汽车资讯"的协议,让宣传持续深入人心。

(三)商业中心巡展礼仪

此类展示活动时间一般较长,可以为1年、半年、3个月、1个月等,短时间的展示活动一般会集中节假日期间。

根据公司推广计划,事先与商业中心的物业公司联系好车辆展示场地并签订好场地租赁合同(包括场地面积、费用的结算形式以及商业中心可使用的设施,如:电、水、舞台、布景、布告栏等)。

提前7~8天,再次确定在商业中心展示的主题。并围绕展示主题开始前期的准备工作(如:新闻媒体的渲染、展场气氛的烘托等)。

提前4~5天,在商业中心的布告栏里面发布车辆展示的广告和详细信息。这一条最好在租赁合同中予以体现,告诫物业公司保证其广告的完整性,不得提前擅自撕毁。

在商业中心进行车辆展示一定要特别注意文明礼貌(包括:语言美、行为美、思想美等),因为这些地方的人流量比较大,展示活动应该成为流动的风景,对提升品牌起到积极

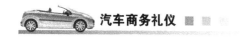

的作用,赢得良好的社会声誉。

活动期间,一定要注意不得破坏商业中心的任何公共设施并不得乱丢垃圾。活动结束以后,一定要打扫活动场地,恢复场地原来的状态。并在布告栏张贴感谢信表达我们对打扰的歉意及对工作支持的谢意。

活动结束后的1~2天,让秘书给物业公司的负责人寄去一封感谢信,表达真诚的谢意,为以后活动创造良好的社会关系环境。

(四)城市文化中心巡展礼仪

在文化中心开展车辆展示活动时间一般集中在节假日,尤其是大型、传统的节假日。并且此类展示活动对我们的规模和布展水平会提出更高的要求。

根据网点推广计划,事先与广场的城管部门联系好车辆展示场地并签订好场地租赁合同(包括场地面积、费用以及广场可使用的公共设施,如:广场布告栏、电、水等),并确定车辆展示活动的主题。

在开始之前,对所有的工作人员再次宣讲活动的纪律,并再次强调在车辆展示过程中应该注意的事项,尤其是人身安全(如:儿童的安全。因为他们年龄小,好奇心强,喜欢动)和车辆的安全。

在文化中心进行车辆展示一定要特别注意文明礼貌(包括:语言美、行为美、思想美等),因为这些地方多为一个城市的象征且人流量比较大,对提升品牌能起到很好的宣传的作用,并能塑造良好的社会形象。

爱护广场所有的公共设施,尤其是广场的花草树木。活动结束后,全体工作人员应该主动的打扫整个广场。

活动结束后的1~2天,让秘书给城管部门的负责人寄去一封感谢信,表达真诚的谢意,为以后活动创造良好的社会关系环境。

(五)联合巡展礼仪

联合巡展善于发现当地一些有影响的商业活动(例如农村信用社/县级普法或者3.15消费者活动日等),然后进行强强联合。

此类活动一般进行有针对性的选择,对活动主办单位的实力及主题好坏都要做系统调查,对主题积极、向上,能达到双赢效果的活动要积极联系参与。

提前4~5天,通过电话、短信方式通知所有的潜在用户以及已购车的用户,告知我们展示的时间、地点以及展示的主题。

一定要处理好与合作单位的关系。

此类活动人流量比较大,所以须对工作人员再次宣讲活动的纪律,并再次强调在车辆展示过程中应该注意的事项,尤其是人身安全(如:儿童的安全,因为他们年龄小,好奇心强,喜欢动)和车辆的安全。

此类活动咨询的人会很多,工作人员一定要有礼貌且有耐心的解答各种问题并要热情。这对提升品牌能起到很好的宣传作用,并能塑造良好的社会的形象。

爱护活动场地所有的公共设施,活动结束后,全体工作人员应该主动的打扫整个活动场地。

四 汽车销售展厅礼仪

(一)展厅氛围营造礼仪

❶ 温度与气味

当顾客走进展厅,首先,切身感受到的是温度。任何季节,4S 店的温度应控制在 22~25℃之间。因为该温度是人体体温与 0℃之间的黄金分割点上的温度,使人感觉自然、舒适。在这样的温度下,顾客能放下繁重的心情,放松身心享受这份丝凉,全神贯注地看车。

其次,是气味。保持展厅里良好的通风,维护好空气过滤设备使其正常运作;绝对避免洗手间的异味传入展厅内。

❷ 音乐与影音

让客户放松下来要注意音乐的选择,播放的音乐要与 4S 店的气氛或展厅内车型主题相协调。音量高低要适中,不可以过高使顾客烦躁、反感,也不可以过低,使耳朵做痒。

如果展厅条件允许,设置影音系统。在播放主打车系车型的宣传片或者促销活动宣传片时,同样要注意声音的控制,不可以过响喧宾夺主,毕竟顾客是来展厅看车、谈车,不是过来看宣传广告的。

❸ 促销活动用品

按品牌厂家要求设置 POP 广告,举办销售及售后服务活动;促销赠品放置于明显的位置,以吸引顾客。

❹ 灯光颜色

展厅内亮度一般为 300lx。若是重点陈列处,照射亮度为普通照明的 3 倍。普通走道、仓库的亮度为 100~200lx。同时,展厅需备用灯泡,若出现不能正常使用或者坏的灯管,应该及时更换。

整个展厅的色调,必须符合车辆制造厂家的规范,建立统一的品牌基调。

❺ 绿色植物

在展车区、休息区、洽谈区等处放置绿色植物,将大自然引入展厅,不仅能清新空气,而且能调节视线,实现厅内厅外间的转换。

植物应该及时打理,适时地进行灌溉和修剪。

❻ 饮料

为使展厅接待更为人性化,通常设有免费饮料供应区。必须有 3 种及以上饮品供顾客选择。

(二)展厅服务接待礼仪

❶ 了解客户心理

(1)客户不希望什么。

当客户进入展厅查看自己感兴趣的车时,他不希望旁边有人打扰他,特别不喜欢公司的销售人员在旁边喋喋不休。在我们日常的工作当中经常会出现这样的情况,客户有可能是一个人,也可能是两个人或三个人结伴而来,他们站在自己感兴趣的车面前看车,一边看一边品头论足。有些销售人员看到这种情况之后,就跑过去准备接待他,而这些客户看到销售人员走过来,他们马上就拔腿走人了。

(2)客户希望什么。

客户希望在自己需要的时候能够得到及时的帮助。客户在看车的时候不希望被打扰,而在需要帮助的时候,又希望能够得到及时的帮助。其实这并不矛盾,当客户看完车以后,对有些问题不清楚,他会主动去找销售人员。销售人员要观察客户,而不是不管客户。

❷ 了解销售心理

(1)急于上前接待。

销售人员常见的想法是急于上前接待,可以说百分之八九十以上的销售人员都抱有这种心理状态。有的客户还没进门,销售人员就跃跃欲试准备去接待了。

(2)应主动揣摩。

当客户来到专营店时,销售人员就应通过他的着装、行为、语言,来判断客户属于哪一类人群,是主导型的,分析型的,还是社交型的。然后通过这些信息的传递,销售人员会得出这些客户的意向级别,是进来看看车的,还是进来躲躲外面的高温,还是真的是要买车的?

❸ 恰当的接待礼仪

当客户进门的时候,销售人员应该面带笑容注视客户,不要给客户心理上产生压力和紧张。一定要说欢迎光临,如果来的不是一个人,销售人员还要与其他的人打招呼,不能忽视同来的任何一个人。进门的时候,不要过多打扰客户,只需占用几秒钟的时间说:"欢迎光临,这是我的名片,您请随便去看一看,如有问题或者需要我的时候,请招呼我一下就可以。"这个时候你应离开客户。

(三)展厅服务跟踪礼仪

客户的回头率低是由几个方面的原因造成的,例如服务不规范,销售人员没有与客户成为真正的朋友。那么,客户关系如何维系,也就是该对客户做哪些事情呢?

❶ 感谢信

一般来说,感谢信应该在24h之内,最好是客户提车的当天,销售人员马上就把感谢信寄出去。因为在同一个城市里边,这个客户开车还没到家呢,卡片就到家了,客户就会认为这家公司不错,就会向自己的朋友和同事进行推荐,从而起到最好的宣传效果。

❷ 回访电话

应在24h之内打出第一个回访电话。有的销售人员在两三天之内打电话,其实是错误的。当三天之内再打这个电话的时候,该出什么事情全出了。客户拿到车以后不看说明书,他开车时遇到这个功能的时候,不知道在哪里,就开始乱摸了,这就容易出问题。可是,你在24小时之内打电话给他的时候,你问他,"先生您这个车开得怎么样,有哪些还不清楚的请提出来。"这个时候是及时雨。可能他会说,"有一个间歇性的刮水器,但我不知道该怎么使用。"你就可以通过电话告诉他。这会使客户觉得,这个公司不错,没把我忘记,从而对你产生好感。

还应打第二次电话。第二次电话应在一个星期之内打,由你们公司的经理完成。经理打电话询问这个客户,"买这个车的过程你满意吗?我是经理,你有什么不满意的地方可以向我投诉。"这时客户心里肯定非常高兴。同时还要提醒客户做首保。

❸ 一照、二卡、三邀请

一照,就是他卖车给客户之后照相;二卡,就是给客户建立档案;三邀请,就是每年邀请这个客户到公司来三次,包括忘年会、这款汽车文化的一些活动、"自驾游"等。

❹ 四礼、五电、六经访

四礼,就是一年当中有四次从礼貌的角度出发去拜访客户,包括生日、节假日等等;五电,就是一年当中要给客户最少打五次电话,问客户车况如何,什么时间该回来做维修保养等等,同时打电话问候客户;六经访,就是一年当中基本上每两个月要去登门拜访一次。

单元小结

(1)汽车展览会推动经济发展和汽车消费的重要手段。它是汽车公司提高其知名度的最直接、最有效的方法之一,也是新车最好的发布会。参观者来自四面八方,会有形形色色的人,他们也会提出各种各样的问题。无论任何情况,工作人员均须保持沉着冷静、有理、有节,保持好我们的企业形象。

(2)广义的会展礼仪是指会展企业和与会展活动相关的企业向会展活动的主办者、承办者、与会者、参展者、客商以及观众所提供的全方位服务。

(3)狭义的会展礼仪是指在会展过程中,由主办者、承办者向与会者、参展者、客商以及观众所提供的各类服务。

(4)汽车展览会,简称车展(Auto show)是由政府机构、专业协会或主流媒体等组织,在专业展馆或会场,中心进行的汽车产品展示展销会或汽车行业经贸交易会、博览会等。

技能训练

一 汽车商务车展接待礼仪训练

❶ 实训目的
训练学生在车展上接待时灵活应对。

❷ 实训要求
应该怎么处理这件事才能不伤和气,还能达成交易?

❸ 实训准备

各种商务场景、录像设备、名片、各式"礼品"模仿品。

❹ 实训方法

假设你是车展的参展方,现在有一位参观者坐在样车里不肯出来,执意要直接购买该车。因为样车只有一辆,为了完成展会,你不得不拒绝这个参观者的要求。

二 国庆节社区汽车巡展筹备和组织训练

❶ 实训目的

训练学生筹备、组织一般展会的能力。

❷ 实训要求

拟定计划书,及安排调配相关工作人员、物料等,顺利完成本次参展。

❸ 实训准备

各种商务场景、录像设备、名片、各式"礼品"模仿品。

❹ 实训方法

(1)假设贵公司是参展企业,公司召开会议决定由你来进行国庆节期间某生活小区汽车巡展筹备和组织。

(2)完成后提交参展筹备计划书。

(一)填空题

1.狭义的会展礼仪,也就是从会展人员(主办者或承办者)的角度,向受众群体(_____、_____、_____以及_____)在整个会展过程中遵循的商业服务行为规范,提供的一种美好自身、尊重他人、互利互惠的服务系统。

2.汽车巡展分为_____、_____、_____等。

3.商业中心巡展礼仪的展示活动时间一般较长,可以为_____、_____、_____、_____等,短时间的展示活动一般会集中节假日期间。

4.当顾客走进展厅,首先,切身感受到的是温度。任何季节,4S店的温度应控制在_____摄氏度至_____摄氏度之间。

(二)判断题

1.解说员应随时注意参观者动态,可伺机主动上前介绍,对感兴趣的参观者更应周到详实地解说,也要想方设法留住客户。 (   )

2.解说员说话语气应平和舒缓,对一般参观者不宜用过多的专业词汇,讲解应通俗易

懂,言简意赅。 （　）
   3.有关接受媒体的采访,由专门人员或公关公司人员负责。 （　）
   4.汽车社区巡展活动提前1天,在小区的布告栏发布车辆展示广告和详细信息。（　）

(三)名词解释

1. 会展礼仪:

2. 汽车展览会:

3. 汽车巡展:

(四)简答论述

1. 会展礼仪的特会展礼仪的特点是什么?

2. 会展礼仪的服务的种类是什么?

3. 会议主持人、会议发言人准备有哪些?

4. 会展前筹备有哪些?

5. 参展单位礼仪有哪些?

6. 各国车展特色介绍有哪些?

7. 汽车社区巡展活动目的有哪些?

8. 解说员的工作礼仪有哪些?

参考文献

[1] 刘建伟,郭玲.服务礼仪[M].北京:人民交通出版社,2012.
[2] 孟晋霞.汽车商务礼仪[M].北京:清华大学出版社,2012.
[3] 张岩松.现代交际礼仪[M].北京:中国社会科学出版社,2006.
[4] 金正昆.商务礼仪[M].北京:北京大学出版社,2005.
[5] 张自平.公关礼仪与形体训练[M].北京:人民交通出版社,2004.